#홈스쿨링
#혼자공부하기

우등생
사회

Chunjae
Makes
Chunjae

▼

우등생 사회 5-2

기획총괄	박상남
편집개발	윤순란, 김운용
디자인총괄	김희정
표지디자인	윤순미, 여화경
내지디자인	박희춘
본문 사진 제공	강화역사박물관, 게티이미지, 국립고궁박물관, 국립민속박물관, 국립중앙박물관, 국립한글박물관, 뉴스뱅크, 독립기념관, 국가유산청, 부산광역시, 시흥시, 연합뉴스
제작	황성진, 조규영

발행일	2024년 6월 1일 2판 2024년 6월 1일 1쇄
발행인	(주)천재교육
주소	서울시 금천구 가산로9길 54
신고번호	제2001-000018호
고객센터	1577-0902

※ 정답 분실 시에는 천재교육 홈페이지에서 내려받으세요.

※ KC 마크는 이 제품이 공통안전기준에 적합하였음을 의미합니다.

※ 주의

책 모서리에 다칠 수 있으니 주의하시기 바랍니다.

부주의로 인한 사고의 경우 책임지지 않습니다.

8세 미만의 어린이는 부모님의 관리가 필요합니다.

스마트폰으로 QR코드를 스캔해 주세요

우등생 온라인 학습 활용법

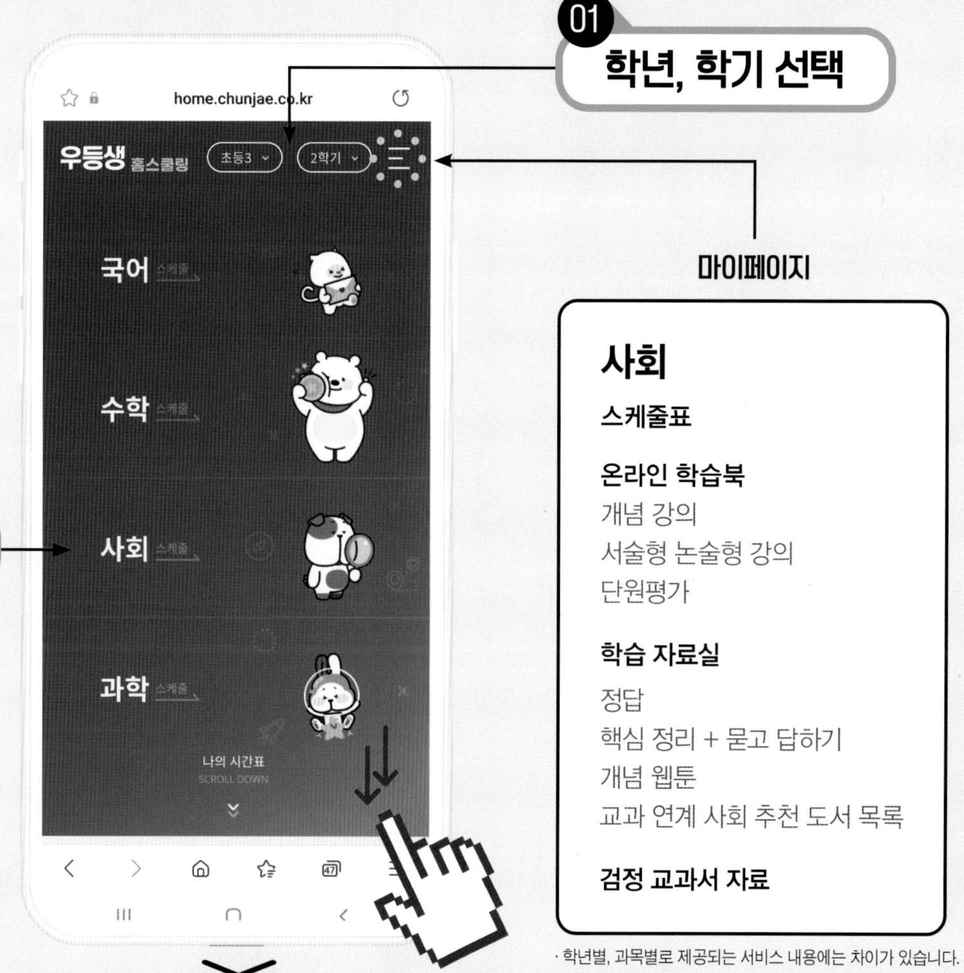

사회

스케줄표

온라인 학습북
개념 강의
서술형 논술형 강의
단원평가

학습 자료실
정답
핵심 정리 + 묻고 답하기
개념 웹툰
교과 연계 사회 추천 도서 목록

검정 교과서 자료

· 학년별, 과목별로 제공되는 서비스 내용에는 차이가 있습니다.

마이페이지에서 첫 화면에 보일 스케줄표의 종류를 선택할 수 있어요.

통합 스케줄표
우등생 국어, 수학, 사회, 과학 과목이 함께 있는 12주 스케줄표

꼼꼼 스케줄표
과목별 진도를 회차에 따라 나눈 스케줄표

스피드 스케줄표
온라인 학습북 전용 스케줄표

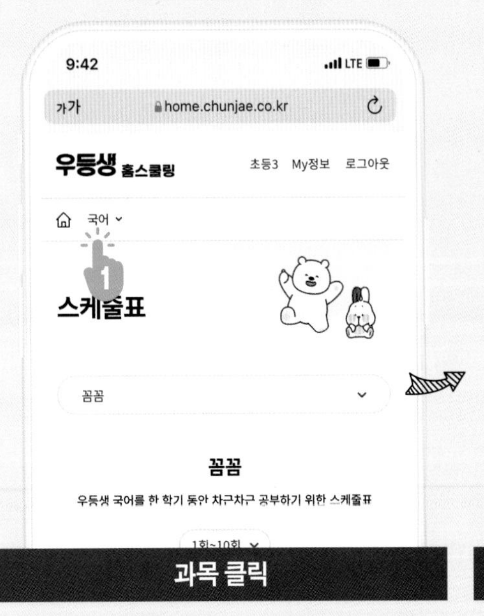

과목 클릭

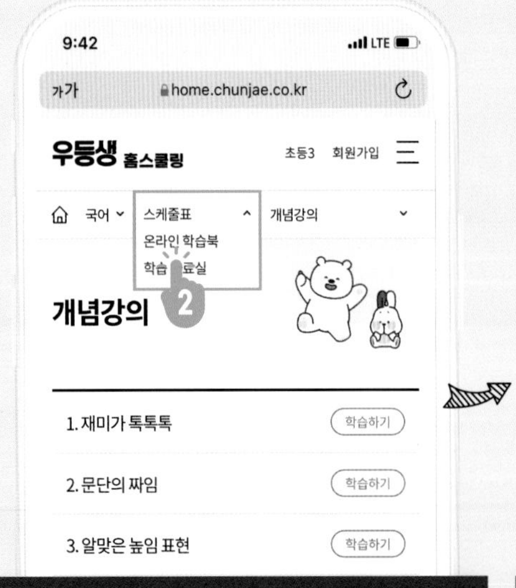

온라인 학습북 클릭

개념강의 / 서술형 논술형 강의 / 단원평가

❶ 개념 강의

*온라인 학습북 단원별 주요 개념 강의

❷ 서술형 논술형 강의

*온라인 학습북 서술형 논술형 강의

❸ 단원평가

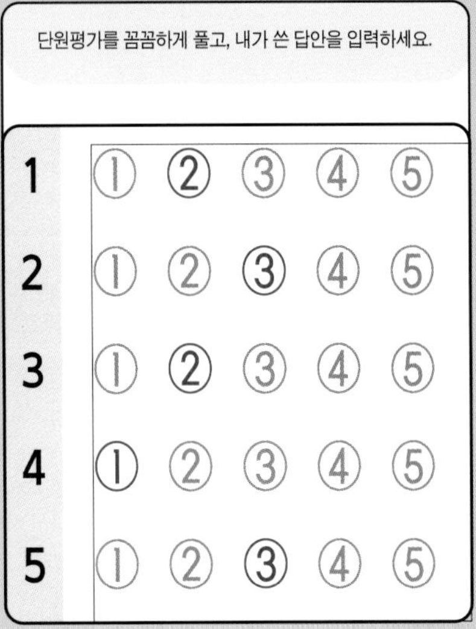

① 내가 푼 답안을 입력하면

② 채점과 분석이 한번에

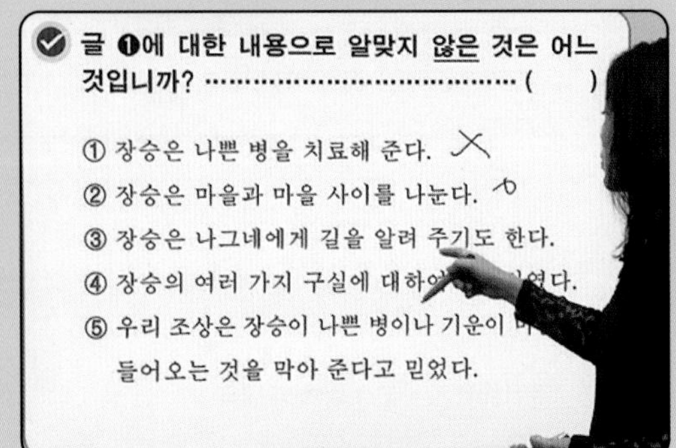

③ 틀린 문제는 동영상으로 꼼꼼히 확인하기!

· 스마트폰의 동영상 구동이 느릴 경우, 기본으로 설정된 비디오 재생 프로그램을 다른 앱으로 교체해 보세요.

· 사용자 사용 환경에 따라 서비스가 원활하지 않을 시에는 컴퓨터를 통한 접속을 권장합니다. 우등생 홈스쿨링 홈페이지(https://home.chunjae.co.kr)로 접속하거나 검색 엔진에서 우등생 홈스쿨링을 입력하여 접속해 주세요.

홈스쿨링 꼼꼼 스케줄표 (24회)

우등생 사회 5·2

꼼꼼 스케줄표는 교과서 진도북과 온라인 학습북을
24회로 나누어 꼼꼼하게 공부하는 학습 진도표입니다.

우등생 홈스쿨링 홈페이지에는
다양한 스케줄표가 있어요!

● 교과서 진도북 ● 온라인 학습북

1. 옛사람들의 삶과 문화		
1회 교과서 진도북 8~19쪽	2회 교과서 진도북 20~23쪽	3회 온라인 학습북 4~9쪽
월 일	월 일	월 일

1. 옛사람들의 삶과 문화		
4회 교과서 진도북 24~31쪽	5회 교과서 진도북 32~35쪽	6회 온라인 학습북 10~15쪽
월 일	월 일	월 일

1. 옛사람들의 삶과 문화		
7회 교과서 진도북 36~43쪽	8회 교과서 진도북 44~47쪽	9회 온라인 학습북 16~21쪽
월 일	월 일	월 일

1. 옛사람들의 삶과 문화		
10회 교과서 진도북 48~53쪽	11회 온라인 학습북 22~25쪽	12회 온라인 학습북 26~29쪽
월 일	월 일	월 일

어떤 교과서를 쓰더라도 ALWAYS **우등생**

꼼꼼하게 공부하는 24회 **꼼꼼 스케줄표** # 전과목 시간표인 **통합 스케줄표**
빠르게 공부하는 10회 **스피드 스케줄표** # 자유롭게 **내가 만드는 스케줄표**

홈스쿨링 24회
꼼꼼 스케줄표

● 교과서 진도북 ● 온라인 학습북

2. 사회의 새로운 변화와 오늘날의 우리		
13회 교과서 진도북 56~63쪽	14회 교과서 진도북 64~67쪽	15회 온라인 학습북 30~35쪽
월 일	월 일	월 일

2. 사회의 새로운 변화와 오늘날의 우리		
16회 교과서 진도북 68~75쪽	17회 교과서 진도북 76~79쪽	18회 온라인 학습북 36~41쪽
월 일	월 일	월 일

2. 사회의 새로운 변화와 오늘날의 우리		
19회 교과서 진도북 80~87쪽	20회 교과서 진도북 88~91쪽	21회 온라인 학습북 42~47쪽
월 일	월 일	월 일

2. 사회의 새로운 변화와 오늘날의 우리		
22회 교과서 진도북 92~95쪽	23회 온라인 학습북 48~51쪽	24회 온라인 학습북 52~55쪽
월 일	월 일	월 일

절취선

온라인 학습이 강화된

우등생 사회 사용법

QR로 학습 스케줄을 편하게 관리!

공부하고 나서 날개에 있는 QR 코드를 스캔하면
온라인 스케줄표에 학습 완료 자동 체크!

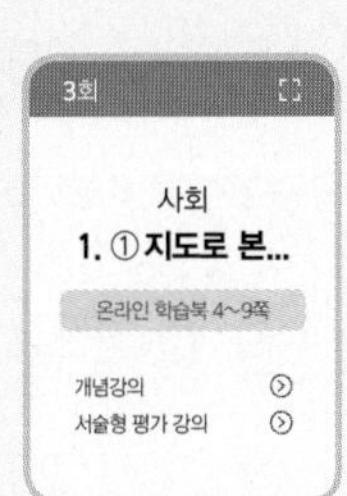

※ 스케줄표에 따라 해당 페이지 날개에
[진도 완료 체크] QR 코드가 있어요!

우등생 온라인 학습

동영상 강의

개념 / 서술형 · 논술형 평가 / 단원평가

온라인 채점과 성적 피드백

정답을 입력하면 채점과 성적 분석이 자동으로

온라인 학습 스케줄 관리

나에게 맞는 내 스케줄표로 꼼꼼히 체크하기

1 쉽고 재미있게 개념을 익히고 다지기

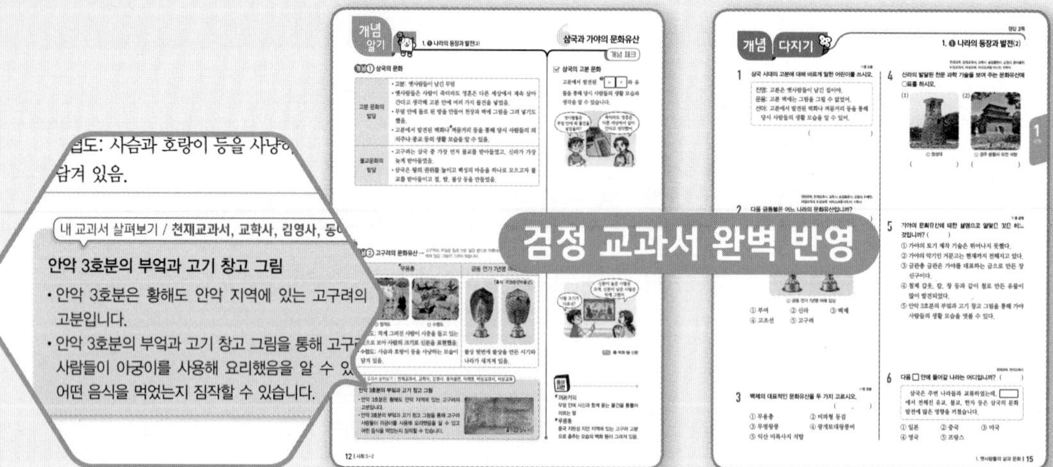

2 Step ❶, ❷, ❸단계로 단원 실력 쌓기

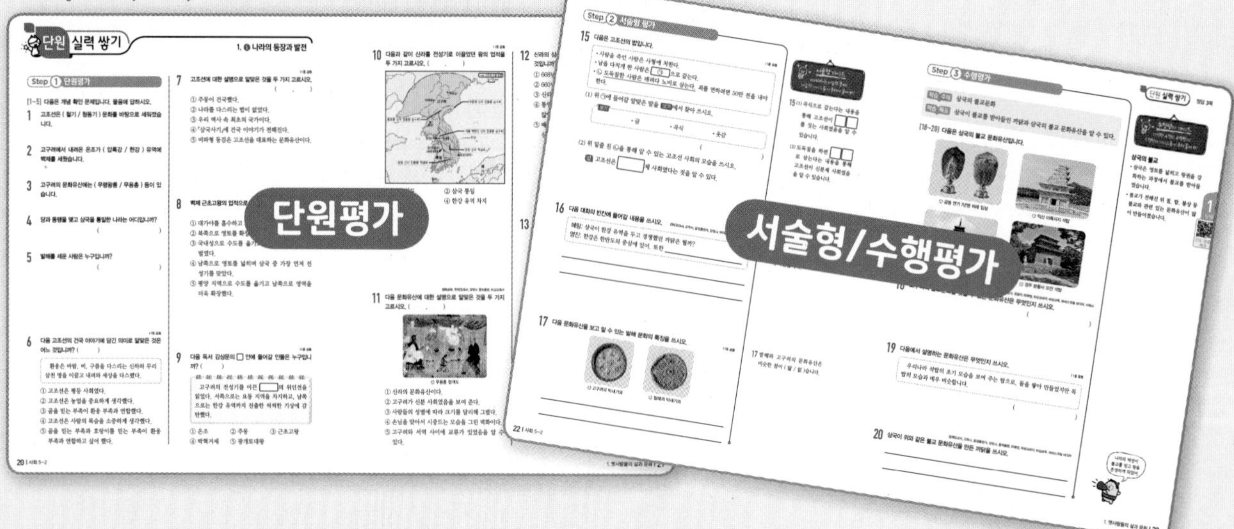

3 대단원 평가로 단원 마무리하기

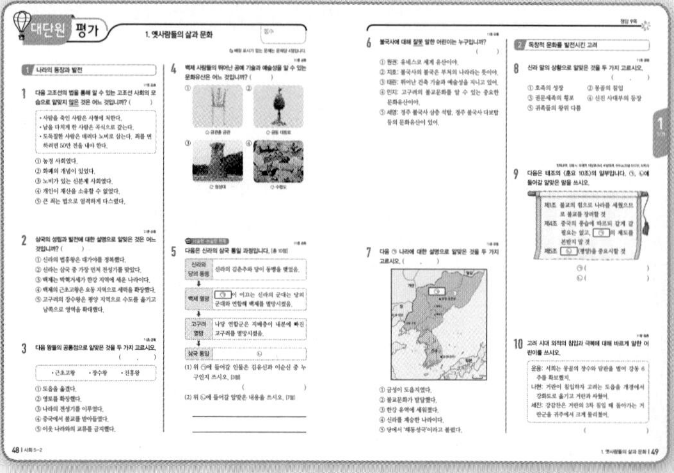

1 온라인 개념 강의

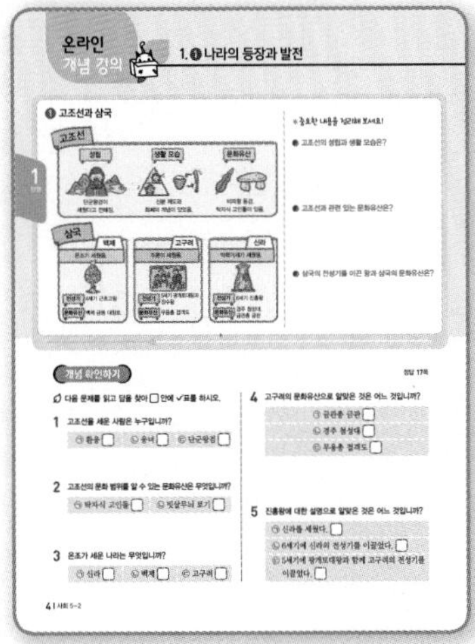

2 실력 평가

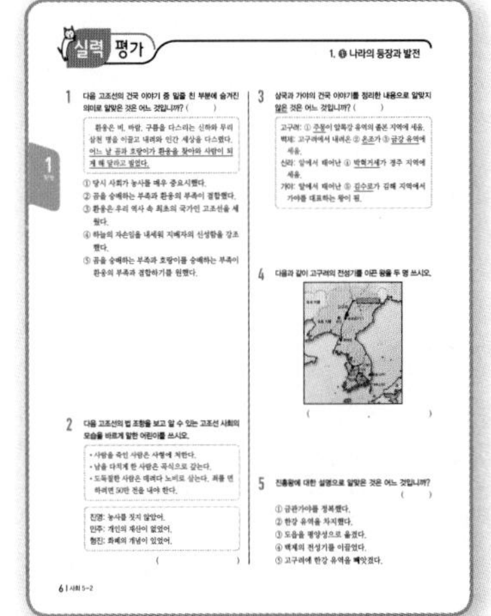

3 온라인 서술형·논술형 강의

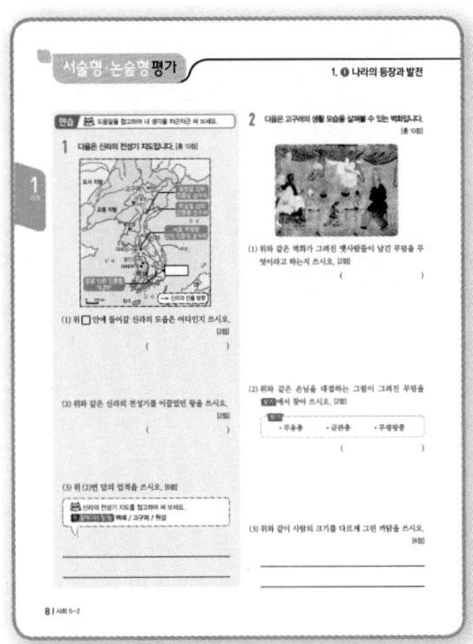

4 단원평가 온라인 피드백

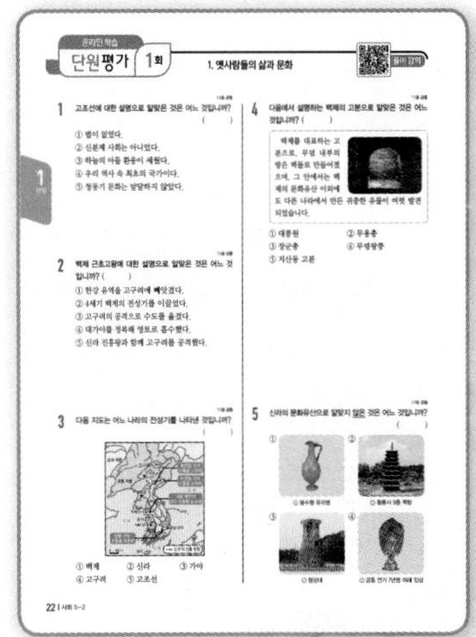

1 문제 풀고 QR 코드 스캔

2 온라인으로 정답 입력

3 제출하기 클릭

✓ 채점과 성적 분석이 한번에!

차례

1 옛사람들의 삶과 문화

합천 해인사 장경판전

경주 첨성대

2 사회의 새로운 변화와 오늘날의 우리

독립문(서울특별시 서대문)

범범

우초와 탱글이 타고 다니는 호랑이. 덩치는 크지만 겁이 많고 순하다.

우초

신선학교에서 손꼽히는 말괄량이. 말보다 행동이 앞선다.

탱글

신선학교의 모범생. 힙합풍의 옷을 입고 있지만 성격은 진중하고 침착하다.

기품 선녀

우초와 탱글의 담임 선생님. 어느 날 갑자기 실종된다.

연관 학습 안내

초등 3학년	초등 5학년	중학교
돌을 다듬어 도구를 만들던 시대 농사를 짓기 시작했고 강가나 해안가에 모여 살았어요.	**조선의 성립과 발전** 이성계가 건국한 조선은 세종 때 과학 기술과 문화의 발전을 이루었어요.	**조선의 통치 제도** 최고 통치 기구로 의정부를 두고 그 아래에 6조를 두어 실무를 담당하게 했어요.

만화로 단원 미리보기

우웡.
냄새가 여기서 사라졌대.
만력경으로 다른 시간대를 조사해 보자.
우리나라 최초의 국가인 고조선에서도 흔적을 찾을 수 없어.
고조선은 단군왕검이 세웠지.
두 두 두
고구려 전성기를 이룬 광개토대왕의 군대다!
휙
우아한 기품 선녀님이 전쟁터에 계실리가 없잖아.
휙
뾰로롱
아름다운 청자가 있는 고려 시대로 가셨는지도 몰라. 시간 이동!
도자기 사려!
빛깔 고운 고려청자요!
예쁘다. 갖고 싶어.
고려는 상감 청자라는 독창적 문화유산을 남겼지.
여기도 안 계시네.
조선 시대도 조사해 보자.
하 암

1 옛사람들의 삶과 문화

단원 안내

1. 나라의 등장과 발전
2. 독창적 문화를 발전시킨 고려
3. 민족 문화를 지켜 나간 조선

이어서 개념 웹툰

고조선과 삼국의 건국과 발전

개념 ① 고조선의 건국과 발전

1. 고조선의 건국 이야기에 담긴 의미

환인의 아들 환웅이 인간 세상에 관심을 두었다. 환인이 아들의 뜻을 알고 내려다보니 태백산 지역이 적당하므로 아들에게 가서 다스리게 했다. ❶ 환웅은 바람, 비, 구름을 다스리는 신하와 무리 삼천 명을 이끌고 내려와 인간 세상을 다스렸다. ❷ 어느 날 곰과 호랑이가 환웅을 찾아와 사람이 되게 해 달라고 빌었다. 환웅은 쑥과 마늘을 주며, "이것을 먹으며 백 일 동안 햇빛을 보지 않으면 사람이 될 것이다."라고 말했다. 곰은 환웅이 말한 것을 잘 지켜 여자(웅녀)로 변했다. ❸ 웅녀는 환웅과 혼인해 아들을 낳았다. 그 아들이 후에 단군왕검이 되어 고조선을 세웠다. – 일연, 『삼국유사』

❶ 당시 사람들이 농사를 중요하게 생각했음을 알 수 있음.

❷ 곰을 믿는 부족과 호랑이를 믿는 부족이 환웅 부족과 함께하기를 원했음.

❸ 곰을 숭배하는 무리가 환웅의 무리와 결합했음.

→ 한반도와 주변 지역에서 청동기 문화를 바탕으로 한 여러 세력 집단이 나타났고 이들 중 강한 세력이 주변 부족을 정복하며 세력을 넓혀 나가는 과정에서 고조선이 세워졌습니다.

2. 고조선의 문화

미송리식 토기

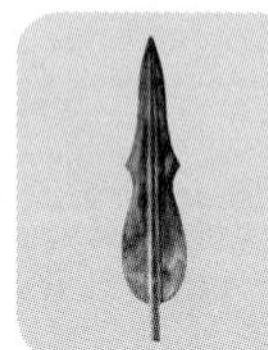
비파형 동검

탁자식 고인돌

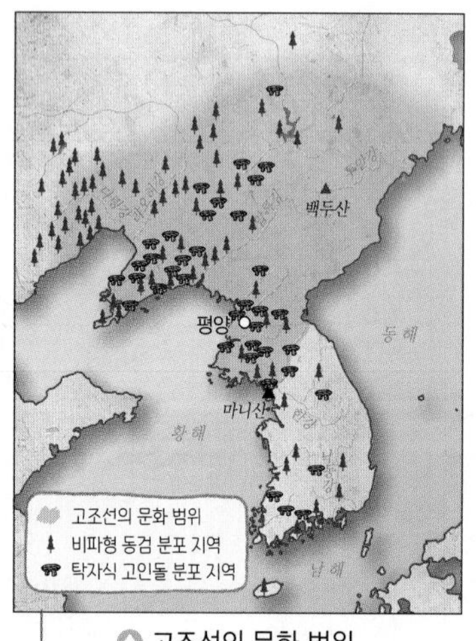

고조선의 문화 범위

→ 고조선 문화가 만주와 한반도 북부 지방을 중심으로 분포했음을 알 수 있습니다.

중요 3. 법을 통해 알 수 있는 고조선 사회의 모습

고조선의 법		고조선 사회의 모습
사람을 죽인 사람은 사형에 처한다.	➡	큰 죄는 엄격하게 다스렸음.
남을 다치게 한 사람은 곡식으로 갚는다.	➡	• 노동력을 중요시했음. • 개인의 재산을 인정했음.
도둑질한 사람은 데려다 노비로 삼는다. 죄를 면하려면 50만 전을 내야 한다.	➡	• 신분제 사회였음. • 화폐의 개념이 있었음.

개념 체크

☑ 고조선

고조선은 우리 역사 속 최초의 국가로 ❶ ㄱ ㄱ 이야기를 통해 당시 상황을 짐작할 수 있습니다.

☑ 고조선의 문화 범위

탁자식 ❷ ㄱ ㅇ ㄷ, 비파형 동검이 나온 지역을 바탕으로 고조선의 문화 범위를 짐작할 수 있습니다.

정답 ❶ 건국 ❷ 고인돌

용어 사전

- **비파형 동검**: 청동기 시대에 사용된 청동검으로, 비파라는 악기를 닮았음.
- **탁자식 고인돌**: 탁자처럼 생긴 청동기 시대 지배자들의 무덤

개념 2 백제의 성립과 발전

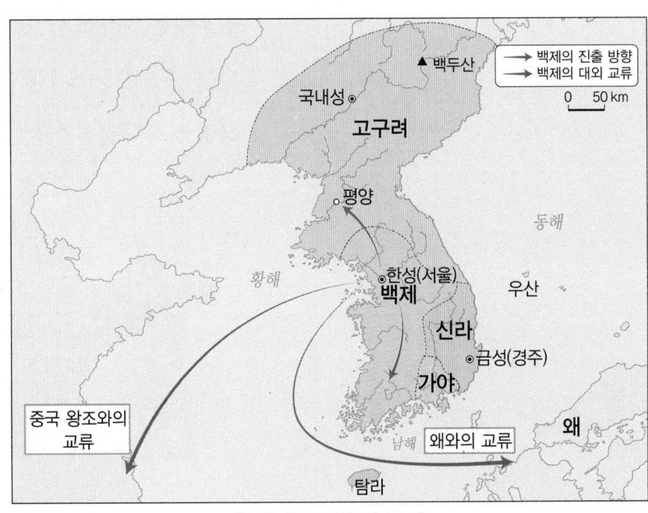

백제의 전성기(4세기)

성립	고구려의 왕자였던 온조가 한강 유역에 세웠음.
전성기 (4세기 근초고왕)	• 한강 유역에 위치해 삼국 중 가장 먼저 전성기를 맞았음. • 근초고왕: 남해안까지 영토를 넓혔고 황해도 일부 지역까지 진출했으며, 중국, 왜, 가야와 활발하게 교류했음.

왜 → 일본의 옛 이름

백제의 전성기

백제는 ❸ ㄱ ㅊ ㄱ ㅇ 때 영토를 넓히고, 왜 등과 교류하며 삼국 중 가장 먼저 전성기를 맞았습니다.

정답 ❸ 근초고왕

1 단원

개념 3 고구려의 성립과 발전

1. **성립**: 주몽이 압록강 유역의 졸본 지역에 세웠습니다.

2. **전성기**: 도읍을 국내성(지안)으로 옮기고 정복 활동을 벌여 5세기에 전성기를 맞았습니다.

광개토 대왕	서쪽으로는 요동 지역, 남쪽으로는 백제의 영역이었던 한강 유역까지 세력을 확장했음.
장수왕	• 광개토대왕릉비를 세워 광개토대왕의 업적을 기념했음. • 도읍을 평양으로 옮긴 후 백제의 도읍인 한성을 함락해 한강 유역을 모두 차지했음.

백제는 한성을 빼앗기고 도읍을 웅진으로 옮겨야 했습니다.

내 교과서 살펴보기 / **동아출판**

고구려 소수림왕의 업적
• 불교를 받아들여 왕의 권한을 강화하려고 했습니다.
• 율령을 반포해 나라의 체제를 정비했습니다.

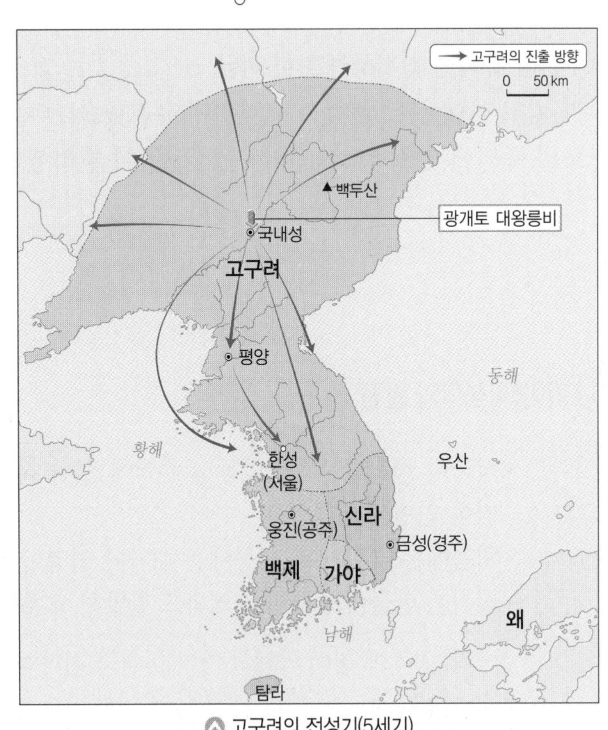

고구려의 전성기(5세기)

개념 4 신라의 성립과 발전

중요 1. 성립과 전성기

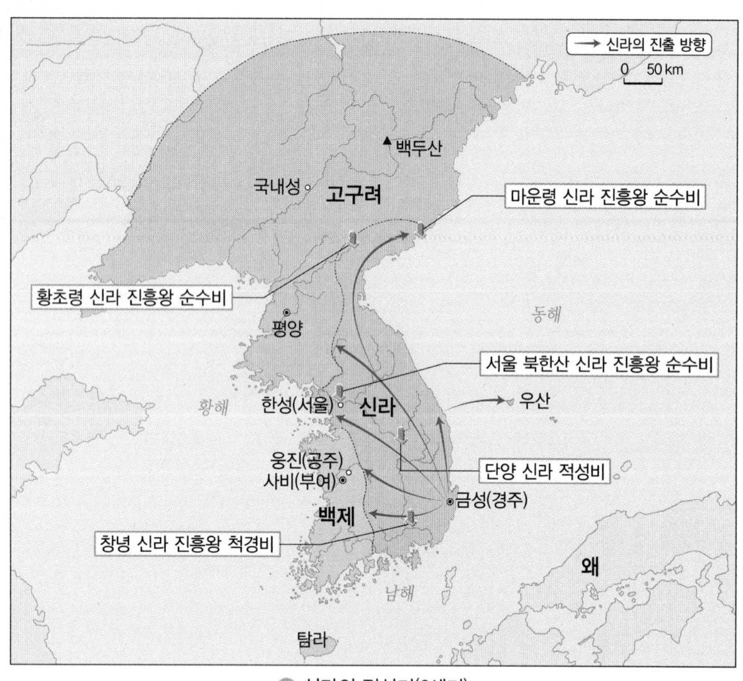

신라의 전성기(6세기)

성립	박혁거세가 지금의 경주 지역을 중심으로 세웠음.
전성기 (6세기 진흥왕)	• 화랑도를 통해 유능한 인재를 길렀음. • 백제와 연합해 고구려가 차지하고 있던 한강 유역을 빼앗고, 이후 백제와의 경쟁에서 승리해 한강 유역을 완전히 차지했음. • 대가야를 정복해 가야의 영토를 흡수했음.

2. 삼국이 한강 유역을 차지하려고 한 까닭 → 한강 유역은 삼국이 각 나라의 전성기 때 공통적으로 차지한 지역입니다.

① 평야가 넓고 물이 풍부해 농사를 짓기에 유리했습니다.

② 한반도의 중심에 있고 바다와 가까워서 교통이 편리했습니다.

개념 5 가야의 성립과 발전

성립과 발전	• 삼국이 성장할 무렵, 낙동강 유역에 있던 작은 나라들이 연합해 가야 연맹을 이루었음. • 처음에는 금관가야, 나중에는 대가야 연맹이 중심이 되었음. • 철기를 만들어 중국이나 왜와도 활발히 교류하며 발전했음.
멸망	삼국의 공격에 힘이 약해진 가야는 결국 신라의 공격을 받아 신라에 흡수되었음. → 작은 나라들의 독립성이 강해 나라의 힘을 하나로 모으지 못했습니다.

개념 체크

☑ 신라의 전성기

진흥왕은 화랑도를 통해 인재를 기르고, ❹ ㅎ ㄱ 유역 전체를 빼앗으며 신라의 전성기를 이루었습니다.

내 교과서 살펴보기 / **교학사, 김영사, 동아출판, 아이스크림 미디어, 지학사**

신라 법흥왕의 업적

• 불교를 인정했고, 율령을 반포했습니다.
• 금관가야를 정복해 영토를 넓혔습니다.

☑ 가야

가야는 김수로 등이 세운 연맹 국가로, 나라의 힘을 하나로 모으지 못하고 ❺ ㅅ ㄹ 에 흡수되었습니다.

정답 ❹ 한강 ❺ 신라

개념 다지기

11종 공통

1 **청동기 문화를 바탕으로 발전한 우리 역사 속 최초의 국가는 무엇입니까? (　　　)**

① 가야　② 신라　③ 백제
④ 고구려　⑤ 고조선

11종 공통

2 **다음 법 조항을 통해 알 수 있는 고조선 사회의 특징은 어느 것입니까? (　　　)**

> 도둑질한 사람은 데려다 노비로 삼는다. 죄를 면하려면 50만 전을 내야 한다.

① 신분제가 있었다.
② 민주주의가 발달했다.
③ 화폐의 개념이 없었다.
④ 철기 문화가 발달했다.
⑤ 농사를 중요하게 생각했다.

11종 공통

3 **고조선의 문화 범위를 알 수 있는 문화유산에 ○표를 하시오.**

(1)
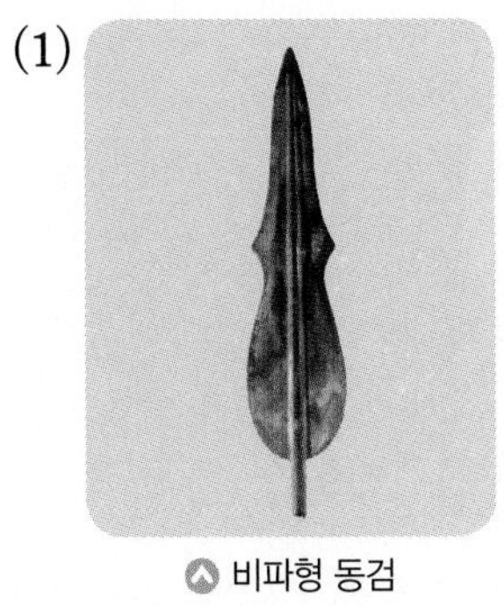
비파형 동검
(　　　　)

(2)
칠지도
(　　　　)

11종 공통

4 **백제에 대한 설명으로 알맞지 않은 것은 어느 것입니까? (　　　)**

① 한강 지역에 세워진 나라이다.
② 고구려의 왕자인 온조가 세웠다.
③ 주변 나라들과 교류하지 않았다.
④ 삼국 중 가장 먼저 전성기를 맞았다.
⑤ 근초고왕은 남해안까지 영토를 넓혔다.

11종 공통

5 **다음에서 설명하는 고구려의 왕을 쓰시오.**

> • 광개토대왕릉비를 세워 광개토대왕의 업적을 기념했습니다.
> • 도읍을 평양으로 옮긴 후 한성을 함락해 한강 유역을 모두 차지했습니다.

(　　　　　　)

11종 공통

6 **가야에 대해 바르게 말한 어린이는 누구입니까? (　　　)**

① 세영: 수도는 한성이었어.
② 예림: 단군왕검이 세운 나라야.
③ 소현: 중국이나 왜와 교류하지 않았어.
④ 민지: 백제 근초고왕에 의해 멸망했어.
⑤ 수혁: 낙동강 유역의 작은 나라들이 연합해 이룬 나라야.

1 단원

삼국과 가야의 문화유산

개념① 삼국의 문화

고분 문화의 발달	• 고분: 옛사람들이 남긴 무덤 • 옛사람들은 사람이 죽더라도 영혼은 다른 세상에서 계속 살아간다고 생각해 고분 안에 여러 가지 물건을 넣었음. • 무덤 안에 돌로 된 방을 만들어 천장과 벽에 그림을 그려 넣기도 했음. • 고분에서 발견된 벽화나 껴묻거리 등을 통해 당시 사람들의 의식주나 종교 등의 생활 모습을 알 수 있음.
불교문화의 발달	• 고구려는 삼국 중 가장 먼저 불교를 받아들였고, 신라가 가장 늦게 받아들였음. • 삼국은 왕의 권위를 높이고 백성의 마음을 하나로 모으고자 불교를 받아들이고 절, 탑, 불상 등을 만들었음.

중요

개념② 고구려의 문화유산

→ 고구려의 무덤은 돌로 만든 넓은 방으로 이루어져 벽에 많은 그림이 그려져 있습니다.

무용총	금동 연가 7년명 여래 입상
 [출처: 연합뉴스] ⊙ 접객도  [출처: 게티이미지] ⊙ 수렵도 • 접객도: 작게 그려진 사람이 시중을 들고 있는 것으로 보아 사람의 크기로 신분을 표현했음. • 수렵도: 사슴과 호랑이 등을 사냥하는 모습이 담겨 있음.	[출처: 국립중앙박물관] 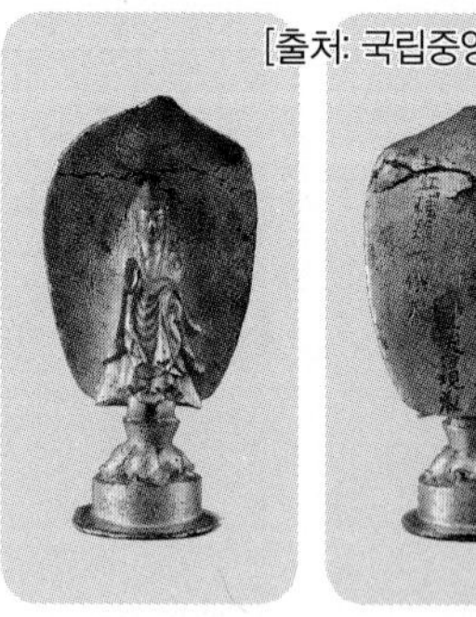 불상 뒷면에 불상을 만든 시기와 나라가 새겨져 있음.

내 교과서 살펴보기 / **천재교과서, 교학사, 김영사, 동아출판, 미래엔, 비상교과서, 비상교육**

안악 3호분의 부엌과 고기 창고 그림

• 안악 3호분은 황해도 안악 지역에 있는 고구려의 고분입니다.
• 안악 3호분의 부엌과 고기 창고 그림을 통해 고구려 사람들이 아궁이를 사용해 요리했음을 알 수 있고 어떤 음식을 먹었는지 짐작할 수 있습니다.

[출처: 연합뉴스]

개념 체크

☑ 삼국의 고분 문화

고분에서 발견된 ❶ ㅂ ㅎ 와 유물을 통해 당시 사람들의 생활 모습과 생각을 알 수 있습니다.

☑ 무용총 접객도

손님을 맞이하는 모습을 그린 벽화로, 고구려가 ❷ ㅅ ㅂ 사회였음을 알 수 있습니다.

정답 ❶ 벽화 ❷ 신분

용어 사전

껴묻거리
무덤 안에 시신과 함께 묻는 물건을 통틀어 이르는 말

무용총
중국 지린성 지안 지역에 있는 고구려 고분으로 춤추는 모습의 벽화 등이 그려져 있음.

개념 체크

중요 개념 3 백제의 문화유산

무령왕릉	백제 금동 대향로
 [출처: 연합뉴스] • 무덤방 내부가 벽돌로 만들어졌음. • 중국, 일본 등과의 교류를 알 수 있는 유물이 발견되었음.	 봉황을 표현한 조각 / 연꽃을 표현한 조각 [출처: 연합뉴스] 백제 사람들의 뛰어난 공예 기술과 예술성을 보여 줌.

익산 미륵사지	• 미륵사: 백제에서 가장 컸던 절 • 익산 미륵사지 석탑: 우리나라 석탑의 초기 모습을 보여 주는 탑으로, 돌을 쌓아 만들었지만 목탑의 모습과 매우 비슷함.	 익산 미륵사지 석탑

개념 4 신라의 문화유산

→ 높이가 약 80m에 이르는 큰 탑이었으나 고려 때 몽골군의 침입으로 불타 사라졌습니다.

금관총 금관	황룡사 9층 목탑	경주 첨성대
 [출처: 국립중앙박물관]		
경주 대릉원 일대에 있는 고분들에서 금관과 천마도 등이 발견됨.	선덕 여왕 때 불교의 힘으로 이웃 나라의 위협을 막으려고 지었음.	하늘의 해와 달, 별의 모습 등을 관찰하던 시설로 알려짐.

→ 말의 안장 양쪽에 달아 늘어뜨리는 장니에 그려진 말(천마) 그림

무령왕릉

무령왕릉은 ❸ ㅂ ㄷ 을 쌓아 만든 무덤으로, 백제의 물건뿐만 아니라, 다른 나라의 물건도 발견되었습니다.

첨성대

신라는 뛰어난 과학 기술과 건축 기술을 바탕으로 ❹ ㅎ ㄴ 을 관찰하는 시설인 첨성대를 만들었습니다.

정답 ❸ 벽돌 ❹ 하늘

내 교과서 살펴보기 / **천재교육, 천재교과서, 김영사, 비상교육**

경주 분황사 모전 석탑

경주 분황사에는 경주 분황사 모전 석탑이 남아 있습니다. 모전 석탑이란 돌을 쌓아 만들었으나, 전탑(벽돌 탑)의 형태로 만들었다는 의미입니다.

개념 체크

중요 개념 5 가야의 문화유산

가야금	가야의 악기인 가야금은 현재까지도 우리나라를 대표하는 전통악기로 이어지고 있음.
다양한 토기	새나 수레 모양 등 다양한 모양의 토기를 통해 가야 사람들의 뛰어난 토기 제작 기술을 엿볼 수 있음.
철기 문화유산	• 가야에서는 질 좋은 철이 많이 생산되어 철을 다루는 기술이 발달했음. • 가야의 고분에서는 철제 갑옷, 칼, 창 등과 같이 철로 만든 유물이 많이 발견되었음. 철로 만든 판갑옷과 투구

☑ 가야의 철기 문화

가야는 질 좋은 ❺ [ㅊ]이 많이 생산되어 뛰어난 무기와 철제 갑옷을 만들었습니다.

덩이쇠를 불에 녹이거나 달구어 여러 철제 도구를 만들었고, 화폐로도 사용했습니다.

개념 6 삼국과 주변 나라들의 관계

중국	중국에서 전해진 •유교, 불교, 한자, 과학 기술 등은 삼국과 가야의 문화 발전에 많은 영향을 끼쳤음.
서역	• 우즈베키스탄 지역에는 고구려 사신으로 추정되는 사람의 모습이 그려져 있는 벽화가 남아 있음. • 신라의 고분에서는 서역의 물품으로 보이는 유리그릇, 금으로 장식한 보검 등이 발견됨.
일본	• 삼국과 가야는 일본에 불교 관련 문화와 유학, 한자, 고분 벽화, 배 만드는 기술, 둑 쌓는 기술, 토기 제작 기술 등을 전파했음. • 일본의 문화유산 중에 삼국의 문화유산과 비슷한 형태의 것들이 발견됨. 여성들의 차림새가 비슷합니다.  [출처: 게티이미지] 고구려 수산리 고분 벽화  일본 다카마쓰 고분 벽화

☑ 삼국과 주변 나라들의 관계

삼국은 중국, 일본, 서역과 활발하게 교류했으며, ❻ [ㅈ][ㄱ]에서 불교, 유교 등이 삼국에 전해졌습니다.

정답 ❺ 철 ❻ 중국

내 교과서 살펴보기 / **천재교과서, 교학사, 금성출판사, 김영사, 비상교육**

각저총 「씨름도」

고구려 각저총 벽화에는 씨름하는 사람 중 한 명이 서역 사람의 모습을 하고 있습니다. 이를 통해 고구려가 여러 나라와 교류했음을 알 수 있습니다.

[출처: 연합뉴스]

용어 사전

•**유교**(儒 선비 유 敎 가르칠 교)
공자의 가르침을 근본으로 삼아 나라에 충성하고 부모에게 효도하는 것을 중요시 하는 학문과 사상

개념 다지기

11종 공통

1 삼국 시대의 고분에 대해 바르게 말한 어린이를 쓰시오.

진영: 고분은 옛사람들이 남긴 집이야.
운용: 고분 벽에는 그림을 그릴 수 없었어.
선아: 고분에서 발견된 벽화나 껴묻거리 등을 통해 당시 사람들의 생활 모습을 알 수 있어.

( )

천재교육, 천재교과서, 교학사, 금성출판사, 김영사, 미래엔, 비상교과서, 비상교육, 아이스크림 미디어, 지학사

2 다음 금동불은 어느 나라의 문화유산입니까? ( )

금동 연가 7년명 여래 입상

① 부여 ② 신라 ③ 백제 ④ 고조선 ⑤ 고구려

11종 공통

3 백제의 대표적인 문화유산을 두 가지 고르시오. (,)

① 무용총 ② 비파형 동검 ③ 무령왕릉 ④ 광개토대왕릉비 ⑤ 익산 미륵사지 석탑

천재교육, 천재교과서, 교학사, 금성출판사, 김영사, 동아출판, 비상교과서, 비상교육, 아이스크림 미디어, 지학사

4 신라의 발달된 천문 과학 기술을 보여 주는 문화유산에 ○표를 하시오.

(1)

첨성대

( )

(2)

[출처: 게티이미지]

경주 분황사 모전 석탑

( )

11종 공통

5 가야의 문화유산에 대한 설명으로 알맞은 것은 어느 것입니까? ( )

① 가야의 토기 제작 기술은 뛰어나지 못했다.
② 가야의 악기인 거문고는 현재까지 전해지고 있다.
③ 금관총 금관은 가야를 대표하는 금으로 만든 장신구이다.
④ 철제 갑옷, 칼, 창 등과 같이 철로 만든 유물이 많이 발견되었다.
⑤ 안악 3호분의 부엌과 고기 창고 그림을 통해 가야 사람들의 생활 모습을 엿볼 수 있다.

천재교육, 천재교과서

6 다음 □ 안에 들어갈 나라는 어디입니까? ( )

삼국은 주변 나라들과 교류하였는데, □에서 전해진 유교, 불교, 한자 등은 삼국의 문화 발전에 많은 영향을 끼쳤습니다.

① 일본 ② 중국 ③ 미국 ④ 영국 ⑤ 프랑스

통일신라와 발해

개념 ① 신라의 삼국 통일

1. 삼국 통일 과정

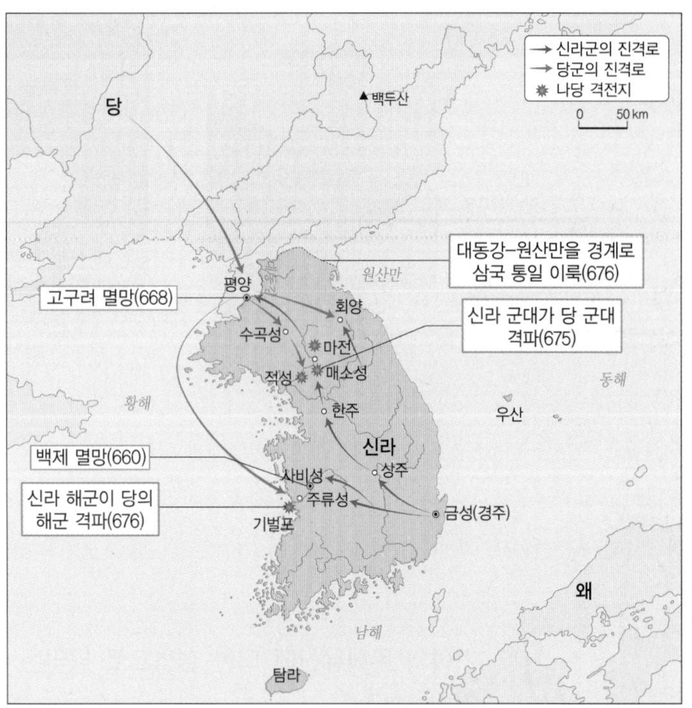

신라와 당의 동맹	고구려는 수와 당의 침략을 모두 물리쳤음. 한편 백제의 공격으로 위기에 처한 신라는 김춘추를 당에 보내 당과 동맹을 맺었음.

동맹: 두 나라 이상이 자신들의 이익과 목적을 위해 서로 도와줄 것을 약속하고 맺는 일시적인 결합

⬇

백제 멸망	태종 무열왕(김춘추) 때 김유신이 이끄는 신라의 군대는 당의 군대와 연합해 백제를 멸망시켰음(660년).

⬇

고구려 멸망	문무왕 때 나당 연합군은 지배층이 내분에 빠진 고구려를 공격해 멸망시켰음(668년).

내분: 내부에서 자기편끼리 일으킨 분쟁

⬇

삼국 통일 달성	당이 한반도 전체를 차지하려 하자, 신라는 고구려의 유민과 힘을 합쳐 당을 상대로 전쟁을 벌였고, 매소성과 기벌포 등에서 당의 군대를 격파하고 문무왕 때 삼국 통일을 이루었음(676년).

신라의 삼국 통일은 삼국의 문화를 하나로 모아 새로운 민족 문화 발전의 기틀을 마련했다는 데 의의가 있습니다.

2. 통일신라의 정책

유민: 멸망한 나라의 백성

① 고구려 유민과 백제 유민을 적극적으로 받아들였습니다.

② 여러 제도를 정비하고 삼국을 하나로 통합하는 정책을 추진했습니다.

개념 체크

☑ 신라와 당의 동맹

위기에 빠진 신라가 고구려에 도움을 요청했으나 거절 당하자 김춘추는 ❶ [ㄷ] 과 동맹을 맺었습니다.

내 교과서 살펴보기 / 동아출판

고구려와 수·당의 전쟁

- 살수 대첩: 고구려의 을지문덕이 수의 군대를 살수에서 크게 무찌른 전투
- 안시성 싸움: 고구려를 침략한 당은 고구려의 안시성을 포위했으나 안시성의 성주와 백성이 무찌른 전투

☑ 신라의 삼국 통일

신라는 백제와 고구려를 멸망시킨 후, 한반도 전체를 차지하려던 ❷ [ㄷ] 을 물리치고 삼국을 통일했습니다.

정답 ❶ 당 ❷ 당

개념 체크

개념 ② 발해의 건국과 발전

중요

1. 발해의 성립과 발전

△ 발해의 전성기

건국	대조영이 고구려 유민들과 말갈족(한반도 북부와 만주 지역에 살던 사람들)을 이끌고 동모산 지역에 세웠음.
발전	• 고구려를 계승한 나라임을 내세웠고, 고구려의 옛 땅을 거의 되찾았음. • 당을 비롯해 주변 국가들과 활발히 교류하며 발전했음. • 해동성국: 당은 '바다 동쪽의 번성한 나라'라는 뜻으로 발해를 '해동성국'이라고 불렀음.

2. 고구려를 계승한 발해 → 역사 기록물을 통해 발해가 고구려를 계승한 나라임을 알 수 있습니다.

견고려사 목간	일본에서 발해에 파견한 관리를 '견고려사'라고 불렀음.
『구당서』	당의 역사를 기록한 책으로, 대조영이 고려(고구려) 별종(한 종족에서 갈라져 나간 파)이라고 쓰여 있음.
『속일본기』	일본의 역사를 기록한 책으로, 발해와 일본이 주고받은 국가 문서에서 발해의 문왕을 고려(고구려) 국왕이라고 표현했음.

내 교과서 살펴보기 / **김영사**

『삼국유사』에 기록된 발해

『삼국유사』에는 "옛 고구려의 장수였던 조영은 성이 대씨인데, 남은 군사를 모아 태백산 남쪽에 나라를 세우고 국호를 발해라고 했다."라는 내용이 담겨 있습니다.

☑ 발해

발해는 ❸ ㄷ ㅈ ㅇ 이 세운 나라로, 해동성국이라 불릴 만큼 번성했습니다.

☑ 고구려를 계승한 발해

견고려사 목간, 구당서 등을 통해 발해가 ❹ ㄱ ㄱ ㄹ 를 계승한 나라라는 것을 알 수 있습니다.

정답 ❸ 대조영 ❹ 고구려

용어 사전

목간
종이가 없거나 귀하던 때에 글자를 기록한 나뭇조각

1 단원

개념 알기

개념 3 통일신라의 문화유산

중요 **1. 경주 불국사** → 불국은 부처의 나라라는 뜻입니다.

경주 불국사 다보탑

- 불국사: 부처의 나라를 이루려는 마음을 담아 지은 절
- 문화유산: 경주 불국사 삼층 석탑, 경주 불국사 다보탑, 경주 불국사 청운교와 백운교 등이 있음.
- 『무구정광대다라니경』: 남아 있는 목판 인쇄물 중 가장 오래된 것으로, 경주 불국사 삼층 석탑을 보수하는 과정에서 발견되었음.
- 유네스코 세계 유산임.

2. 경주 석굴암 석굴

석굴암 본존불

본존불 → 절의 건물에 불상을 모실 때 가장 중심이 되는 부처

- 석굴암: 화강암을 쌓아 올려 동굴처럼 만든 절
- 높은 수준의 건축 기술을 바탕으로 건물 가운데에 기둥을 세우지 않고도 반원 형태의 천장을 갖추었음.
- 본존불을 비롯한 여러 신과 인물들의 조각은 뛰어난 예술성을 보여 줌.
- 석굴암 내부에 습도 조절 장치가 있음. → 바닥에 차가운 물이 흐르게 하여 석굴암 내부의 공기를 건조한 상태로 유지했습니다.
- 유네스코 세계 유산임.

개념 4 발해의 문화유산

특징	• 고구려 문화를 바탕으로 당과 말갈의 문화를 받아들였음. • 불교문화가 발달했음. → 발해의 도읍지였던 상경성 일대에서 불교와 관련된 문화유산이 발견됩니다
문화 유산	• 막새기와: 고구려와 발해의 막새 안에 그려진 무늬가 비슷함. • 이불병좌상: 부처를 표현한 방식과 조각 방식에서 고구려의 흔적이 발견됨. (이불병좌상 → 두 명의 부처가 나란히 앉은 모습의 불상) [출처: 국립중앙박물관]  고구려의 막새기와  발해의 막새기와 • 상경성 2호 절터 석등: 높이가 6.4m에 이르며, 연꽃무늬에서 고구려 문화의 영향을 확인할 수 있음.

내 교과서 살펴보기 / **천재교육, 금성출판사, 지학사**

정효 공주 무덤

발해는 왕족과 귀족의 무덤 위에 벽돌로 무덤 탑을 만들어 세웠는데, 이는 당과의 교류 흔적이라고 할 수 있습니다. 정효 공주 무덤에도 그런 흔적이 남아 있습니다.

개념 체크

☑ 불국사와 석굴암

불국사와 석굴암은 예술성과 건축 기술을 인정받아 ❺ [ㅇ][ㄴ][ㅅ][ㅋ] 세계 유산으로 지정되었습니다.

☑ 발해의 문화

발해는 ❻ [ㄱ][ㄱ][ㄹ]의 문화를 바탕으로 독자적인 문화를 이루었습니다.

정답 ❺ 유네스코 ❻ 고구려

- **막새기와**: 기와지붕의 처마 끝부분을 마무리하는 기와
- **독자적인**: 다른 것과 구별되는 혼자만의 특유한 것

개념 다지기

11종 공통

1 당과 동맹을 맺고 백제를 공격해 멸망시킨 신라의 왕은 누구입니까? (　　　)

① 무열왕　② 장수왕
③ 지증왕　④ 근초고왕
⑤ 광개토대왕

11종 공통

2 다음 삼국 통일 과정을 순서대로 기호를 쓰시오.

> ㉠ 백제 멸망　㉡ 고구려 멸망
> ㉢ 삼국 통일　㉣ 신라의 당 군대 격파

(　　　) → (　　　) → (　　　) → (　　　)

11종 공통

3 다음 ㉠, ㉡에 들어갈 말이 알맞게 짝 지어진 것은 어느 것입니까? (　　　)

> ㉠ 은/는 고구려 유민들과 말갈족을 이끌고 동모산 지역에 ㉡ 를 세웠습니다.

	㉠	㉡
①	김유신	신라
②	김유신	발해
③	대조영	백제
④	대조영	발해
⑤	김춘추	가야

11종 공통

4 다음 문화유산에 대한 설명으로 알맞은 것을 줄로 이으시오.

(1) 불국사 •　　• ㉠ 부처의 나라를 이루려는 마음을 담아 지은 절

(2) 석굴암 •　　• ㉡ 화강암을 쌓아 올려 동굴처럼 만든 절

천재교육, 천재교과서, 교학사, 금성출판사, 김영사, 동아출판, 비상교과서, 비상교육, 아이스크림 미디어

5 다음에서 설명하는 문화유산은 무엇입니까? (　　　)

> 지금까지 남아 있는 목판 인쇄물 중 가장 오래된 것으로, 경주 불국사 삼층 석탑을 보수하는 과정에서 발견되었습니다. [출처: 연합뉴스]
>
> 

① 『구당서』　② 『삼국유사』
③ 『속일본기』　④ 견고려사 목간
⑤ 『무구정광대다라니경』

천재교육, 금성출판사, 지학사

6 다음 (　) 안에 들어갈 알맞은 말에 ○표를 하시오.

> 발해는 왕족과 귀족의 무덤 위에 벽돌로 무덤 탑을 만들어 세웠는데, 이는 ❶(당 / 송)과의 교류 흔적입니다. ❷(정효 공주 무덤 / 무령왕릉)에도 그런 흔적이 남아 있습니다.

단원 실력 쌓기

Step 1 단원평가

[1~5] 다음은 개념 확인 문제입니다. 물음에 답하시오.

1 고조선은 (철기 / 청동기) 문화를 바탕으로 세워졌습니다.

2 고구려에서 내려온 온조가 (압록강 / 한강) 유역에 백제를 세웠습니다.

3 고구려의 문화유산에는 (무령왕릉 / 무용총) 등이 있습니다.

4 당과 동맹을 맺고 삼국을 통일한 나라는 어디입니까?
( )

5 발해를 세운 사람은 누구입니까?
( )

11종 공통

6 다음 고조선의 건국 이야기에 담긴 의미로 알맞은 것은 어느 것입니까? ( )

> 환웅은 바람, 비, 구름을 다스리는 신하와 무리 삼천 명을 이끌고 내려와 세상을 다스렸다.

① 고조선은 평등 사회였다.
② 고조선은 농업을 중요하게 생각했다.
③ 곰을 믿는 부족이 환웅 부족과 연합했다.
④ 고조선은 사람의 목숨을 소중하게 생각했다.
⑤ 곰을 믿는 부족과 호랑이를 믿는 부족이 환웅 부족과 연합하고 싶어 했다.

11종 공통

7 고조선에 대한 설명으로 알맞은 것을 두 가지 고르시오.
(,)

① 주몽이 건국했다.
② 나라를 다스리는 법이 없었다.
③ 우리 역사 속 최초의 국가이다.
④ 『삼국사기』에 건국 이야기가 전해진다.
⑤ 비파형 동검은 고조선을 대표하는 문화유산이다.

11종 공통

8 백제 근초고왕의 업적으로 알맞은 것은 어느 것입니까?
( )

① 대가야를 흡수하고 가야 연맹을 소멸시켰다.
② 북쪽으로 영토를 확장해 요동 지방을 차지했다.
③ 국내성으로 수도를 옮기고 꾸준히 정복 활동을 벌였다.
④ 남쪽으로 영토를 넓히며 삼국 중 가장 먼저 전성기를 맞았다.
⑤ 평양 지역으로 수도를 옮기고 남쪽으로 영역을 더욱 확장했다.

11종 공통

9 다음 독서 감상문의 □ 안에 들어갈 인물은 누구입니까? ( )

> 고구려의 전성기를 이끈 □의 위인전을 읽었다. 서쪽으로는 요동 지역을 차지하고, 남쪽으로는 한강 유역까지 진출한 씩씩한 기상에 감탄했다.

① 온조 ② 주몽 ③ 근초고왕
④ 박혁거세 ⑤ 광개토대왕

11종 공통

10 다음과 같이 신라를 전성기로 이끌었던 왕의 업적을 두 가지 고르시오. (　　　,　　　)

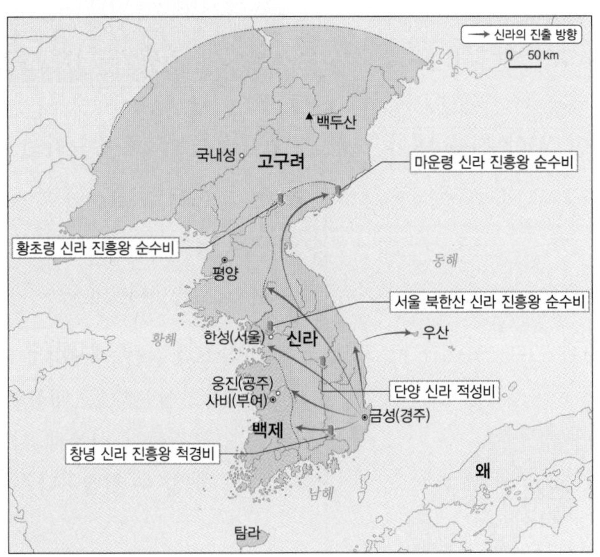

① 평양 천도　② 삼국 통일
③ 대가야 흡수　④ 한강 유역 차지
⑤ 요동 지역 차지

천재교육, 천재교과서, 교학사, 동아출판, 비상교과서

11 다음 문화유산에 대한 설명으로 알맞은 것을 두 가지 고르시오. (　　　,　　　)

무용총 접객도

① 신라의 문화유산이다.
② 고구려가 신분 사회였음을 보여 준다.
③ 사람들의 성별에 따라 크기를 달리해 그렸다.
④ 손님을 맞아서 시중드는 모습을 그린 벽화이다.
⑤ 고구려와 서역 사이에 교류가 있었음을 알 수 있다.

11종 공통

12 신라의 삼국 통일에 대한 설명으로 알맞은 것은 어느 것입니까? (　　　)

① 668년 백제가 멸망했다.
② 660년 고구려가 멸망했다.
③ 신라는 고구려 땅 대부분을 차지했다.
④ 통일 후 고구려 유민과 백제 유민을 받아들이지 않았다.
⑤ 매소성과 기벌포 등에서 당의 군대를 격파하고 삼국 통일을 이루었다.

11종 공통

13 당이 발해를 '해동성국'이라고 부른 까닭으로 알맞은 것은 어느 것입니까? (　　　)

① 불교문화가 발달했기 때문에
② 한반도 전체를 차지했기 때문에
③ 고조선을 계승한 나라이기 때문에
④ 삼국을 통일하고 번성했기 때문에
⑤ 고구려의 옛 땅을 대부분 되찾고 번성했기 때문에

11종 공통

14 석굴암에 대한 설명으로 알맞지 않은 것을 두 가지 고르시오. (　　　,　　　)

① 석굴 바닥에 차가운 물이 흐르게 했다.
② 화강암을 쌓아 올려 동굴처럼 만들었다.
③ 유네스코 세계 유산으로 등재되어 있다.
④ 청운교와 백운교 등의 문화유산이 있다.
⑤ 보수하는 과정에서 『무구정광대다라니경』이 발견되었다.

Step 2 서술형 평가

15 다음은 고조선의 법입니다. 11종 공통

- 사람을 죽인 사람은 사형에 처한다.
- 남을 다치게 한 사람은 [㉠]으로 갚는다.
- ㉡ 도둑질한 사람은 데려다 노비로 삼는다. 죄를 면하려면 50만 전을 내야 한다.

(1) 위 ㉠에 들어갈 알맞은 말을 보기에서 찾아 쓰시오.

보기
- 금
- 곡식
- 옷감

(　　　　　　　　　　)

(2) 위 밑줄 친 ㉡을 통해 알 수 있는 고조선 사회의 모습을 쓰시오.

답 고조선은 [　　　]제 사회였다는 것을 알 수 있다.

16 다음 대화의 빈칸에 들어갈 내용을 쓰시오. 천재교과서, 교학사, 금성출판사, 김영사, 아이스크림 미디어, 지학사

혜림: 삼국이 한강 유역을 두고 경쟁했던 까닭은 뭘까?
영진: 한강은 한반도의 중심에 있어. 또한 ______________________

17 다음 문화유산을 보고 알 수 있는 발해 문화의 특징을 쓰시오. 11종 공통

고구려의 막새기와　　발해의 막새기와

서술형 가이드
어려워하는 서술형 문제!
서술형 가이드를 이용하여 풀어 봐!

15 (1) 곡식으로 갚는다는 내용을 통해 고조선이 [　][　]를 짓는 사회였음을 알 수 있습니다.

(2) 도둑질을 하면 [　][　]로 삼는다는 내용을 통해 고조선이 신분제 사회였음을 알 수 있습니다.

16 한강 유역은 교통이 편리했으며 평야가 넓어 [　][　]짓기에 유리했습니다.

17 발해와 고구려의 문화유산은 비슷한 점이 (많 / 없)습니다.

Step 3 수행평가

학습 주제 삼국의 불교문화

학습 목표 삼국이 불교를 받아들인 까닭과 삼국의 불교 문화유산을 알 수 있다.

[18~20] 다음은 삼국의 불교 문화유산입니다.

금동 연가 7년명 여래 입상

익산 미륵사지 석탑

황룡사 9층 목탑

경주 분황사 모전 석탑

천재교육, 천재교과서, 교학사, 금성출판사, 김영사, 미래엔, 비상교과서, 비상교육, 아이스크림 미디어, 지학사

18 고구려의 불교문화를 엿볼 수 있는 문화유산은 무엇인지 쓰시오.

( )

19 다음에서 설명하는 문화유산은 무엇인지 쓰시오. 11종 공통

> 우리나라 석탑의 초기 모습을 보여 주는 탑으로, 돌을 쌓아 만들었지만 목탑의 모습과 매우 비슷합니다.

( )

천재교과서, 교학사, 금성출판사, 김영사, 동아출판, 미래엔, 비상교과서, 비상교육, 아이스크림 미디어

20 삼국이 위와 같은 불교 문화유산을 만든 까닭을 쓰시오.

______

______

수행평가 가이드
다양한 유형의 수행평가!
수행평가 가이드를 이용해 풀어 봐!

삼국의 불교

- 삼국은 영토를 넓히고 왕권을 강화하는 과정에서 불교를 받아들였습니다.
- 불교가 전해진 뒤 절, 탑, 불상 등 불교와 관련 있는 문화유산이 많이 만들어졌습니다.

1 단원

진도 완료 체크

나라의 백성이 불교를 믿고 왕을 존경하게 되었어.

고려의 후삼국 통일과 북방 민족의 침입

개념 1 고려의 건국과 후삼국 통일

1. 후삼국의 성립과 고려의 건국

후삼국의 성립	• 신라 말 왕위 다툼과 농민 봉기 등으로 정치가 혼란해지자, 지방에서 호족들이 등장했음. • 여러 호족 중 견훤이 후백제를, 궁예가 후고구려를 세웠음.
고려의 건국	• 궁예가 난폭한 정치로 믿음을 잃고 왕건이 왕으로 추대되었음. • 왕건은 고구려를 계승한다는 의미로 나라 이름을 고려로 고치고, 수도를 송악으로 옮겼음. → 여러 전투에서 승리하며 주변 사람들에게 신임을 얻었습니다.

2. 고려의 후삼국 통일

아들에게 왕위를 빼앗긴 견훤이 고려에 항복했음.

신라의 경순왕이 스스로 고려에 항복했음.

왕위 다툼으로 혼란해진 후백제를 물리치고 후삼국을 통일했음.

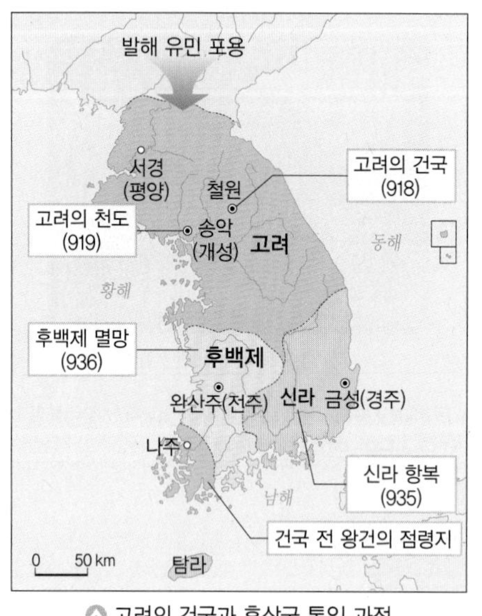

▲ 고려의 건국과 후삼국 통일 과정

중요 개념 2 고려의 제도 정비

태조 왕건	• 불교를 장려하고 백성들의 세금을 줄여 주었음. • 발해 유민을 받아들이고 북쪽으로 영토를 넓혀 갔음. • 여러 호족의 딸과 결혼하고 자녀를 도읍에 머물게 했음.
광종	• 호족이 불법적으로 차지한 노비를 원래의 신분으로 되돌렸음. • 과거 제도를 실시해 왕에게 충성하고 능력 있는 신하를 뽑았음.
성종	유교를 바탕으로 여러 제도를 마련했음.

내 교과서 살펴보기 / **천재교육, 김영사, 미래엔, 비상교과서, 비상교육, 아이스크림 미디어, 지학사**

태조의 〈훈요 10조〉 일부

제1조 불교의 힘으로 나라를 세웠으므로 불교를 장려할 것
제4조 중국의 풍습에 따르되 같게 갈 필요는 없고, 거란의 제도를 본받지 말 것
제5조 서경(평양)을 중요시할 것

개념 체크

☑ 고려의 후삼국 통일

고려는 ❶ [ㅅ][ㄹ]의 항복을 받은 후 후백제를 물리치고 후삼국을 통일했습니다.

☑ 태조 왕건의 정책

태조 왕권은 정치적 안정을 위해 ❷ [ㅎ][ㅈ]을 존중하되 적절히 견제했습니다.

정답 ❶ 신라 ❷ 호족

• 호족(豪 호걸 호 族 겨레 족)
신라 말부터 고려 초까지 군사력과 경제력을 바탕으로 지역을 스스로 다스리던 세력

개념 3 거란과 여진의 침입과 극복

중요 **1. 거란의 침입과 극복** → 고려는 거란의 침입을 물리친 뒤 수도 개경을 둘러싼 성을 쌓고 국경 지역에 천리장성을 쌓아 북방 민족의 침입에 대비했습니다.

1차 침입	• 고려와 송의 관계를 끊기 위해 침입했음. • 서희의 외교 담판(993년): 서희가 거란의 장수 소손녕과 담판을 벌인 결과 고려는 송과 관계를 끊고 거란과 교류할 것을 약속했으며, 압록강 동쪽의 강동 6주를 확보했음.
2차 침입	• 고려가 송과 관계를 계속 이어가자 다시 침입했음. • 고려는 개경을 빼앗기는 어려움을 겪기도 했지만 양규의 군대가 거란군에 여러 차례 승리를 거두었음.
3차 침입	• 강동 6주를 돌려줄 것을 요구하며 다시 침입했음. • 귀주 대첩(1019년): 강감찬이 이끈 고려군이 귀주에서 거란군에 큰 승리를 거두었음.

2. 여진의 침입과 별무반 → 기병 중심의 여진을 정복하기 위해 특별히 조직한 군대

여진은 고려를 큰 나라로 섬겼으나, 점차 세력을 키워 고려를 위협했음. → 고려는 별무반이라는 군대를 만들었음. → 윤관이 이끄는 별무반은 여진을 공격하고 그들이 살던 곳에 9개의 성을 쌓았음.

개념 4 고려의 대외 교류

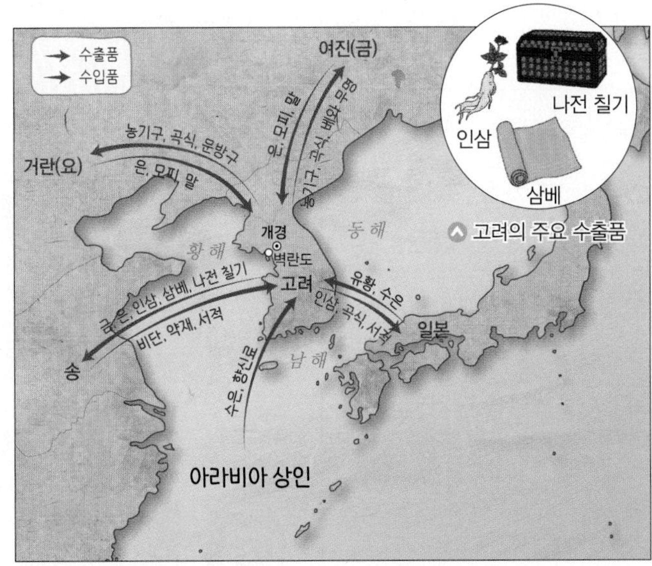

고려의 주요 수출품

① 고려는 송과 거란, 여진, 일본 등과 교류했습니다.

② 벽란도: 고려의 국제 무역항으로 송, 일본, 동남아시아, 아라비아 상인들도 드나들었습니다. → 벽란도는 고려의 수도 개경과 가까웠으며, 물이 깊어 배가 자유로이 드나들 수 있었습니다.

개념 체크

☑ 서희의 외교 담판

거란의 1차 침입 때 서희가 거란의 장수와 담판을 벌여 ❸ (ㄱ)(ㄷ) 6주를 확보했습니다.

☑ 고려의 대외 관계

고려는 국제 무역의 중심 항구였던 ❹ (ㅂ)(ㄹ)(ㄷ)를 통해 송, 일본, 아라비아 상인들과 교류했습니다.

정답 ❸ 강동 ❹ 벽란도

외교 담판
목적을 이루려고 관계 국가의 대표자가 만나서 의견을 교환하고 그 일치를 꾀하는 일

대첩(大 클 대 捷 이길 첩)
전투에서 크게 승리하는 것

1 단원

개념 체크

개념 5 몽골의 침입과 극복

1. 몽골의 침입에 맞선 고려

① 몽골의 침입

칭기즈 칸을 중심으로 통일한 몽골은 고려에 사신을 보내 물자를 바칠 것을 요구했음.	➡	고려에 왔던 몽골 사신이 돌아가는 길에 죽자 고려를 침입했음.

② 고려의 대응

강화도 천도	• 도읍을 강화도로 옮기고 몽골에 맞서 싸웠음. • 강화도: 섬과 육지 사이의 물살이 빠르고 암초가 많기 때문에 방어에 유리했음.
주요 전투	• 처인성 전투: 김윤후는 처인성에서 주민들과 힘을 합쳐 몽골의 장수인 살리타를 죽였음. • 충주성 전투: 김윤후가 노비 문서를 불태웠고, 노비들도 힘을 합쳐 성을 지켜 냈음.

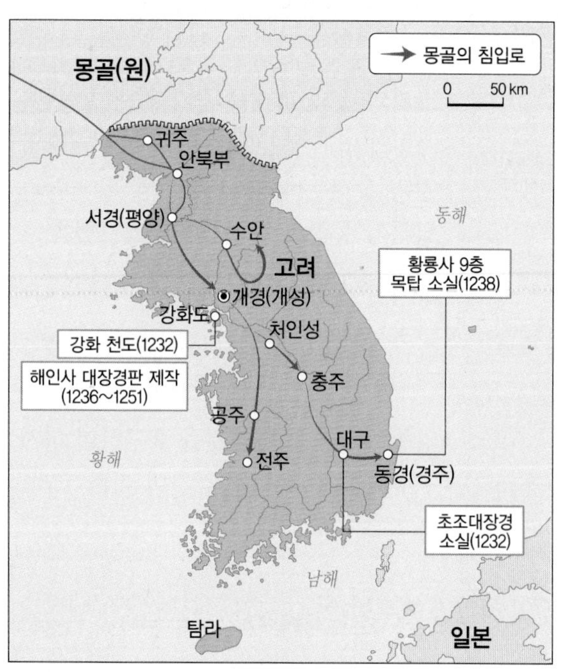

몽골의 침입로

2. 몽골과 강화를 맺은 고려

① 개경 환도 → 전쟁 등으로 인해 정부가 수도를 버리고 다른 곳으로 옮겼다가 다시 옛 수도로 돌아오는 것

오랜 전쟁으로 많은 사람이 죽거나 포로로 끌려갔고, 황룡사 9층 목탑, 초조대장경 등이 불탔음.	➡	최씨 무신 정권이 무너지자 전쟁을 멈추기로 하고, 도읍을 다시 개경으로 옮겼음.

② 삼별초의 항쟁과 몽골(원)의 간섭 → 원은 몽골이 중국 땅을 정복하고 세운 나라입니다.

삼별초의 항쟁	삼별초는 개경으로 돌아가는 것에 반대하고 근거지를 강화도 → 진도 → 탐라(제주)로 옮겨 가며 고려 정부와 몽골에 맞섰으나 실패했음.
몽골(원)의 간섭	전쟁 후 원은 고려왕의 칭호에 '충'자를 붙이고, 쌍성총관부 등을 두어 고려의 영토 일부를 직접 지배했음. (쌍성총관부: 원이 철령 북쪽의 고려 영토를 직접 다스리려 설치한 기구)
공민왕의 개혁	원의 힘이 약해지자 고려의 공민왕은 원을 따르는 세력을 제거했고, 쌍성총관부를 공격해 빼앗긴 영토도 되찾았음.

내 교과서 살펴보기 / **천재교육, 금성출판사, 김영사, 동아출판, 미래엔**

몽골과 고려의 교류

• 고려: 고려에는 몽골식 변발과 몽골 여성의 외출용 모자를 본뜬 족두리가 유행했습니다.
• 몽골: 몽골 황실에는 고려에서 들어온 상추쌈 등이 인기 있었습니다.

→ 변발: 앞 머리털을 밀고 뒤 머리털만 남겨 땋은 머리 모양

몽골의 침입과 극복

몽골이 침입하자 고려는 도읍을 ❺ ㄱ ㅎ ㄷ 로 옮기고 싸웠으나 결국 원의 간섭을 받게 되었습니다.

정답 ❺ 강화도

사신(使 부릴 사 臣 신하 신)
임금이나 국가의 명령을 받고 외국에 내보내는 신하

개념 다지기

11종 공통

1 다음에서 설명하는 인물은 누구입니까? (　　　)

- 궁예를 도와 여러 전투에 참여해 공을 세워 높은 지위에 올랐습니다.
- 궁예가 강압적인 정치를 펼치자 왕으로 추대되어 고려를 세웠습니다.

① 견훤　② 왕건　③ 김춘추
④ 강감찬　⑤ 김윤후

11종 공통

2 태조 왕건의 정책으로 알맞지 않은 것은 어느 것입니까? (　　　)

① 세금을 줄였다.
② 불교를 금지했다.
③ 발해 유민을 받아들였다.
④ 여러 호족의 딸과 결혼했다.
⑤ 북쪽으로 영토를 넓히고자 했다.

11종 공통

3 다음과 같이 거란의 장수와 담판을 지어 거란의 침입을 극복한 인물을 보기에서 찾아 쓰시오.

보기
- 서희　• 양규　• 강감찬

(　　　　　　)

천재교육, 교학사, 금성출판사, 김영사, 동아출판, 비상교과서, 지학사

4 다음 (　　) 안에 들어갈 알맞은 말에 ○표를 하시오.

고려는 송과 거란, 여진, 일본 등과 교류했습니다. 고려의 국제 무역항이던 (벽란도 / 강화도)에는 송, 일본, 동남아시아, 아라비아 상인들도 드나들었습니다.

천재교육, 천재교과서, 김영사, 동아출판, 비상교과서, 아이스크림 미디어, 지학사

5 다음에서 설명하는 전투는 무엇입니까? (　　　)

김윤후는 백성의 힘을 북돋기 위해 공을 세우는 사람에게 신분에 상관없이 벼슬을 줄 것을 약속하며 노비 문서를 불태웠습니다. 노비들도 힘을 합쳐 성을 지켜 냈습니다.

① 임진왜란　② 귀주 대첩
③ 병자호란　④ 살수 대첩
⑤ 충주성 전투

11종 공통

6 몽골의 고려 침입의 결과로 알맞은 것을 두 가지 고르시오. (　　,　　)

① 고려가 멸망했다.
② 고려는 도읍을 충주로 옮겨야 했다.
③ 고려는 정치적으로 몽골의 간섭을 받았다.
④ 고려는 별무반을 만들어 국방을 강화했다.
⑤ 황룡사 9층 목탑 등의 문화재가 피해를 입었다.

1 단원

개념 ① 팔만대장경 → 송, 거란에서 만든 대장경을 집대성해 만들었습니다.

중요 1. 팔만대장경을 만든 까닭과 팔만대장경의 우수성

만든 까닭	• 거란의 침입 때 만든 초조대장경이 몽골의 침입으로 불에 타 없어졌음. • 나라에서는 몽골의 침입을 부처의 힘으로 이겨 내고자 팔만대장경(재조대장경)을 만들었음.
우수성	• 수준 높은 불교 지식이 담겨 있음. • 글자가 고르고 틀린 글자도 거의 없음. • 팔만대장경판은 유네스코 세계 기록 유산임.  ▲ 팔만대장경판 [출처: 문화재청]

내 교과서 살펴보기 / **천재교육, 김영사, 동아출판, 미래엔, 비상교과서, 비상교육, 아이스크림 미디어**

팔만대장경을 만드는 과정

갈라지거나 비틀어지는 것을 줄이기 위해 나무를 잘라 오랫동안 바닷물에 담가 둠. ➡ 나무를 소금물에 삶고 그늘에 말렸음. ➡ 나무를 다듬고 글자를 새겼음. ➡ 구리판으로 네 귀퉁이를 감싸고 옻칠을 해 판이 뒤틀리지 않게 했음.

2. 팔만대장경판의 보존

① 합천 해인사 장경판전: 조선 시대에 만들어진 대장경판 보관용 건물로 유네스코 세계 유산으로 등재되었습니다.

② 팔만대장경판은 합천 해인사 장경판전에 보관되어 목판이 상하거나 뒤틀리지 않게 보존되었습니다.

③ 합천 해인사 장경판전은 과학적 원리에 따라 온도와 습도를 일정하게 유지할 수 있도록 설계되었습니다.

장경판전 외부	장경판전 내부

서로 다른 크기의 창을 만들어 바람이 잘 통하게 했음.	안쪽 흙바닥에는 숯, 소금, 모래 등을 넣어 적절한 습도를 유지할 수 있었음.

개념 체크

☑ **팔만대장경**

고려 시대에 ❶ ㅁ ㄱ 의 침입을 이겨 내기 위해 만든 것으로 고려 목판 인쇄술의 우수성을 알 수 있습니다.

☑ **합천 해인사 장경판전**

과학적 원리에 따라 만든 장경판전 덕분에 ❷ ㅍ ㅁ ㄷ ㅈ ㄱ ㅍ 이 잘 보존될 수 있었습니다.

정답 ❶ 몽골 ❷ 팔만대장경판

• 재조(再 다시 한 번 재 造 만들 조) 다시 만듦.

• 목판 인쇄술 나무에 글씨를 새긴 후 종이에 찍어 내는 기술

개념 체크

개념② 금속●활자

중요 1. 금속 활자의 발명

① 고려는 세계 최초로 금속 활자를 발명했습니다.

② 목판 인쇄술과 금속 활자 인쇄술

목판 인쇄술	• 같은 책을 여러 번 인쇄하는 데에는 편리했지만 여러 종류의 책을 인쇄하기 위해서는 매번 다른 판을 만들어야 했음. • 목판은 갈라지거나 휘어지는 나무의 성질 때문에 보관이 어려웠음.
금속 활자 인쇄술	• 금속으로 된 활자를 판에 짜 맞춰 종이에 찍어 내기 때문에 판을 새로 짤 수 있어 여러 종류의 책을 인쇄하는 데 효율적이었음. • 금속 활자는 금속으로 만들어져 쉽게 상하지 않고 보관이 쉬웠음.

2. 『직지심체요절』 → 본래 두 권인데 현재 한 권만 전해집니다.

① 불교의 가르침 중 깨달음에 관한 내용을 정리한 책입니다.

② 오늘날 전해지는 금속 활자 인쇄본 중 세계에서 가장 오래되었습니다.

③ 유네스코 세계 기록 유산으로, 현재 프랑스 국립 도서관에 보관되어 있습니다.

→ 독일의 구텐베르크가 만든 금속 활자보다 70여 년 앞서 제작되었습니다.

3. 금속 활자 제작과 인쇄 방법

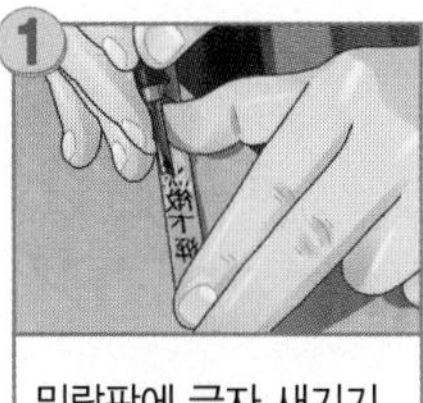
① 밀랍판에 글자 새기기

② 밀랍 활자를 하나씩 잘라 밀랍 가지에 붙이기

③ 주물토를 밀랍 가지에 발라서 거푸집 만들기

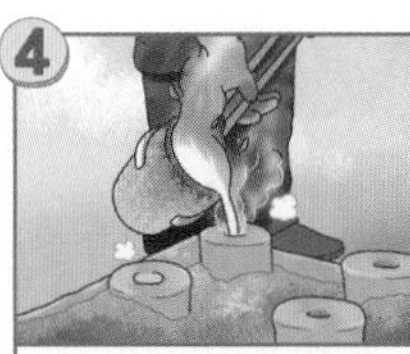
④ 열을 가해서 밀랍을 녹이고 쇳물 붓기

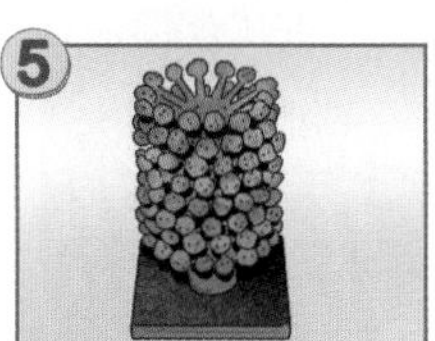
⑤ 쇳물이 식으면 거푸집 꺼내기

⑥ 활자를 한 자 한 자 떼어서 다듬기

⑦ 인쇄할 내용에 따라 활자 배열하기

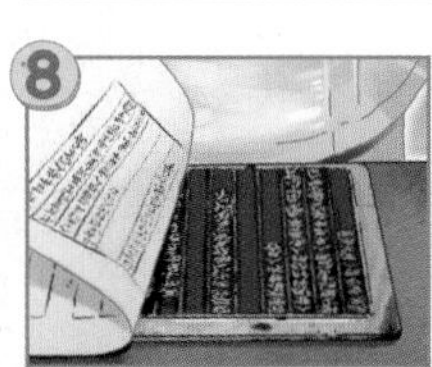
⑧ 먹물을 칠하고 한지를 놓고 문질러 인쇄하기

내 교과서 살펴보기 / **천재교과서, 비상교육**

청주 고인쇄 박물관에서 체험할 수 있는 것

- 고려의 금속 활자 인쇄 기술을 배울 수 있습니다.
- 고려부터 조선까지 우리나라의 전통 인쇄 문화를 배울 수 있습니다.
- 우리나라의 근현대 인쇄 문화와 일본, 중국, 유럽의 인쇄 문화를 살펴볼 수 있습니다.

☑ 금속 활자 인쇄술

금속 활자는 여러 종류의 책을 인쇄하는 데 ❸(효율적 / 비효율적)이었고, 단단해 오래 사용할 수 있었습니다.

☑ 『직지심체요절』

청주 흥덕사에서 인쇄된 불교와 관련된 책으로, 세계에서 가장 오래된 ❹  활자 인쇄본입니다.

정답 ❸ 효율적 ❹ 금속

용어 사전

●활자(活 살 활 字 글자 자) 인쇄를 하기 위해서 만든 글자 모형

1 단원

개념 알기

개념 체크

개념③ 고려청자

1. 고려청자의 의미와 용도

의미	고려 시대를 대표하는 공예품으로 푸른 빛깔의 도자기임.
용도	의자, 접시, 주전자, 베개 등 고려 지배층의 생활용품으로 사용되었음.

중요 2. 고려청자의 우수성

→ 초기에는 중국의 기술을 받아들여 청자를 만들었으나 이후에는 상감 기법으로 독창적인 청자를 만들어 냈습니다.

상감 청자	청자 표면을 파서 무늬를 만들고 그 자리에 다른 색깔의 흙을 메워 넣어 굽는 방식으로 만들었음.
청자를 만드는 기술	가마를 만드는 기술과 유약을 만드는 기술, 불을 다루는 기술 등이 뛰어나야 했음.

[출처: 국립중앙박물관]

청자 상감 모란 구름 학 무늬 베개
→ 청자 이름에는 기법, 무늬 종류, 그릇 종류가 담겨 있습니다.

내 교과서 살펴보기 / **김영사, 비상교과서, 비상교육**

상감 청자 만드는 과정

흙에 물을 섞어 반죽하기 ➡ 그릇 모양 만들기 ➡ 무늬를 새기고 다른 색의 흙 넣기 ➡ 그늘에서 말린 뒤 굽기 ➡ 유약 바르기 ➡ 더 높은 온도에서 굽기

개념④ 불교 예술과 화약 제조 기술

1. 불교 예술

논산 관촉사 석조 미륵보살 입상	3개의 커다란 돌을 이어서 만들었는데, 머리 부분을 매우 크게 만들었음.
평창 월정사 8각 9층 석탑	고려 시대를 대표하는 석탑으로, 각이 많고 층이 여러 개로 화려함.
〈수월관음도〉	비단에 정교한 문양과 화려한 장식을 그리고 금가루를 이용해 채색하여 고려 불화의 특징을 잘 보여 줌.

[출처: 게티이미지]

평창 월정사 8각 9층 석탑

2. 화약 제조 기술

① 고려 말 왜구가 자주 침입했습니다.

② 최무선: 수차례의 연구를 통해 화약을 만드는 데 성공했습니다.

③ 이후 고려는 화약을 이용한 화포를 만들어 왜구를 무찔렀습니다.

☑ 고려청자

처음에는 순청자를 만들었으나, 점차 상감 기법을 적용해 무늬를 새겨 넣은 ❺ ㅅ ㄱ 청자가 발달했습니다.

☑ 불교 예술의 발달

고려 시대에는 불교를 널리 믿어 탑, 절, ❻ ㅂ ㅅ 등 불교 예술이 발달했습니다.

정답 ❺ 상감 ❻ 불상

용어 사전

도자기
흙에 물을 부어서 반죽해 모양을 만들고 말린 후 높은 열에 구워서 만든 그릇

개념 다지기

11종 공통

1 팔만대장경에 대한 설명으로 알맞은 것은 어느 것입니까? (　　　)

① 고려에서 처음으로 만든 대장경이다.
② 거란의 침입을 이겨 내고자 만들었다.
③ 현재 프랑스 국립 도서관에 보관되어 있다.
④ 고려의 목판 인쇄술이 뛰어났음을 잘 보여 준다.
⑤ 유교가 고려 사회에 미쳤던 영향력을 짐작해 볼 수 있다.

11종 공통

2 합천 해인사 장경판전에 대한 설명으로 알맞은 것에 ○표를 하시오.

(1) 고려 시대에 건축되었습니다. (　　　)
(2) 『직지심체요절』이 보관되어 있습니다. (　　　)
(3) 유네스코 세계 유산으로 등재되어 있습니다. (　　　)

11종 공통

3 금속 활자의 특징으로 알맞은 것을 보기에서 찾아 기호를 쓰시오.

보기
㉠ 쉽게 마모되어 보관이 어려웠습니다.
㉡ 여러 종류의 책을 만드는 데 효율적이었습니다.

(　　　)

11종 공통

4 『직지심체요절』에 대한 설명으로 알맞은 것은 어느 것입니까? (　　　)

① 우리나라 최초의 목판 인쇄본이다.
② 유교의 가르침을 담고 있는 책이다.
③ 현재 합천 해인사 장경판전에 보관되어 있다.
④ 경주 불국사 삼층 석탑을 보수하는 과정에서 발견되었다.
⑤ 유럽에서 만든 금속 활자보다 70여 년 이상 앞서 제작되었다.

1 단원

진도 완료 체크

11종 공통

5 고려청자에 대해 바르게 말한 어린이는 누구입니까? (　　　)

① 해림: 만들기가 쉬웠다.
② 용성: 주로 서민들이 사용했다.
③ 진영: 주로 단순한 장식품으로 만들어졌다.
④ 성희: 몽골의 기술에 영향을 받아 만들어졌다.
⑤ 초아: 당시 귀족들의 화려한 문화를 엿볼 수 있다.

천재교육, 금성출판사, 동아출판, 비상교과서

6 고려 시대 불교 예술로 알맞은 것의 기호를 쓰시오.

㉠

평창 월정사 8각 9층 석탑

㉡

경주 불국사 다보탑

(　　　)

Step 1 단원평가

[1~5] 다음은 개념 확인 문제입니다. 물음에 답하시오.

1 후고구려를 세운 사람은 누구입니까?

( )

2 귀주 대첩을 승리로 이끈 인물은 (강감찬 / 김춘추) 입니다.

3 근거지를 강화도에서 진도, 제주도로 옮겨 가며 고려 정부와 몽골에 맞서 싸운 군대는 무엇입니까?

( )

4 팔만대장경은 부처의 힘으로 (몽골 / 일본)의 침입을 이겨 내고자 만들었습니다.

5 고려(청자 / 백자)는 푸른 빛깔의 도자기입니다.

11종 공통

6 다음은 후삼국의 통일 과정입니다. ㉠, ㉡에 들어갈 알맞은 나라를 쓰시오.

아들에게 왕위를 빼앗긴 견훤이 고려에 항복했음.

⬇

힘이 약해진 ㉠ 가 고려에 항복했음.

⬇

왕위 다툼으로 혼란해진 ㉡ 를 물리치고 후삼국을 통일했음.

㉠ ( ) ㉡ ( )

11종 공통

7 다음 글을 통해 알 수 있는 왕건의 정책은 무엇입니까?

( )

- 지방의 힘 있는 호족에게 왕씨 성을 주어 친척 관계가 되었습니다.
- 왕건은 여러 호족의 딸과 결혼해 부인 스물아홉 명과 자녀 서른네 명을 두었습니다.

① 백성들의 세금을 줄였다.
② 북쪽으로 영토를 넓혔다.
③ 발해 유민을 받아들였다.
④ 호족을 자신의 편으로 만들었다.
⑤ 가난한 사람들이 굶주리지 않도록 힘썼다.

11종 공통

8 다음 사건을 일어난 순서대로 기호를 쓰시오.

㉠ 윤관이 여진을 공격하고 9성을 쌓았습니다.
㉡ 강감찬이 귀주 대첩에서 큰 승리를 거두었습니다.
㉢ 서희가 외교 담판을 벌여 강동 6주를 확보했습니다.

( ) → ( ) → ( )

천재교육, 교학사, 금성출판사, 김영사, 동아출판, 비상교과서, 지학사

9 고려의 주요 수출품으로 알맞은 것을 두 가지 고르시오.

(,)

① 유황 ② 인삼 ③ 수은
④ 향신료 ⑤ 나전 칠기

11종 공통

10 몽골의 침입 때 고려가 다음과 같은 이유로 도읍으로 정하고 옮긴 지역은 어디입니까? (　　　)

> 육지와 가까운 섬이지만 물살이 매우 빠르고 갯벌이 넓어 몽골군이 침략하기 어려운 지역이었습니다.

① 서경　② 진도　③ 탐라
④ 개경　⑤ 강화도

천재교육, 천재교과서, 김영사, 동아출판, 비상교과서, 아이스크림 미디어, 지학사

11 다음 전투에 대한 설명은 무엇인지 알맞게 줄로 이으시오.

(1) 처인성 전투 •　　• ㉠ 김윤후는 주민들과 힘을 합쳐 몽골군의 장수를 죽였음.

(2) 충주성 전투 •　　• ㉡ 김윤후가 노비 문서를 불태웠고, 노비들도 힘을 합쳐 성을 지켜 냈음.

천재교육, 동아출판, 미래엔

12 다음 □ 안에 들어갈 고려의 왕을 쓰시오.

> 원의 힘이 약해지자 □은 원을 따르던 세력을 제거하고 원에게 빼앗겼던 영토를 되찾았습니다.

(　　　　　　　　　　)

11종 공통

13 다음 문화유산의 우수한 점은 무엇입니까? (　　　)

합천 해인사 장경판전

① 동굴처럼 만들어졌다.
② 뛰어난 예술 감각을 보여 주는 건물이다.
③ 천장은 여러 개의 돌을 아치형으로 쌓았다.
④ 습도를 조절할 수 있게 과학적으로 설계되었다.
⑤ 우리나라에 남아 있는 문화유산 중 가장 오래된 건물이다.

11종 공통

14 고려 시대 문화유산으로 알맞지 않은 것은 어느 것입니까? (　　　)

①

청자 상감 모란 구름 학 무늬 베개

②

[출처: 뉴스뱅크]
『직지심체요절』

③

평창 월정사 8각 9층 석탑

④

첨성대

1 단원

Step 2 서술형 평가

천재교육, 천재교과서, 김영사, 동아출판, 미래엔, 비상교과서, 아이스크림 미디어

15 다음과 같이 고려에서 과거 제도를 실시한 까닭을 쓰시오.

답 힘이 커진 ❶ [ ] 이나 공신들의 세력을 약화하고 왕에게 충성하는 신하를 뽑아 왕권을 ❷ [ ] 하기 위해서이다.

16 다음 질문에 대한 알맞은 대답을 쓰시오. 11종 공통

서희의 담판으로 고려가 얻어낸 성과는 무엇입니까?

17 다음은 고려청자에 대해 정리한 표입니다. 11종 공통

사용한 사람	주로 귀족들이 사용했음.
[㉠] 청자	표면을 파서 무늬를 만들고 그 자리에 다른 색깔의 흙을 메워 구운 청자
용도	㉡

(1) 위 ㉠에 들어갈 공예 기법은 무엇인지 쓰시오. (　　　)

(2) 위 ㉡에 들어갈 고려청자의 용도를 쓰시오.

서술형 가이드
어려워하는 서술형 문제!
서술형 가이드를 이용하여 풀어 봐!

15 과거제는 (유교 / 불교)적 지식을 평가해 왕에게 충성하는 신하를 뽑는 제도였습니다.

16 거란의 1차 침입 때 [ ][ ]는 거란의 장수와 담판을 벌여 강동 6주를 확보했습니다.

17 (1) 상감은 겉을 파내고 그 자리에 다른 [ ][ ]의 흙을 메워 무늬를 만드는 기법입니다.

(2) 고려청자는 찻잔, 주전자 등 [ ][ ][ ][ ]으로 사용되었습니다.

Step 3 수행평가

학습 주제 고려의 기술과 문화

학습 목표 팔만대장경을 통해 고려의 기술과 문화의 우수성을 알 수 있다.

[18~20] 다음은 팔만대장경판을 만드는 과정입니다.

1 나무를 잘라 바닷물에 2~3년간 담가 두기

2 나무를 알맞은 크기로 잘라 소금물에 삶기

3 바람이 잘 드는 그늘에서 말린 뒤 경판 만들기

4 목판에 대장경 원고를 새기기

5 새긴 목판을 종이에 찍어 내 보고 틀린 글자 골라내기

6 귀퉁이를 구리판으로 마감하고 옻칠하기

18 위 팔만대장경판을 만드는 과정을 보고 느낀 점을 쓰시오. 11종 공통

답 부처의 힘으로 [　　　　]을 물리치고자 하는 간절한 마음이 느껴진다.

천재교육, 김영사, 동아출판, 미래엔, 비상교과서, 비상교육, 아이스크림 미디어

19 다음은 팔만대장경판을 제작할 때 뒤틀림을 막고자 한 작업입니다. (　　) 안의 알맞은 말에 ○표를 하시오.

- 나무를 잘라 오랫동안 ❶(바닷물 / 강물)에 담가 두었습니다.
- 귀퉁이에 ❷(목판 / 구리판)을 덧대고 옻칠을 했습니다.

20 팔만대장경판으로 알 수 있는 고려 기술의 우수성을 쓰시오. 11종 공통

____

____

수행평가 가이드

다양한 유형의 수행평가!
수행평가 가이드를 이용해 풀어 봐!

팔만대장경

- 몽골의 침입을 부처의 힘으로 극복하기 위해 만들었습니다.
- 고려 시대 목판 인쇄술의 우수함을 잘 보여 주고 있습니다.
- 팔만대장경판은 합천 해인사 장경판전에 보관되어 잘 보존될 수 있었습니다.

1 단원

진도 완료 체크

팔만대장경판에는 오천만 자가 넘는 글자가 새겨져 있지만 틀린 글자가 거의 없어.

개념 ① 조선의 건국

1. 조선의 건국 과정

(권문세족: 고려가 몽골(원)의 간섭을 받던 시기부터 고려 말까지 권력을 누리던 지배 세력)

고려 말의 사회 혼란	• 외적의 침입과 권문세족의 횡포로 나라가 혼란스러웠음. • 신진 사대부는 성리학을 바탕으로 개혁을 주장했고, 외적을 무찌르는 과정에서 이성계 등 신흥 무인 세력이 성장했음.
↓ 위화도 회군 (1388년)	요동 정벌을 나섰던 이성계가 위화도에서 군대를 돌려 개경으로 돌아와 권력을 잡았음.
↓ 신진 사대부의 대립	이성계와 신진 사대부는 토지 개혁 등 여러 제도를 고쳐 나갔으나, 개혁의 방향을 둘러싸고 신진 사대부 안에서 갈등이 생겼음. 정몽주 고려를 유지하며 개혁하려고 했음. 정도전 개혁을 위해 새로운 나라를 세우려 했음.
↓ 조선 건국 (1392년)	• 이성계는 정도전과 힘을 합쳐 정몽주 등을 제거하고 조선을 세움. • 도읍을 한양으로 옮겼음(1394년).

2. 한양 도읍의 건설

① 한양을 도읍으로 삼은 까닭: 한강이 있어 물자를 옮기거나 농사짓기에 좋았고, 산으로 둘러싸여 외적의 침입을 막아 내는 데 유리했습니다.

② 유교 정신을 담은 한양의 건축물

건물의 배치	경복궁을 중심으로 동쪽에는 종묘, 서쪽에는 사직단을 세웠음.
성곽의 4대문	• 유교의 가르침에서 중요한 덕목인 어질고 인, 옳고 의, 예의 바르고 예, 지혜롭다 지의 의미를 담았음. • 흥인지문(인, 동쪽 대문), 돈의문(의, 서쪽 대문), 숭례문(예, 남쪽 대문), 숙정문(지, 북쪽 대문)

3. 『경국대전』 편찬 → 세조 때 만들기 시작하여 성종 때 완성되었습니다.

① 『경국대전』: 조선의 기본 법전으로, 유교의 가르침을 중심으로 나라를 다스리고 사회 질서를 유지하기 위해 만들었습니다.

② 담긴 내용 예 → 조선의 정치, 경제, 사회, 문화와 관련된 각종 법규가 담겨 있습니다.

• 부모가 건강이 매우 나쁘거나 70세 이상이면 아들 한 명의 군역을 면제한다.
• 남자는 15세, 여자는 14세가 되어야 혼인할 수 있다.
• 땅을 사고팔면 100일 이내에 관청에 보고한다.

(군역: 일정 기간 나라의 군인이 되는 의무를 지는 일)

→ 부모님께 효도하는 것을 중요시 했음을 알 수 있습니다.

개념 체크

☑ 조선의 도읍 한양

이성계는 나라의 중앙에 있는 한양을 도읍으로 삼고 ❶ ㅇ ㄱ 의 가르침을 담아 도읍으로 설계했습니다.

정답 ❶ 유교

내 교과서 살펴보기 / 교학사, 미래엔, 비상교과서, 비상교육

나라의 기틀을 마련하기 위한 노력

• 전국을 8도로 나누고, 그 아래 군현을 두어 수령을 파견했습니다.
• 16세 이상의 남자들에게 호패를 차게 해 인구수를 파악하고 세금을 거뒀습니다.
• 과거 시험을 통해 관리를 뽑았습니다.

→ 향교나 성균관 등에서 유교의 가르침을 공부한 사람들은 관리가 되기 위해 과거 시험을 보았습니다.

경복궁
임금의 덕으로 큰 복을 누리라는 뜻의 궁궐

종묘(宗 제사 종 廟 사당 묘)
역대 왕과 왕비의 위패를 모시고 제사를 지내는 곳

사직단
토지의 신과 곡식의 신에게 제사를 지내는 곳

개념② 세종의 업적 → 세종은 학문 연구를 위해 집현전을 설치해 도서 수집, 왕에게 자문 등을 담당하게 했으며 능력 있는 학자들을 키웠습니다.

중요 1. 훈민정음의 창제

만든 까닭	한자를 몰라 어려움을 겪는 백성들의 불편함을 줄이기 위해서
특징	• 스물여덟 글자로, 혀와 입술의 모양, 하늘, 땅, 사람의 모양을 본떠 만들었음. • 독창적이고 과학적으로 만들어져 모든 소리를 표현할 수 있고, 누구나 쉽게 배우고 쓸 수 있음. → 훈민정음은 백성을 가르치는 바른 소리라는 뜻을 담고 있습니다.

2. 과학 기구의 발명

백성들이 시각을 알 수 있도록 많은 사람이 오가는 한양 거리에 설치했습니다. (→ 앙부일구)

측우기	자격루	앙부일구	혼천의

비가 내린 양을 측정하는 기구	자동으로 종을 쳐 시각을 알려 주는 물시계	해의 그림자를 관측해 시각을 측정하는 해시계	해, 달, 별의 움직임을 관찰하는 천문 관측기구

[출처: 게티이미지]

3. 다양한 책의 편찬

『농사직설』	우리나라의 환경에 맞는 농사법을 정리한 책
『향약집성방』	우리나라의 약재로 질병의 치료법을 소개한 책
『삼강행실도』	효자, 충신 등 유교의 가르침을 담은 책

4. 국방의 안정과 영토 확장

쓰시마섬 정벌	왜구의 근거지인 대마도(쓰시마섬)를 정벌했음.
4군 6진 개척	여진을 몰아내고 4군 6진을 설치해 압록강과 두만강까지 영토를 넓혔음.

4군 6진

개념 체크

☑ 훈민정음

훈민정음은 ❷ [ㅎ][ㅈ]를 모르는 백성들을 위해 만든 글자로, 누구나 쉽게 배우고 쓸 수 있었습니다.

내 교과서 살펴보기 / **천재교과서, 교학사, 김영사, 미래엔, 비상교과서, 비상교육, 아이스크림 미디어**

『칠정산』

• 혼천의 등을 통해 조선에서 관측한 자료를 바탕으로 만든 역법서입니다.
• 현재 사용하고 있는 달력과 비교해도 큰 차이가 없을 정도로 정확합니다.

☑ 세종 대 과학 기구의 발명

세종 대 ❸ [ㅊ][ㅇ][ㄱ], 앙부일구 등의 발명은 농사에 큰 도움을 주었습니다.

정답 ❷ 한자 ❸ 측우기

개념 3 조선 전기의 사회와 문화

1. 유교 국가 조선

① 조선은 유교를 나라의 통치 원리로 삼았습니다.
② 나라에 충성하고 부모와 어른을 공경하며, 남자와 여자, 아이와 어른 사이에 지켜야 할 도리를 중시했습니다.
③ 나라의 행사뿐 아니라 유교 예절에 따라 결혼, 장례, 제사 등이 치러졌습니다.

2. 조선 시대의 신분

① 법적으로 양인과 천인으로 신분이 정해져 있었지만, 실제적으로는 양반, 중인, 상민, 천민으로 구분되었습니다.
② 신분에 따른 생활 모습 → 사람들은 유교 질서에 따라 주어진 신분대로 살아갔습니다.

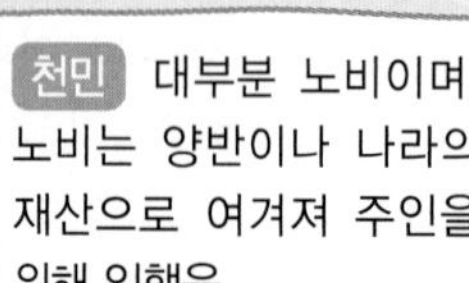

- **양반** 유교의 가르침이 담긴 책을 공부하거나 관리가 되어 나라의 중요한 일을 결정했음.
- **중인** 높은 관리를 도와 일을 하거나 의학, 법률에 관한 일, 통역 등을 했음.
- **상민** 대부분 농사를 지었고, 세금을 냈으며 성인 남자 대부분은 군인으로서 나라를 지킬 의무가 있었음.
- **천민** 대부분 노비이며, 노비는 양반이나 나라의 재산으로 여겨져 주인을 위해 일했음.

3. 조선 전기의 문화

양반 중심 문화	• 유교의 가르침에 따라 검소함이 강조되어 분청사기와 백자가 인기를 끌었음. • 양반들은 매화, 난초, 국화, 대나무를 소재로 하여 선비의 올곧은 마음을 표현했음.
신사임당	• 유교 경전을 공부했고 글과 시를 잘 썼음. • 그림 실력도 뛰어났음. 예 「초충도」

내 교과서 살펴보기 / **천재교육, 교학사, 김영사, 동아출판, 미래엔**

조선 전기 여성의 삶
- 여성은 결혼한 뒤에도 한동안 남편과 함께 친정에 머물렀습니다.
- 아들과 딸이 고르게 유산을 물려받았고, 제사도 아들과 딸이 돌아가며 지냈습니다.

개념 체크

☑ 조선 시대의 신분

조선의 신분은 양반, ❹ [ㅈ][ㅇ], 상민, 천민으로 나뉘었고, 사람들은 주어진 신분대로 살아갔습니다.

☑ 조선 전기의 문화

조선 전기에는 ❺ [ㅂ][ㅊ] 사기와 백자가 인기 있었고, 양반 중심의 문화를 보여 주는 그림이 그려졌습니다.

정답 ❹ 중인 ❺ 분청

용어 사전

- **분청사기** 청자의 그릇 표면에 흰 흙을 발라 다시 구워 낸 자기
- **백자** 흰 흙에 유약을 발라 구운 자기

개념 다지기

1. ❸ 민족 문화를 지켜 나간 조선(1)

11종 공통

1 다음에서 설명하는 인물은 누구입니까? (　　　)

- 위화도에서 군대를 되돌려 반대 세력을 몰아내고 권력을 잡았습니다.
- 고려를 멸망시키고 조선을 세웠습니다.

① 김춘추　② 이순신
③ 김유신　④ 이성계
⑤ 곽재우

천재교육, 천재교과서, 교학사, 금성출판사, 김영사, 동아출판, 미래엔, 비상교육, 지학사

2 조선이 한양을 도읍으로 삼은 까닭을 두 가지 고르시오.
(　　　,　　　)

① 교통이 편리하기 때문에
② 낙동강이 흐르고 있기 때문에
③ 농사짓고 생활하기에 좋기 때문에
④ 우리나라의 남쪽에 위치하고 있기 때문에
⑤ 외적의 방어에 유리한 섬 지역이기 때문에

11종 공통

3 훈민정음에 대한 설명으로 알맞은 것을 보기에서 두 가지 찾아 기호를 쓰시오.

보기
㉠ 양반을 위해 만들었습니다.
㉡ 선조가 만들어 보급했습니다.
㉢ 백성들이 쉽게 글을 읽을 수 있게 되었습니다.
㉣ 독창적이고 과학적으로 만들어져 모든 소리를 표현할 수 있습니다.

(　　　,　　　)

11종 공통

4 비가 내린 양을 측정했던 과학 기구는 무엇입니까?
(　　　)

① 간의　② 혼천의
③ 측우기　④ 자격루
⑤ 앙부일구

1 단원

11종 공통

5 조선 시대의 신분 제도에 관해 바르게 말한 어린이를 두 명 쓰시오.

진영: 상민은 나라에 세금을 냈어.
선아: 양반은 대부분 농사를 지었어.
효선: 천민이라도 노력을 하면 쉽게 신분을 바꿀 수 있었어.
세영: 실제적으로 양반, 중인, 상민, 천민으로 신분이 구분되었어.

(　　　,　　　)

천재교육, 교학사, 동아출판, 비상교과서, 지학사

6 조선 전기의 문화를 엿볼 수 있는 문화유산에 ○표를 하시오.

(1)

[출처: 국립중앙박물관]
▲ 분청사기 물고기무늬 병
(　　　)

(2)
[출처: 국립중앙박물관]
▲ 청자 어룡형 주전자
(　　　)

임진왜란과 병자호란

개념 ① 임진왜란

1. 임진왜란의 발발과 전쟁 초기 조선의 상황

임진왜란 전 조선의 상황	오랫동안 평화가 유지되면서 전쟁에 관한 대비를 제대로 하지 않았음. → 양반 사회가 분열되어 정치적으로 혼란스러웠습니다.
임진왜란의 발발	일본을 통일한 도요토미 히데요시는 명을 치러 가는 길을 빌려 달라는 구실로 조선을 침략했음.
전쟁 초기 조선의 상황	• 일본군은 빠르게 부산에서 한양으로 향했음. • 선조는 의주로 피란하고 명에 지원군을 요청했음. • 조선군은 육지에서 거듭 패배했지만 이순신이 이끄는 수군과 의병의 활약으로 전쟁의 흐름이 바뀌었음.

→ 의병: 나라를 지키려고 백성들이 스스로 일으킨 군대

중요 2. 이순신과 수군의 활약

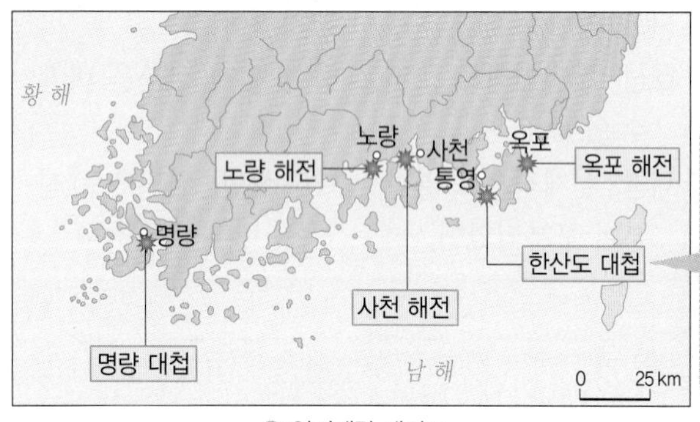

→ 한산도 대첩에서 학익진 전법으로 큰 승리를 거두었습니다.

학익진 전법

임진왜란 해전도

이순신의 활약	이순신은 옥포, 사천, 한산도 등에서 연이어 승리를 거두었음.
수군이 승리를 거둘 수 있었던 까닭	• 판옥선: 여러 대의 화포를 동시에 사용할 수 있을 뿐만 아니라 바닥이 평평해 방향 전환에 유리했음. • 거북선: 판옥선에 철 지붕을 씌운 배로 적진으로 돌진해 일본군의 대열을 무너뜨렸음. (돌진: 거침없이 곧장 나아감.) • 학익진 전법: 학이 날개를 편 모양으로 상대방을 포위해 공격하는 전술임.
수군의 승리가 미친 영향	바다로 식량과 무기를 운반하려던 일본군의 계획을 막았고, 전라도와 충청도의 곡창 지대를 지켰음.

→ 곡창 지대: 쌀 따위의 곡식이 많이 나는 지대

내 교과서 살펴보기 / **천재교육, 천재교과서, 금성출판사, 김영사**

『난중일기』
임진왜란 중에 이순신이 매일매일의 전투 상황을 기록한 일기로 이순신은 전쟁에서의 일뿐만 아니라 당시의 날씨, 지형, 백성의 생활 모습까지 상세히 기록했습니다.

개념 체크

☑ **임진왜란**

1592년에 ❶ [ㅇ][ㅂ]을 통일한 도요토미 히데요시가 조선을 침략하여 일어난 전쟁입니다.

☑ **수군이 승리할 수 있었던 까닭**

판옥선, ❷ [ㄱ][ㅂ][ㅅ], 우수한 전술 등으로 이순신은 여러 전투에서 승리할 수 있었습니다.

정답 ❶ 일본 ❷ 거북선

용어 사전

- **발발**: 전쟁이나 큰 사건 등이 갑자기 일어남.
- **피란**(避 피할 피 亂 어지러울 란): 전쟁을 피해서 다른 곳을 옮겨 가는 것
- **판옥선**: 널빤지로 지붕을 덮은 선생에 사용된 배

3. 의병의 활약과 조선군의 반격

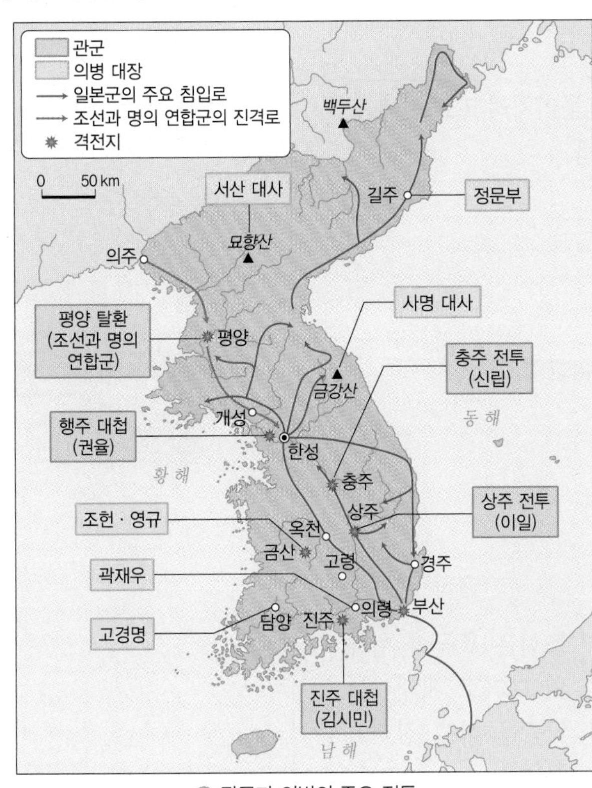

관군과 의병의 주요 전투

의병의 활약	• 곽재우 등은 의병을 일으켰음. → 곽재우는 붉은색 옷을 입고 전투에 나가 '홍의 장군'이라고 불렸습니다. • 양반부터 노비까지 다양한 신분이 참여했음. • 익숙한 지형을 활용해 전투에서 적은 인원으로도 승리했음.
진주 대첩	진주성에서 김시민은 관군과 의병을 이끌고 일본군에 맞서 큰 승리를 거두었음.
행주 대첩	행주산성에서 권율의 지휘 아래 군인, 승병, 일반 백성이 힘을 합쳐 일본군에 큰 승리를 거두었음. (승병: 나라를 지키기 위해 모인 승려로 구성된 군사)

4. 전쟁의 결과와 피해

전쟁 결과	• 정유재란(1597년): 행주 대첩에서 패한 일본군은 강화 회담을 제안했지만 실패하자 다시 침입했음. • 조선의 승리: 이순신이 명량과 노량 앞바다에서 일본군을 물리치면서 전쟁이 끝났음. → 도요토미 히데요시가 죽자 일본군은 조선에서 철수했고, 이순신이 철수하는 일본군을 노량에서 물리쳤습니다.
전쟁의 피해	• 문화유산들이 불타 없어지고 일본에 약탈당했음. • 많은 사람이 죽거나 다쳤고, 일본에 포로로 끌려갔음. • 땅이 황폐해져 백성들의 생활과 나라 살림이 어려워졌음.

의병의 활약

의병은 양반에서 천민까지 신분이 다양했으며, 고장의 ❸ ㅈ ㅎ 을 잘 활용해 전투에서 승리했습니다.

정답 ❸ 지형

1 단원

내 교과서 살펴보기 / **천재교과서**

통신사

• 통신사는 조선에서 일본에 보냈던 사신을 부르는 명칭입니다.
• 임진왜란으로 조선은 일본과의 외교 관계를 끊었지만 몇 년 후 조선은 통신사를 보내 일본과 국교를 회복하고 일본에 끌려갔던 사람들을 데려왔습니다.

용어 사전

반격(反 돌이킬 반 擊 칠 격)
되받아 공격함.

강화 회담
서로 전쟁을 하던 나라가 싸움을 그만두기 위해 한 자리에 모여 토의하는 일

황폐(荒 거칠 황 廢 폐할 폐)
집, 토지, 삼림 따위가 거칠어져 못 쓰게 됨.

개념 알기

개념 체크

개념 ② 병자호란

1. 광해군의 중립 외교

→ 중립 외교는 나라 사이에 다툼이나 전쟁이 일어났을 때 어느 편에도 끼지 않고 중간 입장을 지키는 것입니다.

임진왜란을 틈타 세력이 커진 여진족이 후금을 세우고 명을 위협했음. » 명은 후금을 물리치려고 조선에 군사를 요청했음.

광해군의 중립 외교
- 명의 요청으로 군사를 보냈지만 상황을 판단해 행동하도록 했음.
- 명과 후금 사이에서 중립 외교를 펼치며 후금의 침략을 피하려 했음.

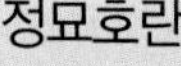

2. 정묘호란(1627년)

인조가 왕이 됨.	정묘호란	결과
중립 외교 정책에 반대한 세력은 광해군을 몰아내고 인조를 왕으로 세웠음.	인조가 명을 가까이 하고 후금을 멀리하자 후금이 조선을 침략했음.	조선은 후금과 형제의 나라로 지내자는 약속을 하고 전쟁을 끝냈음.

중요

3. 병자호란(1636년)

청의 침입	후금은 나라 이름을 청으로 바꾸고, 조선에 임금과 신하의 관계를 요구했으나 조선이 거절하자 침입했음.

→ 남한산성은 높고 가파른 산으로 둘러싸여 있어 적의 공격을 방어하기에 유리했고 전투 시설과 왕이 머물 수 있는 행궁이 있었습니다.

인조 남한산성으로 피신	• 인조는 남한산성으로 들어가 싸웠음. • 남한산성 상황: 식량이 떨어지고 한겨울의 추위가 심해졌고, 성안 신하들의 의견이 둘로 나뉘었음. 김상헌 청과 끝까지 싸워야 함. 최명길 화해로 싸움을 멈춰야 함.

▲ 남한산성 수어장대

항복	• 인조는 남한산성에서 나와 삼전도에서 청 태종에게 항복했음. • 서울 삼전도비: 청 태종이 인조의 항복을 받은 후 자신의 공덕을 기록해 세운 비석

결과	• 조선은 청과 임금과 신하의 관계를 맺었음. • 세자를 비롯해 많은 백성이 청에 끌려가 고통을 겪었음.

☑ 중립 외교

광해군은 약해지는 ❹ ㅁ 과 강해지는 후금 사이에서 중립 외교를 펼치며 후금의 침략을 피했습니다.

☑ 병자호란

청이 조선을 침략한 전쟁으로 인조는 ❺ ㄴ ㅎ ㅅ ㅅ 에서 청군에 맞섰으나 결국 항복했습니다.

정답 ❹ 명 ❺ 남한산성

용어 사전

수어장대
남한산성의 가장 높은 곳으로, 적을 살피고 군사를 지휘하던 장소

개념 다지기

1. ❸ 민족 문화를 지켜 나간 조선(2)

11종 공통

1 다음 임진왜란 해전도와 관련 있는 인물은 누구입니까? (　　　)

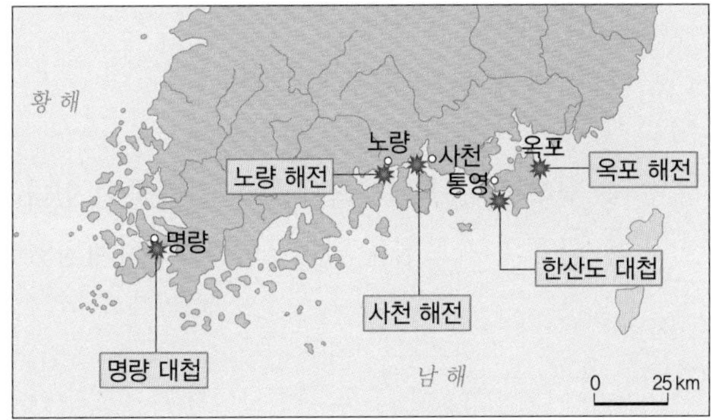

① 왕건 ② 이순신
③ 강감찬 ④ 김춘추
⑤ 정몽주

11종 공통

2 임진왜란 중에 일어났던 의병의 활약에 대한 설명으로 알맞은 것에 모두 ○표를 하시오.

(1) 의병은 양반만 될 수 있었습니다. (　　　)

(2) 익숙한 지형을 활용하는 전술을 펼쳤습니다. (　　　)

(3) 곽재우는 자신의 재산으로 의병을 모아 여러 전투에서 일본군과 싸워 이겼습니다. (　　　)

11종 공통

3 권율이 일본군을 물리치고 큰 승리를 거둔 전투는 무엇입니까? (　　　)

① 귀주 대첩 ② 행주 대첩
③ 명량 대첩 ④ 상주 전투
⑤ 진주 대첩

11종 공통

4 명이 쇠퇴하고 후금이 성장하는 상황에서 중립 외교를 펼쳤던 조선의 왕은 누구입니까? (　　　)

① 선조 ② 세종
③ 태조 ④ 영조
⑤ 광해군

11종 공통

5 다음은 정묘호란에 대한 설명입니다. (　　　) 안에 들어갈 알맞은 말에 ○표를 하시오.

> 조선에 쳐들어온 후금은 (형제 / 임금과 신하)의 관계를 맺는다는 조건으로 전쟁을 끝냈습니다.

11종 공통

6 병자호란에 대한 설명으로 알맞지 <u>않은</u> 것은 어느 것입니까? (　　　)

① 청이 침략한 전쟁이다.
② 인조는 남한산성으로 피신했다.
③ 전쟁이 끝나고 청과 형제의 관계를 맺었다.
④ 청은 조선에 임금과 신하의 관계를 요구했다.
⑤ 전쟁이 끝나고 많은 대신과 백성이 청에 인질로 끌려갔다.

단원 실력 쌓기

Step 1 단원평가

[1~5] 다음은 개념 확인 문제입니다. 물음에 답하시오.

1 이성계가 세운 나라는 무엇입니까?
( )

2 세종 대에 만든 천문 관측기구는 (앙부일구 / 혼천의) 입니다.

3 조선은 정치와 일상생활에서도 (유교 / 불교) 예절을 강조했습니다.

4 율곡 이이의 어머니로, 「초충도」 등의 작품을 남긴 사람은 누구입니까? ( )

5 병자호란은 (청 / 명)이 조선을 침략해 일어난 전쟁입니다.

11종 공통

6 조선의 건국 과정에 대한 설명으로 알맞은 것은 어느 것입니까? ( )

① 개경을 도읍으로 정했다.
② 정몽주를 중심으로 한 세력이 조선을 세웠다.
③ 정도전은 고려 사회를 유지해야 한다고 주장했다.
④ 정몽주는 고려를 무너뜨리고 새 왕조를 세워야 한다고 주장했다.
⑤ 위화도 회군으로 권력을 잡은 이성계와 신진 사대부가 힘을 합쳐 개혁을 했다.

11종 공통

7 한양에 대한 설명으로 알맞지 않은 것은 어느 것입니까?
( )

① 조선의 도읍이다.
② 나라의 중심에 위치해 있다.
③ 한강이 흘러 교통이 편리하다.
④ 경복궁, 종묘, 사직단 등의 건축물이 있다.
⑤ 불교의 가르침을 담아 도읍으로 설계되었다.

천재교육, 천재교과서, 교학사, 금성출판사, 김영사, 동아출판, 미래엔, 비상교과서, 비상교육, 지학사

8 다음과 같은 내용을 담고 있는 조선 최고의 법전은 무엇인지 쓰시오.

남자는 15세, 여자는 14세가 되어야 혼인할 수 있다.

땅을 사고팔면 100일 이내에 관청에 보고한다.

( )

11종 공통

9 다음과 관련된 세종의 업적은 무엇입니까? ( )

> 백성들이 글을 쓰고 읽을 수 있게 되었습니다.

① 4군 6진 개척　② 훈민정음 창제
③ 『칠정산』 편찬　④ 쓰시마섬 정벌
⑤ 앙부일구 발명

천재교육, 천재교과서, 교학사, 금성출판사, 김영사, 동아출판, 비상교과서, 비상교육, 아이스크림 미디어, 지학사

10 다음 과학 기구에 대해 바르게 말한 어린이를 두 명 고르시오. (,)

자격루

혼천의

① 예림: 성종이 만든 과학 기구들이야.
② 태린: 양반들을 위한 과학 기구들이야.
③ 민지: 자격루는 시간을 알려 주는 시계야.
④ 성준: 백성들의 생활에는 도움이 되지 않았어.
⑤ 효선: 혼천의는 하늘의 해와 달, 별의 움직임을 관찰하는 기구야.

천재교육, 천재교과서, 교학사, 김영사, 동아출판, 비상교과서, 비상교육, 아이스크림 미디어, 지학사

11 다음과 같은 전법으로 승리를 거둔 전투는 어느 것입니까? ( )

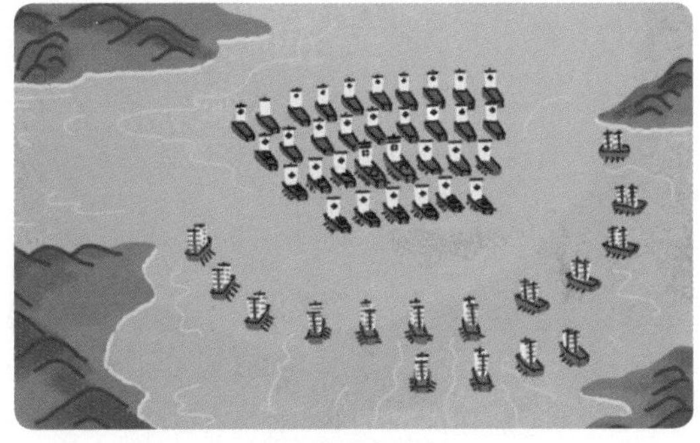
학익진 전법

① 옥포 해전 ② 노량 해전
③ 사천 해전 ④ 명량 대첩
⑤ 한산도 대첩

11종 공통

12 임진왜란 때 다음 인물의 활약을 바르게 줄로 이으시오.

(1) 권율 • • ㉠ 행주산성에서 관군, 의병, 승병과 힘을 합해 일본군을 물리쳤음.

(2) 곽재우 • • ㉡ 자신의 재산으로 의병을 모아 여러 전투에서 일본군과 싸워 이겼음.

11종 공통

13 다음에서 설명하는 전쟁은 무엇입니까? ( )

- 인조를 왕으로 세운 세력이 후금과의 관계를 끊고 명을 돕자 후금이 쳐들어왔습니다.
- 조선과 후금이 형제 관계를 맺는다는 조건으로 전쟁을 끝냈습니다.

① 임진왜란 ② 병자호란
③ 정묘호란 ④ 행주 대첩
⑤ 한산도 대첩

11종 공통

14 병자호란과 관련 있는 문화유산에 ○표를 하시오.

(1) 
남한산성
( )

(2) 
석굴암
( )

1 단원

Step 2 서술형 평가

15 다음은 세종 대의 국방에 대한 설명입니다. 천재교육, 천재교과서, 금성출판사, 김영사, 동아출판, 비상교과서, 비상교육, 아이스크림 미디어

> 세종은 남쪽으로는 왜구의 근거지인 ㉠(대마도)을 정벌하였고, 북쪽으로는 여진을 몰아내고 4군 6진을 설치하여 조선의 국경을 ㉡

(1) 위 ㉠에 들어갈 지역을 쓰시오. (　　　　)

(2) 위 ㉡에 들어갈 조선의 국경을 쓰시오.

답 압록강과 [　　] 까지 넓혔다.

16 다음은 세종 대에 편찬된 책을 정리한 표입니다. 천재교육, 천재교과서, 교학사, 금성출판사, 김영사, 동아출판, 미래엔, 비상교과서, 비상교육, 아이스크림 미디어

㉠	우리나라의 환경에 맞는 농사법을 정리한 책
『향약집성방』	우리나라의 약재로 질병의 치료법을 소개한 책
『삼강행실도』	㉡

(1) 위 ㉠에 들어갈 책은 무엇인지 쓰시오. (　　　　)

(2) 위 ㉡에 들어갈 알맞은 내용을 쓰시오.

17 다음에서 설명하는 전쟁의 결과를 쓰시오. 11종 공통

> 1636년에 청이 조선에 임금과 신하의 관계를 요구하며 침략했습니다.

서술형 가이드

어려워하는 서술형 문제! 서술형 가이드를 이용하여 풀어 봐!

15 (1) 세종은 (왜 / 여진)의 근거지인 쓰시마섬을 정벌했습니다.

(2) 세종의 4군 [　] 진 개척으로 오늘날의 국경선이 만들어졌습니다.

16 (1) 세종 대에 편찬한 농사 관련 책으로는 『(농사직설 , 삼국유사)』이/가 있습니다.

(2) 『삼강행실도』는 [　][　] 의 가르침을 담은 책입니다.

17 병자호란으로 조선은 청과 임금과 (신하 / 형제)의 관계를 맺었습니다.

Step 3 수행평가

학습 주제 조선의 신분 질서

학습 목표 조선 시대에는 신분에 따라 생활 모습이 달랐음을 알 수 있다.

[18~20] 다음은 조선 시대 사람들의 생활 모습을 나타낸 그림입니다.

양반	㉠
관리가 되어 나라의 중요한 일을 결정했음.	의학, 법률에 관한 일, 통역 등을 했음.
상민	**천민**
㉡	대부분 노비로, 주인을 위해 일했음.

18 위 그림을 통해 알 수 있는 조선 사회의 모습을 쓰시오. 11종 공통

답 조선 시대에는 태어날 때부터 ❶ [   ] 이 정해져 있었으며, 사람들은 ❷(유교 / 불교) 질서에 따라 주어진 신분대로 살아갔습니다.

19 위 ㉠에 들어갈 조선 시대의 신분을 쓰시오. 11종 공통

(   )

20 위 ㉡에 들어갈 상민의 생활 모습을 쓰시오. 11종 공통

____

____

수행평가 가이드
다양한 유형의 수행평가!
수행평가 가이드를 이용해 풀어 봐!

조선 시대의 신분

- 법적으로 양인과 천인으로 신분이 정해져 있었습니다.
- 실질적으로는 양반, 중인, 상민, 천민으로 나뉘었습니다.
- 유교 질서에 따라 주어진 신분대로 살았으므로 신분에 따라 하는 일과 입는 옷 등이 달랐습니다.

1 단원

진도 완료 체크

상민은 대부분 농사를 지었으며, 상인, 수공업자도 상민에 속했어.

대단원 평가

1. 옛사람들의 삶과 문화

점수

배점 표시가 없는 문제는 문제당 4점입니다.

1 나라의 등장과 발전

11종 공통

1 다음 고조선의 법을 통해 알 수 있는 고조선 사회의 모습으로 알맞지 않은 것은 어느 것입니까? (　　　　)

- 사람을 죽인 사람은 사형에 처한다.
- 남을 다치게 한 사람은 곡식으로 갚는다.
- 도둑질한 사람은 데려다 노비로 삼는다. 죄를 면하려면 50만 전을 내야 한다.

① 농경 사회였다.
② 화폐의 개념이 있었다.
③ 노비가 있는 신분제 사회였다.
④ 개인이 재산을 소유할 수 없었다.
⑤ 큰 죄는 법으로 엄격하게 다스렸다.

11종 공통

2 삼국의 성립과 발전에 대한 설명으로 알맞은 것은 어느 것입니까? (　　　　)

① 신라의 법흥왕은 대가야를 정복했다.
② 신라는 삼국 중 가장 먼저 전성기를 맞았다.
③ 백제는 박혁거세가 한강 지역에 세운 나라이다.
④ 백제의 근초고왕은 요동 지역으로 세력을 확장했다.
⑤ 고구려의 장수왕은 평양 지역으로 수도를 옮기고 남쪽으로 영역을 확대했다.

11종 공통

3 다음 왕들의 공통점으로 알맞은 것을 두 가지 고르시오. (　　　　,　　　　)

- 근초고왕　• 장수왕　• 진흥왕

① 도읍을 옮겼다.
② 영토를 확장했다.
③ 나라의 전성기를 이루었다.
④ 중국에서 불교를 받아들였다.
⑤ 이웃 나라와의 교류를 금지했다.

11종 공통

4 백제 사람들의 뛰어난 공예 기술과 예술성을 알 수 있는 문화유산은 어느 것입니까? (　　　　)

①
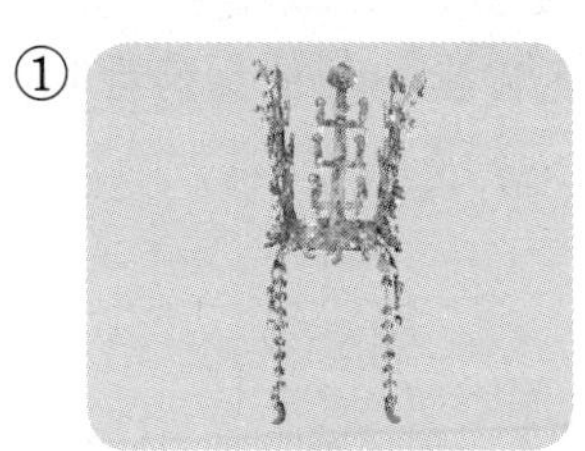
금관총 금관

②

금동 대향로

③

첨성대

④

수렵도

서술형·논술형 문제

11종 공통

5 다음은 신라의 삼국 통일 과정입니다. [총 10점]

신라와 당의 동맹	신라의 김춘추와 당이 동맹을 맺었음.
백제 멸망	㉠ 이 이끄는 신라의 군대는 당의 군대와 연합해 백제를 멸망시켰음.
고구려 멸망	나당 연합군은 지배층이 내분에 빠진 고구려를 멸망시켰음.
삼국 통일	㉡

(1) 위 ㉠에 들어갈 인물은 김유신과 이순신 중 누구인지 쓰시오. [3점]

(　　　　　　　　　　)

(2) 위 ㉡에 들어갈 알맞은 내용을 쓰시오. [7점]

11종 공통

6 불국사에 대해 잘못 말한 어린이는 누구입니까? (　　　)

① 원권: 유네스코 세계 유산이야.
② 지호: 불국사의 불국은 부처의 나라라는 뜻이야.
③ 태린: 뛰어난 건축 기술과 예술성을 지니고 있어.
④ 민지: 고구려의 불교문화를 알 수 있는 중요한 문화유산이야.
⑤ 세영: 경주 불국사 삼층 석탑, 경주 불국사 다보탑 등의 문화유산이 있어.

11종 공통

7 다음 ㉠ 나라에 대한 설명으로 알맞은 것을 두 가지 고르시오. (　　,　　)

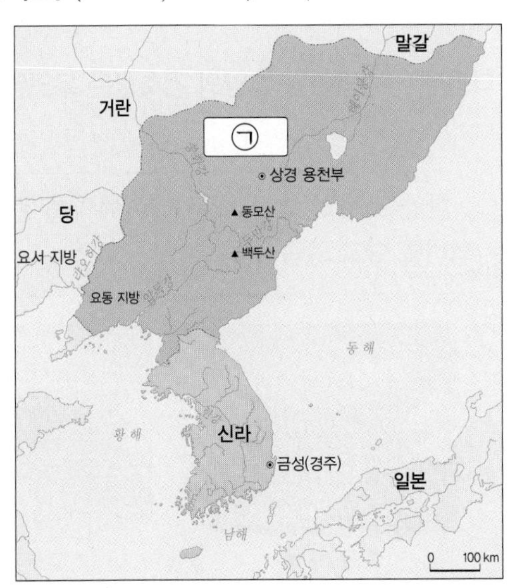

① 금성이 도읍지였다.
② 불교문화가 발달했다.
③ 한강 유역에 세워졌다.
④ 신라를 계승한 나라이다.
⑤ 당에서 '해동성국'이라고 불렀다.

2 독창적 문화를 발전시킨 고려

11종 공통

8 신라 말의 상황으로 알맞은 것을 두 가지 고르시오. (　　,　　)

① 호족의 성장
② 몽골의 침입
③ 권문세족의 횡포
④ 신진 사대부의 등장
⑤ 귀족들의 왕위 다툼

천재교육, 김영사, 미래엔, 비상교과서, 비상교육, 아이스크림 미디어, 지학사

9 다음은 태조의 〈훈요 10조〉의 일부입니다. ㉠, ㉡에 들어갈 알맞은 말을 쓰시오.

제1조 불교의 힘으로 나라를 세웠으므로 불교를 장려할 것
제4조 중국의 풍습에 따르되 같게 갈 필요는 없고, ㉠ 의 제도를 본받지 말 것
제5조 ㉡ (평양)을 중요시할 것

㉠ (　　　　　　)
㉡ (　　　　　　)

11종 공통

10 고려 시대 외적의 침입과 극복에 대해 바르게 말한 어린이를 쓰시오.

운용: 서희는 몽골의 장수와 담판을 벌여 강동 6주를 확보했지.
나현: 거란이 침입하자 고려는 도읍을 개경에서 강화도로 옮기고 거란과 싸웠어.
세진: 강감찬은 거란의 3차 침입 때 돌아가는 거란군을 귀주에서 크게 물리쳤어.

(　　　　　　)

1 단원

11종 공통

11 몽골의 고려 침입과 관련된 내용으로 알맞지 않은 것은 어느 것입니까? (　　　　)

① 몽골의 침입으로 황룡사 9층 목탑이 불탔다.
② 몽골 침입의 결과 고려는 몽골의 간섭을 받게 되었다.
③ 고려는 귀주성, 처인성, 충주성 등에서 몽골을 무찔렀다.
④ 별무반은 근거지를 옮겨 가며 고려와 몽골의 연합군에 저항했다.
⑤ 몽골의 1차 침입 이후 고려는 도읍을 개경에서 강화도로 옮겼다.

서술형·논술형 문제

11종 공통

12 다음은 고려의 문화유산을 정리한 표입니다. [총 10점]

고려청자	고려 시대를 대표하는 공예품으로 푸른 빛깔의 도자기임.
팔만대장경	㉠ 의 침입을 막기 위해 만든 대장경임.
『직지심체요절』	㉡

(1) 위 ㉠에 들어갈 알맞은 말을 보기에서 찾아 ○표를 하시오. [3점]

보기
• 송　　• 여진　　• 몽골

(2) 위 ㉡에 들어갈 알맞은 내용을 쓰시오. [7점]

동아출판, 미래엔

13 고려 시대에 수차례의 연구를 통해 화약을 만드는 데 성공한 사람은 누구입니까? (　　　　)

① 서희　② 양규　③ 강감찬
④ 김윤후　⑤ 최무선

3 민족 문화를 지켜 나간 조선

11종 공통

14 다음 조선의 건국 과정에서 ㉠에 들어갈 내용으로 알맞은 것을 두 가지 고르시오. [6점] (　　　,　　　)

신진 사대부와 신흥 무인 세력의 등장 ➡ ㉠ ➡ 조선의 건국

① 위화도 회군
② 몽골의 침입
③ 정몽주 제거
④ 4군 6진 개척
⑤ 권문세족의 등장

11종 공통

15 다음에서 설명하는 한양의 건축물은 무엇입니까? (　　　　)

한양 도성의 남쪽 대문으로 예의를 존중한다는 의미를 담고 있습니다.

①

흥인지문

숭례문

③

종묘

④ [출처: 게티이미지]
숙정문

서술형·논술형 문제

11종 공통

16 다음은 조선 시대의 과학 기구입니다. [총 10점]

자격루

앙부일구

(1) 위와 같은 과학 기구를 만든 조선의 왕을 쓰시오. [3점]

( )

(2) 위 과학 기구의 공통점을 쓰시오. [7점]

____

____

11종 공통

17 다음과 같은 생활을 했던 조선의 신분은 무엇입니까? ( )

> 높은 관리를 도와 일을 하거나 의학, 법률에 관한 일, 통역 등을 했습니다.

①

양반

②

중인

③

상민

④

천민

11종 공통

18 조선이 임진왜란을 극복할 수 있었던 까닭을 두 가지 고르시오. (,)

① 삼별초의 항쟁
② 팔만대장경판의 제작
③ 강감찬의 뛰어난 전술
④ 이순신과 조선 수군의 활약
⑤ 곽재우를 비롯한 백성들의 의병 활동

1 단원

11종 공통

19 다음과 같은 결과를 가져온 전쟁은 무엇인지 보기 에서 찾아 기호를 쓰시오.

> 조선과 후금이 형제 관계를 맺었습니다.

보기

㉠ 정묘호란	㉡ 명량 대첩
㉢ 병자호란	㉣ 행주 대첩

( )

11종 공통

20 병자호란에 대한 설명으로 알맞은 것은 어느 것입니까? ( )

① 도요토미 히데요시가 조선에 쳐들어왔다.
② 권율이 행주산성에서 청군을 크게 무찔렀다.
③ 청군을 피해 인조는 강화도로 도읍을 옮겼다.
④ 병자호란이 발생하자 인조는 의주까지 피란했다.
⑤ 전쟁이 끝나고 조선과 청은 임금과 신하의 관계를 맺었다.

경주 불국사의 문화유산

불국사 | 부처 불佛 | 나라 국國 | 절 사寺 |

신라의 불교문화를 알 수 있는 중요한 문화유산으로 유네스코 세계 유산으로 지정되어 있습니다.

[출처: 게티이미지]

불국사 청운교와 백운교

불국토와 현실 세계를 이어 주는 다리라는 의미가 있기 때문에 계단이지만 다리의 이름처럼 '□□교'라고 합니다.

불국사 삼층 석탑

| 석 삼三 | 층 층層 | 돌 석石 | 탑 탑塔 |

탑의 원래 이름은 '석가여래상주설법탑'입니다.

불국사 다보탑 | 많을 다多 | 보배 보寶 | 탑 탑塔 |

목조 건물처럼 화려하게 장식되어 뛰어난 예술성을 보여 줍니다.

『무구정광대다라니경』

현재 남아 있는 목판 인쇄물 중 가장 오래된 목판 인쇄본으로 불국사 삼층 석탑을 보수하는 과정에서 발견되었습니다.

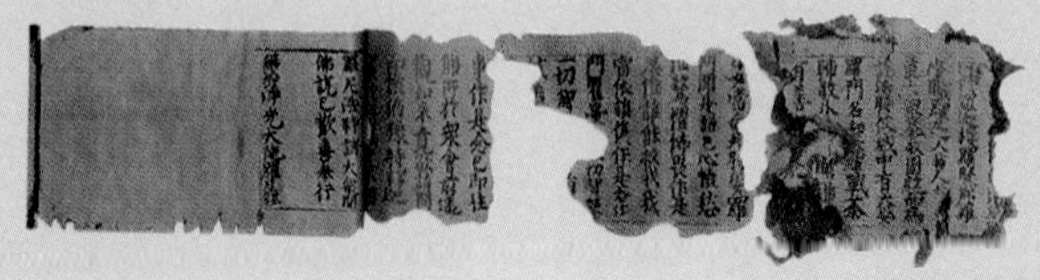

세종 때 만들어진 과학 기구

혼천의 | 뒤섞일 혼渾 | 하늘 천天 | 거동 의儀 |

하늘의 해와 달, 별의 움직임을 관찰할 수 있는 기구로, 천체 관측에 사용되었습니다.

하늘의 해와 달의 움직임을 알아야 정확한 시간이나 계절의 변화를 알 수 있습니다.

측우기 | 헤아릴 측測 | 비 우雨 | 그릇 기器 |

비가 내린 양을 측정해 지역의 기후를 파악하고 세금을 걷는 데 활용했습니다.

측우기를 만들어 각 고을에 보급해 백성들이 농사짓는 데 큰 도움이 되도록 했습니다.

앙부일구

| 우러를 앙仰 | 가마 부釜 | 날 일日 | 그림자 구晷 |

앙부일구는 햇빛을 받은 침의 그림자로 시각과 절기를 나타냈습니다.

자격루 | 스스로 자自 | 칠 격擊 | 샐 루漏 |

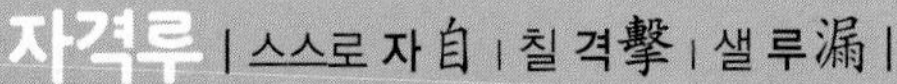

2시간마다 십이지 신에 해당하는 동물 인형이 종과 북을 울려 시각을 알려 주었습니다.

연관 학습 안내

초등 5학년 2학기	초등 5학년	중학교
임진왜란과 병자호란 임진왜란은 일본이, 병자호란은 청이 우리나라를 침입한 사건이에요.	**6·25 전쟁** 6·25 전쟁은 북한이 남한을 무력 통일하려고 남침하면서 일어났어요.	**6·25 전쟁의 발발** 북한이 소련의 지원을 받고 선전포고 없이 무력 침공했어요.

만화로 단원 미리보기

얼쑤!//
탈춤 재미있어!
조선 시대의 서민 문화에는 탈놀이 말고도 판소리와 풍속화 등이 있어.
볼거리가 많은 곳에는 기품 선녀님이 계실 줄 알았는데.
털썩
잠깐만! 대한 제국 시대에 기품 선녀님 흔적이 포착됐어!
이상한 옷차림이야.
대한 독립 만세!
왜 이렇게 소란스럽지?
와아
3·1 운동의 현장인가 봐!
찰칵
기품 선녀님! 여기서 뭐하세요? 실종되신 줄 알았어요.
내일 역사 시간에 3·1 운동을 가르칠 생각이야. 생생한 자료가 필요해서 직접 촬영 나왔지.
교장 선생님께 촬영 허가 받고 인간 세계로 내려왔는데?
교장 선생님이 외출 중이시라 미처 확인 못했어요.
뭐?!

사회의 새로운 변화와 오늘날의 우리

2

 단원 안내

1. 새로운 사회를 향한 움직임
2. 일제의 침략과 광복을 위한 노력
3. 대한민국 정부의 수립과 6·25 전쟁

내가 실수로라도 역사에 개입했을지 모르니까 미래로 이동하면서 검토해 보자.
슈우웅
3·1 운동 이후 대한민국 임시 정부 수립. 김구 선생님이 임시 정부를 이끌었음.
와아
이 시간대는 문제 없음!
독립을 위한 조상들의 노력으로 광복을 맞이했어!
와
해방이다!
여기도 이상 없음.
맙소사! 북한이 남한을 침략해서 6·25 전쟁이 벌어졌어.
광
광
6·25 전쟁은 남한과 북한 사람들의 마음속에 큰 상처를 남겼어.
민족의 비극이야.
역사에 별다른 이상 없었지? 이제 학교로 돌아가자.
잠깐! 문제가 생겼어요!

이어서 개념 웹툰

개념① 영조와 정조의 개혁 정치

1. **배경:** 임진왜란 즈음부터 사람들이 붕당을 이루어 정치를 이끌어 나갔으나, 붕당 간에 의견 대립이 자주 일어나면서 정치가 혼란해졌습니다.

중요 2. 영조의 개혁 정책

탕평책 실시	• 각 붕당의 인재를 골고루 뽑아 나랏일을 맡기는 탕평책을 시행했음. • 왕권을 강화하고 정치를 안정시킬 수 있었음. 두루 사귀면서 편을 가르지 않는 것이 군자의 공정한 마음이요, 편을 가르고 두루 사귀지 않는 것은 소인의 사사로운 마음이다. 탕평비(서울특별시 종로구)
생활 안정	• 백성의 생활을 안정시키고자 세금을 줄였음. • 억울한 옥살이를 하지 않도록 큰 죄를 지은 사람이 반드시 세 번 재판받을 수 있도록 했음.
학문과 제도 정비	법 조항을 정리하여 법전을 펴냈고, 여러 분야의 책을 만들었음.

3. 정조의 개혁 정책 → 법과 제도를 고쳐 여러 상인이 자유롭게 장사를 할 수 있도록 하고, 노비에 대한 대우를 개선했습니다.

탕평책 시행	영조의 탕평책을 이어받아 적극적으로 탕평책을 시행했음.
규장각 설치	여러 분야의 책을 수집해 나랏일과 관련된 정책과 학문을 연구하게 하고, 인재들을 재교육해 개혁 세력으로 길러 냈음.
수원 화성 건설	• 수원 화성을 건설하여 정치·군사·경제의 새로운 중심지로 삼았음. • 새로운 과학 기술과 거중기, 녹로 등의 기구를 이용해 수원 화성 공사에 들어가는 시간과 비용을 크게 절약했음. 수원 화성 장안문

→ 정조의 개혁 정치를 뒷받침하는 계획도시였습니다.

내 교과서 살펴보기 / **천재교육, 미래엔, 지학사**

백성들의 억울한 소리를 들어 주었던 '격쟁' 제도

• 격쟁은 임금이 행차하는 길에서 징이나 꽹과리를 쳐서 억울한 일을 하소연하는 것입니다.
• 정조는 격쟁 제도를 통해 백성의 억울함이나 어려움을 풀어 주려고 했습니다.

개념 체크

☑ 영조가 펼친 탕평책

영조는 어느 한 ❶ ㅂ ㄷ 에 치우치지 않고 인물을 고루 뽑아 쓰는 탕평책을 실시했습니다.

☑ 정조의 개혁 정책

정조는 ❷ ㄱ ㅈ ㄱ 을 설치해 나라의 중요한 문제를 상의하고 학문을 연구하는 공간으로 삼았습니다.

정답 ❶ 붕당 ❷ 규장각

붕당(朋 벗 붕 黨 무리 당)
학문이나 정치적으로 생각을 같이하는 사람들이 모인 정치 집단

개념 체크

개념 ② 실학

1. 실학의 등장

→ 당시 지배층은 붕당 정치와 유교에 치우쳐 백성의 생활과 사회 문제에는 큰 관심을 두지 않았습니다.

조선의 변화	»	실학의 등장
임진왜란과 병자호란 이후 백성의 생활이 어려워지고, 양반 중심의 신분제가 흔들리기 시작했음.		현실 문제에 관심을 가지고 적극적으로 해결하려는 새로운 학문인 실학이 나타났음.

2. 실학자들의 주장

청의 문물 수용	청의 발달된 문물과 기술을 적극적으로 받아들여야 함.
토지 제도 개혁	토지 제도를 개혁해 농민에게 땅을 나누어 주고, 새로운 농사 기술을 보급해야 함.
공업과 상업 발달 장려	새로운 기술을 개발하고 공업과 상업을 발달시켜야 함.
우리의 역사와 문화 연구	중국이 세상의 중심이라는 생각에서 벗어나 우리의 언어와 역사, 지리 등을 연구해야 함.

내 교과서 살펴보기 / **천재교육, 천재교과서, 교학사, 김영사, 아이스크림 미디어**

우리의 역사와 문화를 연구한 사람들

김정호	오늘날의 지도와 큰 차이가 없을 정도로 정확한 『대동여지도』를 만들었음.
안정복	고조선부터 고려 말까지의 우리 역사를 체계적으로 정리한 『동사강목』을 지어 우리나라의 역사를 이해하는 새로운 기준을 제시했음.
유득공	발해가 고구려를 계승한 나라임을 밝힌 『발해고』를 펴냈음.

3. 정약용의 업적

① 실학자로서 다양한 분야에서 실제 생활에 도움이 되는 지식과 방법을 찾고자 연구했습니다.
② 『목민심서』, 『경세유표』 등 많은 책을 썼습니다.
③ 과학 기술에도 관심을 가져 거중기를 개발해 수원 화성을 건설할 때 큰 도움을 주었습니다.

무거운 물체를 들어 올리는 장치인 거중기

☑ 실학의 등장

실학자들은 ❸ [ㅂ][ㅅ]의 생활을 안정시키고 나라의 힘을 기를 방법을 다양하게 연구했습니다.

실학자들은 백성의 생활을 안정시키고
나라의 힘을 기르기 위해 노력했어!

☑ 실학자 정약용

정약용은 ❹(거북선 / 거중기)을/를 만들어 수원 화성을 건설하던 백성의 어려움을 덜어 주었습니다.

정답 ❸ 백성 ❹ 거중기

용어 사전

- **문물**(文 글월 문 物 물건 물)
  정치, 경제, 종교, 예술, 법률 따위의 문화에 관한 모든 것을 통틀어 이르는 말
- **장려**(奬 장려할 장 勵 힘쓸 려)
  좋은 일에 힘쓰도록 북돋아 줌.

2 단원

개념 3 서민 문화의 발달

1. **배경:** 조선 후기에는 농업, 상업, 수공업이 발달하면서 경제적으로 여유가 생긴 백성들이 문화와 예술 활동에 관심을 가지게 되었습니다.

2. 조선 후기에 발달한 여러 가지 서민 문화

→『홍길동전』

한글 소설	판소리	탈놀이
[출처: 국립중앙박물관]		[출처: 문화재청]
• 한글을 익힌 사람들이 늘어나며 널리 읽혔음. •『홍길동전』,『춘향전』,『흥부전』 등	• 이야기를 노래로 들려주는 공연 • 관중도 추임새를 넣으며 이야기에 참여했음.	• 탈을 쓰고 하는 연극이나 춤 • 백성의 생각과 감정을 솔직하게 표현했음.

풍속화	민화
[출처: 국립중앙박물관]	[출처: 국립중앙박물관]
• 사람들의 생활 모습을 생생하게 그린 그림 • 대표적인 화가에는 김홍도, 신윤복이 있음.	• 백성의 소망을 담아 자유롭게 그린 그림 • 해, 달, 동물, 식물 등을 소재로 삼았음.

민화는 주로 이름이 알려지지 않은 화가들이 그렸으며, 행복과 장수를 바라는 백성들의 소망이 담겨 있었습니다.

내 교과서 살펴보기 / **천재교육, 천재교과서, 금성출판사, 김영사, 동아출판, 미래엔, 비상교과서, 비상교육, 지학사**

여러 책을 읽어 주는 '전기수'

- 글을 모르는 사람들을 위해 돈을 받고 책을 읽어 주는 전문 이야기꾼을 '전기수'라고 합니다.
- 조선 후기에는 문화를 즐길 만한 여유가 있는 사람이 많아지면서 전기수와 같은 새로운 직업이 생겨날 수 있었습니다.

개념 체크

☑ 조선 후기 서민 문화

조선 후기에는 ❺(한글 / 영어) 소설, 판소리, 탈놀이 등 서민 문화가 발달했습니다.

☑ 민화

민화에는 백성들의 ❻ ㅅ ㅁ 이 담겨 있었으며, 병풍으로 만들어 생활 공간을 장식하는 데 사용되었습니다.

정답 ❺ 한글 ❻ 소망

용어 사전

- 서민(庶 여러 서 民 백성 민): 아무 벼슬이나 신분적 특권을 갖지 못한 일반 백성

개념 다지기

2. ❶ 새로운 사회를 향한 움직임(1)

11종 공통

1 다음에서 설명하는 영조가 펼친 정책을 보기에서 찾아 기호를 쓰시오.

영조는 붕당 간에 의견 대립이 자주 일어나면서 정치가 혼란해지자, 어느 한 붕당에 치우치지 않고 인물을 고루 뽑아 쓰는 정책을 펼쳤습니다.

보기
㉠ 격쟁　　㉡ 탕평책　　㉢ 신문고

(　　　　　　　　)

11종 공통

2 다음에서 설명하는 성은 어느 것입니까? (　　　　)

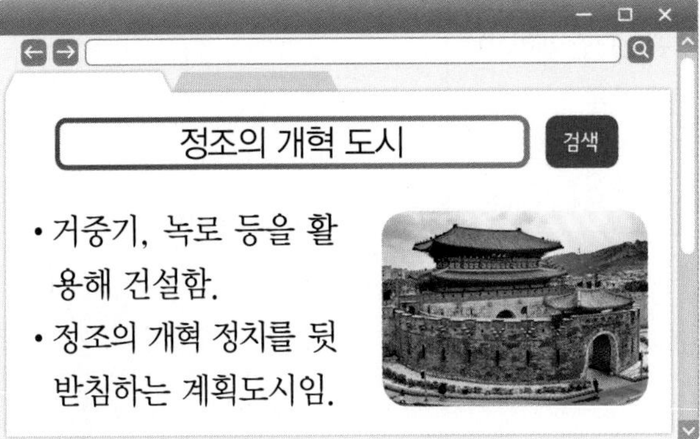

① 몽촌토성　　② 부소산성
③ 남한산성　　④ 수원 화성
⑤ 공주 공산성

11종 공통

3 조선 후기에 실학이 등장한 배경으로 알맞은 것은 어느 것입니까? (　　　　)

① 붕당 정치가 완전히 사라졌다.
② 양반 중심의 신분제가 확고해졌다.
③ 전쟁을 겪은 이후 백성의 생활이 어려워졌다.
④ 대부분의 백성이 모두 자기 땅을 가지고 있었다.
⑤ 지배층이 현실 문제에 관심을 가지고 적극적으로 해결하려고 노력했다.

11종 공통

4 조선 후기 실학자들의 주장에 대해 잘못 말한 어린이를 쓰시오.

건희: 다른 나라의 문물을 전혀 받아들이지 않고 거부해야한다고 주장했어.
혜진: 토지 제도를 바꾸어 농민에게 땅을 골고루 나누어 주어야한다고 주장했어.

(　　　　　　　　)

천재교육, 천재교과서, 금성출판사, 김영사, 동아출판, 미래엔, 비상교과서, 비상교육, 지학사

5 다음 ㉠, ㉡에 들어갈 말이 알맞게 짝 지어진 것은 어느 것입니까? (　　　　)

조선 후기에는 한글을 익힌 사람들이 늘어나면서 [㉠]이/가 인기를 끌었고, 돈을 받고 책을 읽어 주는 전문 이야기꾼인 [㉡](이)라는 직업이 새로 생겨나기도 했습니다.

	㉠	㉡		㉠	㉡
①	풍속화	고수	②	한글 소설	소리꾼
③	풍속화	소리꾼	④	한글 소설	전기수
⑤	판소리	전기수			

천재교과서, 교학사, 금성출판사, 김영사, 동아출판, 미래엔, 비상교과서, 비상교육, 아이스크림 미디어, 지학사

6 조선 후기 사람들이 오른쪽과 같은 그림을 그린 까닭으로 알맞은 것에 ○표를 하시오.

호랑이와 까치

(1) 양반이나 임금님에게 바치기 위해 그렸습니다. (　　)
(2) 행복과 장수를 바라는 백성들의 소망을 담아 그렸습니다. (　　)

2 단원

개념① 흥선 대원군의 정책

중요 1. 흥선 대원군의 개혁 정책

→ 세도 가문의 힘을 약화하고, 능력 있는 사람들을 관리로 뽑기도 했습니다.

배경	세도 정치로 인해 정치 기강이 무너지고 부정부패가 심해져 나라 살림과 백성의 생활이 어려워지고 사회가 혼란해졌음.
흥선 대원군의 정책	• 세금 제도를 개혁해 양반도 세금을 내게 했음. • 백성을 수탈하고 세금을 면제받던 서원을 정리했음. • 왕실의 권위를 세우기 위해 임진왜란때 불탔던 경복궁을 고쳤음.

2. 외세의 침략과 흥선 대원군의 대응

① 프랑스와 미국의 침략

(양요: 서양 세력이 일으킨 난리)

구분	병인양요(1866년)	신미양요(1871년)
원인	프랑스가 통상을 요구하며 강화도를 침략했음. (통상: 나라와 나라 사이에 물품을 사고파는 것)	통상을 요구하며 횡포를 부리던 미국 배를 조선인이 불태운 사건을 구실로 강화도를 침략했음.
과정 및 결과	• 조선군은 강화도 곳곳에서 프랑스군을 물리쳤음. • 프랑스군은 물러나며 강화도에 보관되어 있던 귀중한 책과 문화재 등을 약탈해 갔음.	• 조선군은 미군에 맞서 싸웠지만, 광성보가 함락되고 어재연 장군 등 많은 사람이 희생되었음. • 조선군의 계속된 저항에 미군은 결국 스스로 물러갔음.

② 흥선 대원군의 대응: 서양과의 통상을 거부한다는 뜻을 굳건히 하기 위해 전국 각지에 척화비를 세웠습니다. → 조선이 발전하려면 다른 나라와 교류를 해야 한다고 생각하는 사람도 점차 늘어났습니다.

개념② 강화도 조약

1. 강화도 조약의 체결과 개항

① 강화도 조약의 체결: 일본은 강화도에서 조선군과 전투를 벌이고, 이 사건을 구실로 통상을 강요해 강화도 조약을 맺었습니다.

② 조선이 외국과 맺은 최초의 근대적 조약이자, 불리한 불평등 조약입니다.

2. 강화도 조약의 내용

내용	• 제7조 일본인이 조선의 해안을 자유롭게 측량하는 것을 허가한다. • 제10조 조선의 항구에서 죄를 지은 일본인은 일본 관리가 심판한다.
불평등 조항인 까닭	• 바다의 깊이와 지형은 나라를 지키는 데 중요한 기밀을 공개하는 것이기 때문임. • 조선 땅에서 일본인이 법을 어기거나 조선 사람에게 해를 입혀도 조선의 법으로 처벌할 수 없기 때문임.

개념 체크

☑ 흥선 대원군의 개혁

흥선 대원군은 백성을 수탈하고 세금을 면제받던 ❶ [ㅅ][ㅇ]을 대부분 정리했습니다.

정답 ❶ 서원

내 교과서 살펴보기 / **천재교육, 천재교과서, 금성출판사, 동아출판, 비상교과서, 비상교육, 아이스크림 미디어, 지학사**

어재연 장군의 '수자기'

[출처: 강화역사박물관]

• '수자기'는 신미양요 때 광성보 전투에서 빼앗긴 어재연 장군의 깃발입니다.
• 현재는 미국에서 빌려 오는 조건으로 강화역사박물관에 보관되어 있습니다.

대원군(大 큰 대 院 집 원 君 임금 군)
왕이 자손이나 형제가 없이 죽어 왕의 친족 중에서 왕위를 이어받을 때, 해당 왕의 친아버지를 높여 부르던 말

세도 정치
왕실과 혼인 관계를 맺은 몇몇 가문이 권력을 독차지하는 정치 형태

개념 ③ 갑신정변 → 비합법적인 수단으로 생긴 정치상의 큰 변동

1. 개화 방법을 둘러싼 서로 다른 주장

[출처: 뉴스뱅크]
△ 김홍집

예전부터 이어져 오던 청과의 관계를 인정하고, 조선의 정치 제도와 사상을 유지하면서 서양의 기술만을 받아들이고 천천히 개화를 추진해야 합니다. → 온건 개화파

[출처: 뉴스뱅크]
△ 김옥균

조선이 발전하려면 청의 간섭에서 벗어나야 하며, 서양의 기술뿐만 아니라 제도와 사상 등을 적극적으로 받아들여 나라 전체를 개혁해야 합니다. → 급진 개화파

☑ 김옥균과 갑신정변

김옥균은 ❷(청 / 일본)의 지원을 약속받고 우정총국 개국 축하 잔치를 틈타 갑신정변을 일으켰습니다.

중요 2. 갑신정변(1884년)

① 갑신정변의 전개 → 김옥균을 중심으로 한 세력은 자신들의 힘만으로는 당장 나라를 바꾸기 어렵다고 생각하여 일본에 도움을 요청했습니다.

김옥균 등은 일본의 지원을 약속받고 우정총국 개국 축하 잔치를 틈타 정변을 일으켰음. » 김옥균을 중심으로 권력을 장악하고 개혁 정책을 발표했음. » 청의 군대가 개입했고, 일본이 약속을 지키지 않아 갑신정변은 3일 만에 끝났음.

② 갑신정변의 개혁안(일부)

- 청에 대한 조공을 폐지한다.
- 문벌을 폐지하고, 백성들이 평등한 권리를 갖는 제도를 마련하며, 능력에 따라 관리를 임명한다.
- 세금 제도를 고쳐 관리의 부정을 막고 국가의 살림살이를 튼튼히 한다.
- 부정한 관리를 처벌하고, 백성들이 빚진 쌀을 면제한다.

③ 갑신정변의 의의와 한계

의의	갑신정변은 새로운 나라를 만들기 위한 정치 개혁 운동이었음.
한계	일본의 침략 의도를 소홀히 여기고, 일본의 힘에 의존하려고 하여 많은 사람의 지지를 얻지 못했음.

☑ 갑신정변의 한계

갑신정변은 일본의 힘에 의존하려고 하여 많은 사람의 지지를 ❸(받았 / 받지 못했)습니다.

정답 ❷ 일본 ❸ 받지 못했

용어 사전

개화(開 열 개 化 될 화)
서양의 발전한 문화와 제도를 받아들이는 것

우정총국
우리나라 최초의 우편 업무를 담당하던 관청

개념 알기

개념 4 동학 농민 운동

1. **동학의 보급:** 세금과 관리들의 수탈, 외국의 경제 침탈 등으로 백성의 생활이 어려워지면서 평등사상과 사회 개혁 등을 내세운 동학이 널리 퍼졌습니다.

중요 2. **동학 농민 운동의 전개**

고부 농민 봉기	전라도 고부 군수의 횡포에 맞서 전봉준을 중심으로 한 농민들이 봉기함(1894년). → 벌 떼처럼 떼 지어 세차게 일어남.
조선 정부의 대응과 농민군 해산	• 조선 정부는 청에 지원군을 요청했고 일본도 군대를 보냈음. • 농민군은 외국의 군대가 개입하는 것을 막기 위해 정부와 협상하고 전주성에서 물러났음. → 동학 농민 운동에서 나온 개혁 요구 중 일부는 갑오개혁(1894년)에 반영되었습니다. **동학 농민군의 개혁안(일부)** • 탐관오리, 못된 양반은 그 죄를 조사하여 벌한다. • 노비 문서를 불태운다. • 정해진 세금 외에 잡다한 세금을 없앤다.
청일 전쟁	조선 정부는 청과 일본에 군대 철수를 요구했으나 일본이 청을 공격하며 조선에서 전쟁을 벌였고(청일 전쟁), 전쟁에서 승리한 일본이 조선의 정치에 심하게 간섭했음.
2차 봉기와 농민군의 패배	동학 농민군은 일본군을 몰아내기 위해 다시 봉기했지만, 우금치에서 벌어진 전투에서 패배했고 지도자가 체포되었음.

3. **동학 농민 운동의 의의:** 조선의 정치와 사회를 개혁하려는 시도이자, 외세의 침략을 물리치려는 움직이었습니다.

개념 5 갑오개혁

1. **배경:** 조선 정부는 갑신정변의 개혁안과 동학 농민군의 요구를 일부 받아들여 개혁을 추진했습니다.

2. **내용:** 신분제 폐지, 과거 제도 폐지, 공식 문서에 한글 사용, 재판소 설립 등

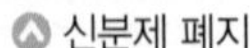
▲ 신분제 폐지

▲ 과거 제도 폐지

▲ 공식 문서에 한글 사용

개념 체크

☑ 동학 농민 운동

1894년 ❹ ㅈ ㅂ ㅈ 등 동학 지도자와 농민들은 관리들의 수탈에 맞서 동학 농민 운동을 일으켰습니다.

정답 ❹ 전봉준

내 교과서 살펴보기 / **천재교육, 천재교과서, 교학사, 금성출판사, 지학사**

사발통문

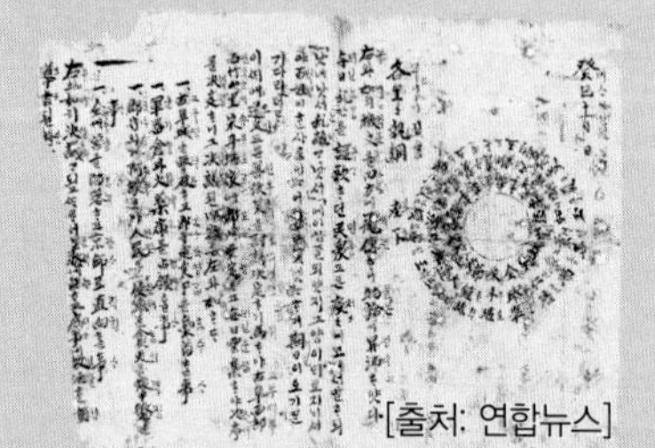
[출처: 연합뉴스]

• 사발통문은 농민군이 봉기 계획을 널리 알리기 위해 작성한 문서입니다.
• 사발을 엎어 그린 원을 중심으로 이름을 둥글게 써넣어 봉기의 주동자를 알 수 없게 했습니다.

용어 사전

동학
최제우가 세상과 백성을 구한다는 뜻으로 민간 신앙과 다른 종교의 장점을 모아 서학(천주교)에 대응해 만든 민족 종교

개념 다지기

2. ❶ 새로운 사회를 향한 움직임(2)

11종 공통

1 다음 ☐ 안에 들어갈 알맞은 말은 어느 것입니까? (　　)

왕실과 혼인 관계를 맺은 몇몇 가문이 권력을 독차지하는 형태를 ☐(이)라고 합니다.

① 탕평책 ② 격쟁 제도
③ 세도 정치 ④ 붕당 정치
⑤ 신분 제도

11종 공통

2 흥선 대원군이 다음과 같은 정책을 펼친 까닭으로 알맞은 것을 보기에서 찾아 기호를 쓰시오.

보기
㉠ 백성들의 생활을 안정시키기 위해
㉡ 경복궁을 다시 지어 왕실의 권위를 세우기 위해

(　　)

11종 공통

3 흥선 대원군이 서양과의 통상을 거부한다는 뜻을 굳건히 하기 위해 전국 각지에 세웠던 오른쪽 비석은 무엇인지 쓰시오.

[출처: 게티이미지]

(　　)

11종 공통

4 강화도 조약에 대해 바르게 말한 어린이를 두 명 쓰시오.

은수: 조선과 프랑스가 맺은 조약이야.
혜진: 조선이 외국과 맺은 최초의 근대적 조약이야.
규원: 조선에 불리한 내용이 담긴 불평등 조약이야.

(　　,　　)

11종 공통

5 다음 중 갑신정변을 일으킨 사람은 누구인지 쓰시오.

▲ 김홍집 ▲ 김옥균

(　　)

11종 공통

6 동학 농민 운동의 역사적 의의는 어느 것입니까? (　　)

① 일본을 물리치고 자주독립을 이루었다.
② 조선의 정치와 사회를 개혁하려는 시도였다.
③ 다른 나라의 도움을 받은 사회 개혁 시도였다.
④ 조선이 다른 나라와의 교류를 끊는 계기가 되었다.
⑤ 동학 농민 운동에서 나온 개혁 요구 중 일부는 나중에 갑신정변에 반영되었다.

2 단원

진도 완료 체크

Step 1 단원평가

[1~5] 다음은 개념 확인 문제입니다. 물음에 답하시오.

1 각 붕당의 인재를 골고루 뽑아 나랏일을 맡기는 정책을 무엇이라고 합니까? (　　　　)

2 정조는 (규장각 / 집현전)을 설치해 여러 분야의 책을 수집하고, 정책과 학문을 연구했습니다.

3 조선 후기에 나타난 (실학 / 유교)은/는 사회의 현실 문제에 관심을 가지고 적극적으로 해결하려는 학문입니다.

4 흥선 대원군은 서양과의 통상을 (찬성 / 거부)한다는 뜻을 굳건히 하기 위해 척화비를 세웠습니다.

5 개항 이후 백성의 생활이 매우 어려워지면서 평등 사상과 사회 개혁 등을 내세운 (동학 / 성리학)을 믿는 농민이 많아졌습니다.

11종 공통

6 영조의 개혁 정책으로 알맞지 않은 것은 어느 것입니까? (　　)

① 백성의 생활을 안정시키고자 세금을 줄였다.
② 각 붕당의 인재를 골고루 뽑는 탕평책을 시행했다.
③ 법전을 새로 정비하고 정치, 지리와 관련된 책을 편찬했다.
④ 큰 죄를 지은 사람이 반드시 세 번 재판받을 수 있도록 했다.
⑤ 수원 화성을 건설해 정치와 군사, 경제의 새로운 중심지로 삼으려 했다.

11종 공통

7 다음 인물에 관한 설명으로 알맞은 것은 어느 것입니까? (　　)

거중기를 만든 정약용은 대표적인 실학자로, 실제 생활에 도움이 되는 지식과 방법을 찾고자 노력했습니다.

정약용 [출처: 연합뉴스]

① 왜군의 침입에 맞서 장렬하게 싸웠다.
② 훈민정음을 창제하고 4군 6진을 설치했다.
③ 『목민심서』, 『경세유표』 등 많은 책을 썼다.
④ 우리 역사를 체계적으로 정리한 『동사강목』을 지었다.
⑤ 오늘날의 지도와 큰 차이가 없을 정도로 정확한 『대동여지도』를 만들었다.

11종 공통

8 조선 후기에 발달한 서민 문화와 관련 없는 것은 어느 것입니까? (　　)

①

판소리

② [출처: 국립중앙박물관]
상감 청자

③

한글 소설

④

탈놀이

11종 공통

9 정조가 죽은 이후 왕들이 어린 나이에 왕위에 오르면서 나타난 정치 형태에 대해 바르게 말한 어린이를 쓰시오.

상현: 서양의 여러 나라들과 교류를 시작했어.
동해: 나라 살림이 좋아지고 백성의 생활과 사회가 안정되었어.
희수: 왕실과 혼인 관계를 맺은 몇몇 가문이 권력을 독차지하는 세도 정치가 나타났어.

( )

11종 공통

10 다음 외국의 침략과 그 원인을 찾아 바르게 줄로 이으시오.

(1) 병인양요 • • ㉠ 미국 배가 공격당한 사건을 구실로 강화도를 침략했음.

(2) 신미양요 • • ㉡ 프랑스가 통상을 요구하며 강화도를 침략했음.

11종 공통

11 다음 신문 기사에 나타난 사건의 결과로 알맞은 것은 어느 것입니까? ( )

△△ 신문 1875년 △△월 △△일

일본 군함, 강화도 침범!

일본은 조선을 개항하기 위해 군함을 보냈다. 일본 군함이 강화도에 접근하자 조선의 수비대는 대포를 쏘아 경고했고, 일본 군함은 강화도를 침입해 조선군과 전투를 벌였다.

① 조선과 일본이 강화도 조약을 맺었다.
② 흥선 대원군이 전국에 척화비를 세웠다.
③ 수원 화성을 건설하고 규장각을 설치했다.
④ 조선이 프랑스와 미국의 군대를 격파했다.
⑤ 조선이 다른 나라와의 교류를 완전히 끊었다.

[12~13] 다음은 조선을 개혁하고자 했던 사람들입니다.

11종 공통

12 위 사람들이 우정총국 개국 축하 잔치를 틈타 일으킨 사건을 보기 에서 찾아 기호를 쓰시오.

보기
㉠ 임진왜란 ㉡ 갑신정변 ㉢ 위화도 회군

( )

11종 공통

13 위 12번 답의 사건이 백성의 지지를 받지 못한 까닭으로 알맞은 것에 ○표를 하시오.

(1) 불교 사상을 바탕으로 개혁을 진행했기 때문입니다. ( )
(2) 일본의 침략 의도를 소홀히 여기고, 일본의 힘에 의존했기 때문입니다. ( )

11종 공통

14 동학 농민 운동의 전개 과정에서 일어난 일로 알맞은 것은 어느 것입니까? ( )

① 농민군은 일본군과 함께 청에 대항했다.
② 일본이 미국을 공격해 전쟁이 벌어졌다.
③ 조선 정부는 다른 나라에 도움을 요청하지 않고 농민군을 진압했다.
④ 전라도 고부 군수의 횡포에 맞서 전봉준을 중심으로 한 농민들이 봉기했다.
⑤ 농민군은 조선 정부와 끝까지 협상하지 않고 평양성에서 맞서 싸워 승리했다.

2 단원

천재교육, 천재교과서, 금성출판사, 김영사, 동아출판, 미래엔, 비상교과서, 비상교육, 지학사

15 다음은 조선 후기 사람들의 생활 모습입니다

(1) 위 그림과 같이 돈을 받고 책을 읽어 주는 전문 이야기꾼을 무엇이라고 하는지 쓰시오. (　　　　　　　　)

(2) 조선 후기에 위 (1)번 답과 같은 직업이 생길 수 있었던 까닭을 쓰시오.

답 농업, 상업, 수공업이 발달하면서 경제적인 ❶[　　　] 이/가 생긴 백성들이 ❷[　　　] 활동에 관심을 가지게 되었기 때문이다.

16 다음은 흥선 대원군이 실시한 정책입니다. 11종 공통

㉠

㉡

(1) 위 ㉠, ㉡ 중 세도 정치의 문제점을 바로잡고 백성의 생활을 안정시키고자 시행했던 정책은 무엇인지 기호를 쓰시오. (　　　　　　　　)

(2) 위 ㉡ 정책이 백성들에게 미친 영향을 쓰시오.

____

____

17 동학 농민 운동의 역사적 의의를 쓰시오. 11종 공통

____

____

서술형 가이드
어려워하는 서술형 문제!
서술형 가이드를 이용하여 풀어 봐!

15 (1) 조선 후기에는 전기수와 같이 돈을 받고 책을 읽어 주는 [　][　]이 생겼습니다.
(2) 조선 후기에는 일반 백성이 문화 활동의 주체가 된 (귀족 / 서민) 문화가 발달했습니다.

16 (1) 흥선 대원군은 [　][　]을 정리하고 양반들에게도 세금을 매겼습니다.
(2) 흥선 대원군은 (경복궁 / 불국사)을/를 다시 짓기 위해 무리하게 백성들을 동원해 원망을 샀습니다.

17 농민들은 [　][　][　]을 중심으로 탐관오리에 맞서 동학 농민 운동을 일으켰습니다.

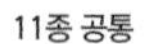

Step 3 수행평가

학습 주제 나라를 개혁하려는 노력

학습 목표 개항 이후 조선을 개혁하기 위한 주장과 노력에 관해 알 수 있다.

[18~20] 다음은 조선의 개화 방법에 대해 서로 다른 주장을 하는 두 사람입니다.

㉠

서양의 기술만을 받아들여 개화를 추진해야 합니다.

김옥균

㉡

천재교과서, 교학사, 금성출판사, 김영사, 동아출판, 미래엔, 비상교과서, 비상교육, 아이스크림 미디어, 지학사

18 다음 설명을 읽고 위 ㉠에 들어갈 알맞은 사람을 쓰시오.

온건 개화파의 인물로, 예전부터 이어져 오던 청과의 관계를 인정하고 천천히 개화를 추진해야 한다고 주장했던 사람입니다.

( )

11종 공통

19 위 ㉡에 들어갈 김옥균의 주장을 쓰시오.

11종 공통

20 다음 보기에서 김옥균이 위 19번 답의 내용을 실천하기 위해 한 일로 알맞은 것을 찾아 기호를 쓰시오.

보기

㉠ 동학 농민 운동을 일으켰습니다.

㉡ 일본의 지원 약속을 받고 갑신정변을 일으켰습니다.

㉢ 서양과의 통상을 거부한다는 뜻을 굳건히 하기 위해 전국 각지에 척화비를 세웠습니다.

( )

수행평가 가이드

다양한 유형의 수행평가!

수행평가 가이드를 이용해 풀어 봐!

개화 방법을 둘러싼 서로 다른 주장

- 개항 이후 조선 사회의 개혁 방법을 두고 여러 주장이 나타났습니다.
- 청과의 관계, 개화의 속도와 방법에 대해 생각이 다른 두 파벌이 서로 대립하며 조선의 개화를 이끌어 나갔습니다.

김옥균 등은 청에 대한 조공을 폐지하고, 능력에 따라 관리를 임명할 것을 주장했어.

2 단원

진도 완료 체크

2. ❷ 일제의 침략과 광복을 위한 노력(1)

자주독립을 향한 움직임과 을사늑약

개념 ① 을미사변과 아관 파천

을미사변	• 일본이 조선의 정치에 깊이 간섭하자 고종과 명성황후는 러시아의 힘을 빌려 일본을 견제하고자 함. • 일본은 경복궁에 침입하여 명성황후를 무참히 시해함. • 을미사변으로 일본에 대한 반감이 커진 가운데 단발령이 시행되면서 일본에 저항하는 항일 의병이 일어났음.
아관 파천	• 을미사변 이후 고종은 일본의 위협을 피해 러시아 공사관으로 피신했음. • 조선에서 일본의 영향력은 약해지고 러시아의 간섭이 심해졌음.

개념 체크

☑ 아관 파천

을미사변 이후 위협을 느낀 고종은 궁에서 나와 ❶ ㄹ ㅅ ㅇ 공사관에 머물렀습니다.

개념 ② 『독립신문』과 독립 협회

1. 『독립신문』

창간 → 신문 따위의 첫 번째 호를 펴냄.

창간	서재필이 정부의 지원을 받아 창간했음.
특징	• 순 한글로 쓰였음. • 자주독립을 강조하고 정부의 정책과 세계에서 일어나는 여러 가지 일을 알렸음.

[출처: 국립민속박물관]

『독립신문』

2. 독립 협회 → 서재필은 개화파 관료, 지식인과 함께 독립 협회를 만들었습니다.

독립문 건설	청의 사신을 맞이하던 영은문을 허물고 그 부근에 독립문을 세웠음.
만민 공동회	독립 협회가 주도한 민중 집회로, 신분이나 나이에 상관없이 누구나 참석해 자기의 주장을 펼 수 있었음. → 다른 나라의 경제적 침탈과 정치 간섭을 비판했습니다.

내 교과서 살펴보기 / **비상교육**

만민 공동회를 보도한 신문 기사

열두 살 먹은 아이가 만민 공동회에서 연설을 하다가 "우리나라 망하겠소." 말 한마디에 그 아이도 울고 사방에서 듣던 이들도 다 통곡하며 눈물도 흘리었소.

[출처: 매일신문, 1898. 11. 8.]

눈먼 걸인이 약간의 돈을 가지고…… 보조금으로 내면서 하는 말이, "이것이 얼마 안 되지만, 나도 동포 형제로 충성하고 애국하는 사람들을 위한다."라고 하였더라.

[출처: 매일신문, 1898. 11. 11.]

➡ 만민 공동회에는 누구나 참여해 나라를 걱정하는 마음을 나눌 수 있었습니다.

☑ 『독립신문』

서재필은 순 ❷ (한문 / 한글)로 쓰인 『독립신문』을 창간해 많은 사람에게 세상의 소식을 알렸습니다.

정답 ❶ 러시아 ❷ 한글

용어 사전

- 시해(弑 윗사람 죽일 시 害 해할 해)
  부모나 임금 등 윗사람을 죽임.
- 자주독립
  다른 나라의 간섭을 받지 않고 스스로 나랏일을 결정하고 처리하는 것

개념 ③ 대한 제국의 수립과 개혁 → 황제에게 권력을 집중해 외국 세력의 압력에 효과적으로 대응하려 했습니다.

1. 대한 제국의 수립: 고종은 러시아 공사관에서 1년 만에 경운궁(덕수궁)으로 돌아와 나라 이름을 대한 제국으로 바꾸고 환구단에서 황제로 즉위했습니다.
→ 환구단: 황제가 하늘에 제사를 지내는 곳

2. 대한 제국이 추진한 근대적 개혁

개혁 정책	• 군사 제도를 개혁하고 근대적 제도를 마련했음. • 교통·통신 시설을 갖추고 공장과 회사의 설립을 지원했음. • 새로운 학문과 기술을 가르치는 학교를 세우고 외국에 유학생을 보냈음.
한계	• 황제의 권리를 지나치게 강화했음. • 국민의 권리를 제대로 보장하지 못했음.

내 교과서 살펴보기 / **교학사, 금성출판사, 김영사, 동아출판, 미래엔, 비상교과서, 비상교육, 아이스크림 미디어**

근대문물의 수용으로 변화된 사회 모습
- 전기의 힘을 이용해 이동하는 교통수단인 전차를 운행했습니다.
- 덕수궁과 인천 지역 사이에 전화가 개통되어 관리들과 외국인이 전화를 이용했습니다.
- 학교, 교회 등 다양한 서양식 건물이 지어졌습니다.

개념 ④ 을사늑약

중요 **1. 을사늑약의 체결(1905년)**

일제는 러시아와 전쟁(러일 전쟁)을 벌여 승리한 후 대한 제국의 정치에 간섭했음. » 일본은 고종과 신하들을 위협해 을사늑약을 맺고, 대한 제국의 외교권을 빼앗았음.

2. 을사늑약에 대한 우리 민족의 저항

언론을 통한 저항	『황성신문』은 『시일야방성대곡』이라는 글을 실어 을사늑약의 부당함을 알리고 일제의 침략을 비판했음.
죽음으로써 저항한 사람	민영환은 을사늑약이 체결되자 이천만 동포에게 사죄한다는 등의 내용이 담긴 유서를 남기고 스스로 목숨을 끊었음.
헤이그 특사 파견	• 고종은 네덜란드 헤이그에서 열리는 만국 평화 회의에 비밀리에 특사를 파견해 을사늑약이 무효임을 알리고자 했음. → 일본의 방해로 실패했습니다. • 이를 구실로 일제는 고종을 황제의 자리에서 강제로 물러나게 하고, 대한 제국의 군대를 해산시켰음.

개념 체크

☑ 대한 제국의 수립

고종은 나라 이름을 ❸ ㄷ ㅎ 제국으로 바꾸고 황제로 즉위하면서 다양한 근대적 개혁을 추진했습니다.

☑ 을사늑약의 체결

일본은 을사늑약을 강제로 체결하여 대한 제국의 ❹ ㅇ ㄱ 권을 빼앗았습니다.

정답 ❸ 대한 ❹ 외교

용어 사전

늑약(勒 굴레 늑 約 맺을 약)
억지로 맺은 조약

일제(日 날 일 帝 임금 제)
'일본 제국주의'를 줄인 말로, 자기 나라의 이익을 위해 주변 나라를 침략한 일본을 가리키는 말

2 단원

개념 알기

개념 5 일제의 침략을 막기 위한 노력

1. 항일 의병

① 을사늑약에 반발해 전국 각지에서 의병이 일어났습니다.

② 신돌석과 같은 평민 출신 의병장도 활동했고, 해산된 군인들이 의병에 참여하면서 의병들의 전투력이 강해졌습니다.

'태백산 호랑이'라고 불렸습니다.

③ 일본이 의병 운동을 탄압하면서 국내 활동이 어려워진 의병들은 만주나 연해주 등으로 이동해 항일 투쟁을 이어갔습니다.

대표적인 의병장의 활동

2. 애국 계몽 운동

의미	애국심을 높이고 민족의 실력을 키워 국권을 지키고자 한 운동
활동	• 신민회를 비롯한 여러 단체와 학회를 조직하고, 학교를 설립해 인재를 길렀음. → 안창호, 이승훈은 대성 학교, 오산 학교를 세웠습니다. • 산업을 발전시켜 나라를 부강하게 하고자 노력했음. • 신문과 잡지를 펴내 국민을 계몽하고 애국심을 높이는 일에 앞장섰음.

중요 3. 안중근의 의거 활동(1909년)

① 계몽 운동가이자 의병 활동을 펼치던 안중근은 하얼빈역에서 이토 히로부미를 처단했습니다.

② 체포된 안중근은 사형을 선고받아 뤼순 감옥에서 순국했습니다.

안중근 [출처: 독립기념관]

내 교과서 살펴보기 / **천재교육**

안중근이 재판 과정에서 남긴 말 → 재판 과정에서 동양 평화를 지키기 위해 독립운동을 펼쳤음을 이야기했습니다.

이토 히로부미가 입으로는 평화를 위한다고 하나…… 한국 사람을 죽이고 황제를 자기 부하와 같이 누르고 사람들을 파리와 같이 죽여버렸다.

나는 한국의 독립을 굳건히 하고…… 이토 히로부미가 있어서는 동양 평화의 유지는 할 수 없다고 생각하였으므로 이번 일을 한 것이다.

개념 체크

☑ 나라를 지키기 위해 노력한 의병

을사늑약이 체결되고 더욱 심해진 일제의 ❺(침략 / 지원)에 대항해 전국 각지에서 의병이 일어났습니다.

☑ 이토 히로부미를 처단한 안중근

안중근은 ❻ ㅎ ㅇ ㅂ 역에서 대한 제국의 국권을 빼앗는 데 앞장섰던 이토 히로부미를 처단했습니다.

정답 ❺ 침략 ❻ 하얼빈

용어 사전

• **계몽**(啓 열 계 蒙 어두울 몽) 모르는 것을 가르쳐서 깨우침.

• **의거**(義 옳을 의 擧 들 거) 정의를 위하여 개인이나 집단이 의로운 일을 도모함.

개념 다지기

2. ❷ 일제의 침략과 광복을 위한 노력(1)

11종 공통

1 청일 전쟁 이후 조선의 상황으로 알맞은 것은 어느 것입니까? ( )

① 프랑스군이 강화도를 침략했다.
② 조선에 대한 청의 영향력이 커졌다.
③ 흥선 대원군이 서양과의 통상을 거부했다.
④ 일본이 경복궁에 침입해 명성황후를 시해했다.
⑤ 고종과 명성황후가 영국의 힘을 빌려 러시아를 견제하고자 했다.

11종 공통

2 다음 편지를 보낸 밑줄 친 '나'는 누구입니까? ( )

친구에게
자네가 없는 동안 조선에서는 많은 일이 있었다네. 나는 순 한글로 쓰인 『독립신문』을 창간했네. 또 나는 개화파 관료, 지식인과 함께 독립 협회를 만들어 독립문을 건설하고, 만민 공동회를 열었다네.

① 김구　② 정약용
③ 서재필　④ 명성황후
⑤ 흥선 대원군

11종 공통

3 대한 제국이 추진한 근대적 개혁으로 알맞은 것에 모두 ○표를 하시오.

(1) 학교를 세우고 외국에 유학생을 보냈습니다. ( )
(2) 전차와 철도, 전화 등 교통·통신 시설을 들여왔습니다. ( )
(3) 왕을 없애고 대통령을 뽑는 민주주의 국가로 변화했습니다. ( )

11종 공통

4 다음 □ 안에 공통으로 들어갈 조약을 쓰시오.

일본, 고종 황제를 위협해 □ 체결!
일본은 러시아와의 전쟁에서 승리한 후 대한 제국의 정치에 적극적으로 간섭하기 시작했다.
결국 1905년, 일본은 고종과 신하들을 위협해 강제로 □을 맺게 했다.

( )

11종 공통

5 다음 □ 안에 들어갈 인물은 누구입니까? ( )

① 신돌석　② 김옥균　③ 윤희순
④ 전봉준　⑤ 신채호

11종 공통

6 다음 검색 결과 중 안중근과 관련 없는 내용을 찾아 기호를 쓰시오.

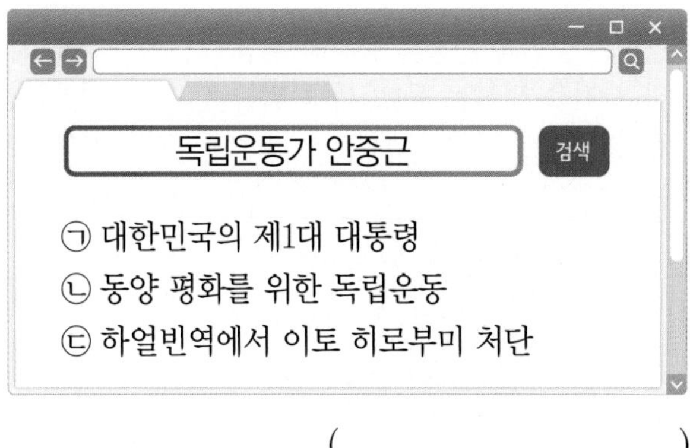

( )

일제의 식민 지배와 나라를 되찾으려는 노력

개념 1 일제에게 나라를 빼앗긴 뒤 우리나라 사람들의 생활

1. 일제의 강압적인 식민 지배 → 1910년 일제는 대한 제국의 국권을 강제로 빼앗고 식민지로 만들었습니다.

강압적인 통치	• 조선 총독부를 설치해 한국인을 강압적으로 통치했음. • 헌병에게 경찰의 임무를 맡겨 독립운동을 탄압하고, 한국인의 일상생활을 감시하고 통제했으며, 교사도 제복을 입고 칼을 차게 했음.
경제적 수탈	• 조선 총독부는 토지 조사 사업을 실시해 주인이 없거나 모호한 땅을 차지해 일본인에게 싼값에 넘겼음. • 토지를 소유한 일부 한국인들의 세금 부담이 늘어났음.

→ 한국인은 정해진 기간 안에 자신의 땅을 신고해야 했지만, 신고 기간이 짧고 서류가 복잡해 신고하지 못한 농민은 땅을 잃었습니다.

2. 나라를 떠난 독립운동가

안창호	• 교육의 중요성을 깨닫고 대성 학교를 세워 인재를 길렀음. • 미국으로 건너가 흥사단을 세우고 독립을 위한 활동을 계속했음.
이회영	나라를 빼앗기자 가족과 함께 만주로 건너가 신흥 강습소(신흥 무관 학교)를 세워 많은 독립운동가와 독립군을 키웠음.

개념 2 3·1 운동

1. **의미:** 전 민족이 참여한 최대 규모의 독립운동으로, 한국인의 독립 의지를 전 세계에 널리 알린 사건

2. 3·1 운동의 전개(1919년)

제1차 세계 대전이 끝나고 전쟁에서 진 나라들의 식민지들이 독립하자 우리나라도 독립에 대한 희망을 가지게 되었음.

1919년 3월 1일, 민족 대표들은 독립 선언서를 발표했고, 학생과 시민들은 서울 종로의 탑골 공원에서 독립 선언서를 낭독하고 만세 시위를 벌였음.

만세 시위는 전국으로 퍼져나가 전 민족적인 운동으로 발전했고, 국외에서도 만세 시위가 일어났음.

→ 유관순은 천안에서 만세 시위를 벌이다 순국했습니다.

일제는 군인과 경찰을 동원해 제암리 사건을 벌이는 등 만세 시위를 잔인하게 진압했음.

내 교과서 살펴보기 / **천재교육, 김영사, 미래엔, 아이스크림 미디어**

3·1 운동 이후 일제의 식민 통치 방법 변화
- 3·1 운동 이전: 일제는 무력과 탄압으로 한국인을 굴복시키려고 했습니다.
- 3·1 운동 이후: 친일파를 키우고 민족을 분열시켜 항일 운동을 막으려고 했습니다.

개념 체크

일제의 강압적인 통치

일제는 한국인을 강압적으로 통치하려고 조선 ❶ ㅊ ㄷ ㅂ 를 세우고 총독을 파견했습니다.

3·1 운동

1919년 3월 1일, 사람들은 서울 종로의 탑골 공원에서 ❷(만세 / 폭력) 시위를 벌였습니다.

정답 ❶ 총독부 ❷ 만세

- **강압**(強 강할 강 壓 누를 압): 강한 힘이나 권력으로 강제로 억누름.
- **헌병**(憲 법 헌 兵 군사 병): 군대 안에서 경찰 역할을 하는 군인
- **토지 조사 사업**: 일제가 우리나라의 토지에서 세금을 더 걷기 위해 벌인 대규모 조사 사업

개념 3 대한민국 임시 정부

1. 대한민국 임시 정부의 수립

① 배경: 3·1 운동을 계기로 우리 민족을 대표하고 독립운동을 체계적으로 이끌어 갈 정부가 필요해졌습니다.

② 대한민국 임시 정부 수립(1919년 9월, 중국 상하이)

→ 일제의 탄압을 피하고, 외교 활동을 펴기에 유리하며, 각 지역의 독립운동 세력과 연락이 편했기 때문입니다.

대한민국 임시 정부 신년 축하 기념사진(1921)

수립
3·1 운동 이후 세워진 여러 임시 정부를 통합해 대한민국 임시 정부가 수립되었음.

의의
헌법을 제정하고 주권이 국민에게 있는 민주 공화국을 수립함.

2. 대한민국 임시 정부의 활동

독립운동 지휘	• 독립운동에 필요한 자금을 모으고 정보를 수집했음. • 여러 독립운동 단체와 연락망을 만들어 국내의 독립운동을 지휘했음.
외교 활동	한국인의 독립 의지를 세계에 널리 알리고자 외교 활동에 힘썼음.
한인 애국단 조직	• 대한민국 임시 정부의 김구가 조직해 일제의 주요 인물을 처단하는 활동을 했음. • 이봉창은 일본 도쿄에서 일본 왕을 암살하려 했으나 실패했음. • 윤봉길은 중국 상하이 훙커우 공원에서 일본군 사령관과 고위 관리들을 처단했음.
한국광복군	독립군을 모아 한국광복군을 창설하고 일본과의 전쟁에 나섰음.

개념 4 독립군의 활약

→ 일제에 맞서 무기를 들고 싸워야 한다고 생각한 사람들은 독립군 부대를 만들어 만주, 연해주 지역에서 활동했습니다.

봉오동 전투	홍범도가 이끄는 독립군은 봉오동에서 일제가 보낸 군대를 물리쳤음.
청산리 대첩	일본이 보낸 대규모 군대를 김좌진과 홍범도가 이끄는 독립군 연합 부대가 청산리 일대에서 전투를 벌여 큰 승리를 거두었음.

한인 애국단의 활동

한인 애국단의 ❸ ㅇ ㅂ ㅊ 과 윤봉길은 일제의 주요 인물을 처단하기 위해 노력했습니다.

정답 ❸ 이봉창

2 단원

내 교과서 살펴보기 / **천재교육, 아이스크림 미디어**

광주 학생 항일 운동

• 나주에서 일어난 한국 학생과 일본 학생의 다툼에서, 경찰이 한국 학생만 체포한 것이 발단이 되었습니다.
• 광주 학생 항일 운동은 3·1 운동 이후 우리나라에서 일어난 가장 큰 항일 운동입니다.

→ 일본 학생과 한국 학생 차별, 우리말과 역사를 제대로 배우지 못하는 점 등을 항의했습니다.

수립(樹 나무 수 立 설 립)
국가나 정부, 제도, 계획 따위를 이룩하여 세움.

대첩(大 클 대 捷 이길 첩)
크게 이김. 또는 큰 승리

개념 체크

개념 5 1930년대 후반 일제의 식민 통치

1. 민족 말살 정책

① 의미: 일제가 한국인의 전통과 문화의 뿌리를 없애려고 한 정책

② 내용

배경	일제가 1930년대 후반 침략 전쟁을 확대하면서 한국인의 민족의식을 없애고, 침략 전쟁에서 한국인을 동원하기 위해 실시했음.
실시한 정책	• 학교에서 우리말 교육을 금지시켰음. • 한국인의 성과 이름을 일본식으로 바꾸도록 강요했음. • 신사에 절하고 예를 올리도록 하는 신사 참배를 강요했음.

2. 일제의 물자와 인력 수탈 → 1930년대 침략 전쟁을 일으킨 일제는 전쟁에 필요한 물자와 인력을 확보하기 위해 한국인에 대한 수탈을 강화했습니다.

① 일제는 식량, 금속으로 된 밥그릇과 숟가락까지 빼앗아 갔습니다.

② 한국인을 전쟁터와 탄광, 무기 공장에 강제로 동원하기도 했습니다.

③ 한국인 여성들도 일본군 '위안부'로 강제로 끌고 갔습니다.

• 일본군 '위안부': 일본 정부와 일본군에 의해 전쟁터에 강제로 동원되어 성폭력과 인권 침해를 당한 여성을 말합니다.
• '평화의 소녀상': 전쟁의 아픔과 일본군 '위안부' 문제를 기억하자는 뜻을 담아 국내외 여러 곳에 세워졌습니다. → 일본 정부는 일본군 '위안부' 강제 동원 사실을 인정하지 않고 있습니다.

중요 개념 6 우리 역사와 우리말을 지키기 위해 노력한 사람들

→ 나라를 사랑하는 마음을 기르기 위해서는 역사를 잘 알아야 한다고 생각했습니다. (신채호)

신채호	일제의 역사 왜곡을 정면으로 반박했으며 『을지문덕』, 『이순신』과 같은 민족 영웅 이야기를 책으로 썼음.
조선어 학회	• 우리말과 우리글을 연구하고, 한글을 널리 보급하는 데 힘씀. • 『우리말큰사전』을 편찬하려 했으나 일제의 탄압으로 중단되었음.
이육사	일제에 저항하는 문학 작품(예 청포도)을 발표하여 독립 의지를 드러냈음.
전형필	• 자신의 재산을 들여 일본으로 넘어갈 뻔한 문화재를 구입하고 보존했음. • 『훈민정음』 「해례본」, 고려 시대의 자기, 신윤복의 풍속화 등 일본으로 넘어가던 많은 문화재를 지킬 수 있었음.

☑ 1930년대 일제의 인력 수탈

일제는 한국인을 전쟁터에 강제로 동원하고, 여성들을 일본군 ❹'ㅇ ㅇ ㅂ'로 끌고 갔습니다.

☑ 신채호

신채호는 나라를 사랑하는 마음을 기르기 위해 ❺ ㅇ ㅅ 를 잘 알아야 한다고 생각했습니다.

정답 ❹ 위안부 ❺ 역사

용어 사전

• 신사(神 귀신 신 社 모일 사)
일본 왕실의 조상이나 나라에 큰 공로를 세운 사람을 신으로 모시고 제사를 지내는 곳

• 수탈(收 거둘 수 奪 빼앗을 탈)
강제로 빼앗음.

개념 다지기

2. ❷ 일제의 침략과 광복을 위한 노력(2)

11종 공통

1 일제의 식민 지배 정책에 대해 바르게 말한 어린이를 쓰시오.

> 성대: 일본인과 한국인이 동등하게 대우받을 수 있도록 참정권을 주었어.
> 유란: 헌병에게 경찰의 임무를 맡겨 독립운동을 탄압하고, 한국인의 일상생활을 통제했어.

( )

11종 공통

2 1919년 3월에 일어난 대규모 만세 운동에 대한 설명으로 알맞은 것은 어느 것입니까? ( )

① 부산에서만 만세 운동이 일어났다.
② 유관순 등 어린 학생들도 함께 참여했다.
③ 일제는 만세 운동을 평화적으로 진압했다.
④ 전봉준을 비롯한 동학을 믿는 농민들이 일으켰다.
⑤ 만세 운동의 영향으로 대한민국 임시 정부가 폐지되었다.

11종 공통

3 다음 설명과 관련 있는 인물을 보기에서 모두 찾아 ○표를 하시오.

> 대한민국 임시 정부의 김구는 한인 애국단을 조직하여 일제의 주요 인물을 처단하는 활동을 했습니다.

보기
• 이봉창 • 윤봉길 • 김좌진

11종 공통

4 다음 □ 안에 들어갈 알맞은 지역을 보기에서 찾아 기호를 쓰시오.

> 일제의 감시가 심해지자, 무기를 들고 싸워야 한다고 생각한 사람들은 독립군 부대를 만들어 □와/과 같은 지역으로 이동했습니다.

보기
㉠ 만주 ㉡ 유럽 ㉢ 오스트레일리아

( )

11종 공통

5 다음 퀴즈의 정답으로 알맞은 사람은 누구입니까? ( )

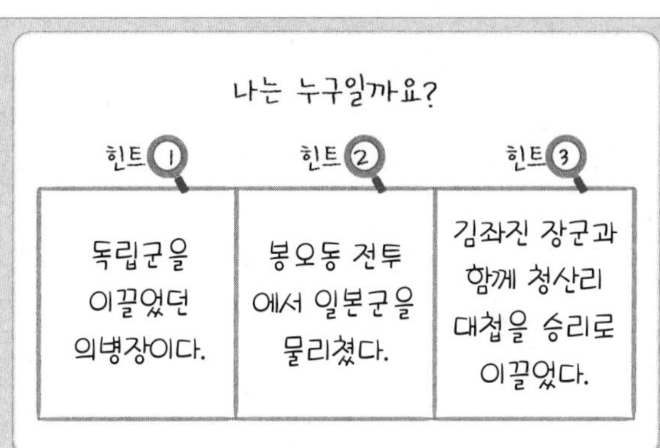

① 이순신 ② 안창호 ③ 김홍집
④ 홍범도 ⑤ 정약용

11종 공통

6 일제가 한국인의 민족의식을 없애기 위해 벌인 일로 알맞지 않은 것은 어느 것입니까? ( )

① 신사 참배를 강요했다.
② 학교에서 일본말 사용을 금지했다.
③ 한국의 역사를 축소하고 왜곡했다.
④ 한국인의 성과 이름을 일본식으로 바꾸도록 강요했다.
⑤ 매일 아침 일본 왕이 있는 곳을 향해 절을 하며 충성을 맹세하게 했다.

2 단원

진도 완료 체크

Step 1 단원평가

[1~5] 다음은 개념 확인 문제입니다. 물음에 답하시오.

1 일본이 경복궁에 침입하여 명성황후를 무참히 시해한 사건은 (아관 파천 / 을미사변)입니다.

2 고종은 러시아 공사관에서 돌아와 나라 이름을 (조선 / 대한 제국)으로 바꾸고 황제로 즉위했습니다.

3 1905년 일본이 대한 제국의 외교권을 빼앗기 위해 맺은 조약은 무엇입니까? (　　　　　　　　)

4 1919년 학생과 시민들이 서울 종로의 탑골 공원에서 독립 선언서를 낭독하고 벌인 만세 시위는 무엇입니까?
(　　　　　　　　)

5 1930년대 후반 일제는 한국인의 전통과 문화의 뿌리를 없애기 위해 (신사 / 교회) 참배를 강요했습니다.

11종 공통

6 고종이 청일 전쟁 이후 강해진 일본의 영향력에서 벗어나고자 한 일로 알맞은 것은 어느 것입니까? (　　　)

① 전국에 척화비를 세웠다.
② 러시아 공사관으로 거처를 옮겼다.
③ 일본을 상대로 선전포고를 하고 전쟁을 벌였다.
④ 우정총국 개국 축하 잔치를 틈타 갑신정변을 일으켰다.
⑤ 청의 사신을 맞이하던 영은문을 허물고 그 자리에 독립문을 세웠다.

11종 공통

7 다음 밑줄 친 ㉠에 들어갈 내용으로 알맞은 것은 어느 것입니까? (　　　)

『독립신문』의 특징

문신 립독

- 정부의 지원을 받아 창간했다.
- ㉠ ____________

① 영어로만 쓰인 최초의 신문이다.
② 조선 정부가 직접 발행했던 신문이다.
③ 해외 여러 나라의 도움을 받아 발행했다.
④ 정부의 정책과 세계에서 일어나는 여러 가지 일을 알렸다.
⑤ 나라의 힘이 약하기 때문에 청에 의지해야 한다고 주장했다.

11종 공통

8 을사늑약에 대한 설명으로 알맞은 것에 ○표를 하시오.

(1) 우리나라와 미국이 대등한 입장에서 맺은 조약입니다. (　　)
(2) 러시아는 러일 전쟁에서 승리한 후 대한 제국과 을사늑약을 맺었습니다. (　　)
(3) 일본은 고종과 신하들을 위협해 을사늑약을 맺고, 대한 제국의 외교권을 빼앗았습니다. (　　)

11종 공통

9 다음과 같은 의거 활동을 한 사람은 누구입니까? ( )

중국 하얼빈역에서 이토 히로부미를 사살했음.

① 안창호 ② 서재필
③ 안중근 ④ 홍범도
⑤ 주시경

11종 공통

10 오른쪽 독립운동가가 한 일로 알맞은 것은 어느 것입니까? ( )

이회영

① 흥사단을 세웠다.
② 만민 공동회를 열었다.
③ 독립 협회를 만들었다.
④ 조선 총독부를 설치했다.
⑤ 만주로 건너가 신흥 강습소를 세웠다.

11종 공통

11 다음 ㉠에 들어갈 단체에 대한 설명으로 알맞지 않은 것은 어느 것입니까? ( )

> 3·1 운동을 계기로 다양한 독립운동을 체계적으로 이끌 조직이 필요하다는 주장이 일어나면서 ㉠ 가 중국 상하이에 생겼습니다.

① 다른 나라와의 외교 활동에도 힘썼다.
② 우리 민족의 독립 의지를 널리 알렸다.
③ 만민 공동회를 개최하여 국내 정치에 참여했다.
④ 헌법을 제정하고 주권이 국민에게 있음을 밝혔다.
⑤ 비밀 연락망을 만들어 국내의 독립운동을 지휘했다.

11종 공통

12 일제의 민족 말살 정책에 대해 잘못 말한 어린이를 쓰시오.

> 병훈: 일제는 조선어 학회를 조직해 한글을 보급했어.
> 민서: 한국인의 성과 이름을 일본식으로 바꾸도록 강요했어.

( )

11종 공통

13 다음과 관련 있는 내용으로 알맞은 것에 ○표를 하시오.

> • 전국에 설치된 평화의 소녀상
> • 1992년부터 일본 대사관 앞에서 시작된 수요 집회

(1) 일제는 토지 조사 사업을 실시하여 한국의 많은 땅을 차지했습니다. ( )
(2) 일본 정부는 일본군 '위안부' 강제 동원 사실을 인정하지 않고 있습니다. ( )

2 단원

11종 공통

14 신채호가 다음과 같은 책을 쓴 까닭으로 알맞은 것은 어느 것입니까? ( )

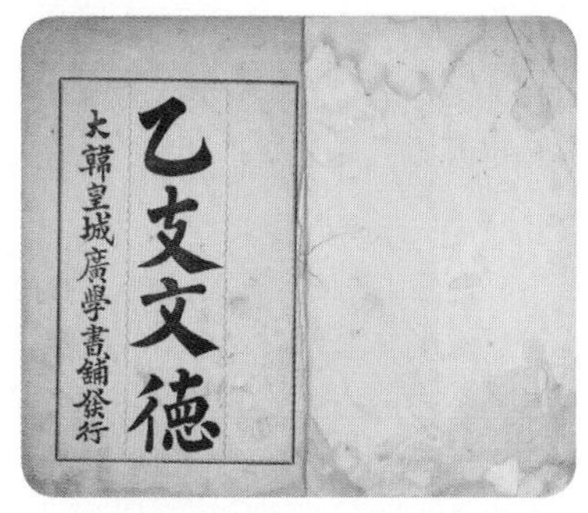

『을지문덕』 [출처: 국립한글박물관]

① 한글을 널리 보급하기 위해서
② 서양의 문물을 배척하기 위해서
③ 일제의 주요 인물을 처단하기 위해서
④ 친일파를 키우고 민족을 분열시키기 위해서
⑤ 나라를 사랑하는 마음을 기르기 위해서는 역사를 잘 알아야 한다고 생각해서

Step 2 서술형 평가

15 다음은 대한 제국 시기 역사 연표입니다. 11종 공통

러일 전쟁(1904년)	㉠ (1905년)	고종 퇴위(1907년)
일제는 러시아와 전쟁을 벌여 승리했음.	일본은 고종과 신하들을 위협해 ㉠ 을 맺게 했음.	일제는 고종을 황제의 자리에서 강제로 물러나게 했음.

(1) 위 ㉠에 공통으로 들어갈 조약은 무엇인지 쓰시오.

( )

(2) 고종이 위 (1)번 답의 부당함을 알리기 위해 했던 일을 쓰시오.

답 네덜란드 헤이그에서 열리는 만국 ❶ 회의에 특사를 파견해 강제로 체결된 조약이 ❷ 임을 국제 사회에 알리고자 노력했다.

16 다음은 일제가 통치하던 시기 한 어린이의 일기입니다. 11종 공통

날씨: 맑음 1919년 ○○월 ○○일

나와 친구들은 일본인 선생님의 눈을 피해 몰래 태극기를 만들었다. 태극기를 품에 숨기고 조선 총독부 건물을 찾아가 문에 태극기를 붙였다. 우리는 태극기 아래에 우리말로 "대한 독립 만세! 만세! 만세!"를 써 놓았다.

(1) 위 어린이가 참여한 활동을 보기 에서 찾아 ○표를 하시오.

보기
• 3·1 운동 • 청산리 대첩 • 봉오동 전투 • 애국 계몽 운동

(2) 위 (1)번 답의 활동에 대한 일제의 대응을 쓰시오.

11종 공통

17 오늘날 국내외 여러 곳에 오른쪽과 같은 '평화의 소녀상'이 세워진 까닭을 쓰시오.

[출처: 시흥시]

서술형 가이드

어려워하는 서술형 문제! 서술형 가이드를 이용하여 풀어 봐!

15 (1) 일제는 □□ 전쟁에서 승리하고 대한 제국과 을사늑약을 맺었습니다.

(2) 네덜란드 □□□에 파견된 특사들은 일제의 방해로 큰 성과를 거두지 못했습니다.

16 (1) 3·1 운동은 □□으로 퍼져나가 전 민족적인 운동으로 발전했습니다.

(2) 일제는 만세 시위를 벌이는 사람들을 (인도적으로 / 잔인하게) 진압했습니다.

17 평화의 □□□은 전쟁으로 짓밟힌 여성의 삶을 이야기하는 여성 인권의 상징이 되었습니다.

단원 실력 쌓기 정답 12쪽

Step 3 수행평가

학습 주제 대한민국 임시 정부

학습 목표 대한민국 임시 정부가 수립된 배경과 활동을 알 수 있다.

[18~20] 다음은 대한민국 임시 정부에 대해 정리한 것입니다.

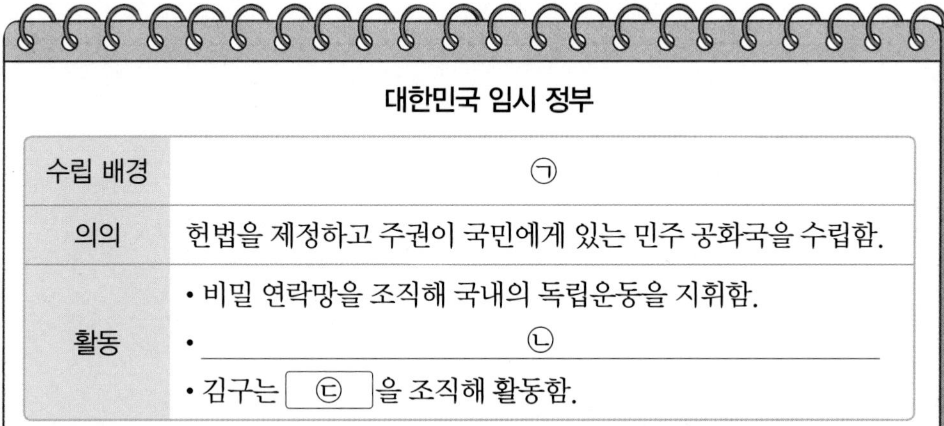

대한민국 임시 정부

수립 배경	㉠
의의	헌법을 제정하고 주권이 국민에게 있는 민주 공화국을 수립함.
활동	• 비밀 연락망을 조직해 국내의 독립운동을 지휘함. • ㉡ • 김구는 ㉢ 을 조직해 활동함.

18 위 ㉠에 들어갈 내용을 알맞게 말한 어린이를 쓰시오. 11종 공통

미경: 봉오동 전투에서 패배한 일제가 대규모 군대를 만주로 보냈어.
승민: 일제가 중일 전쟁을 일으키면서 한국인의 민족의식을 없애려고 했어.
유진: 3·1 운동을 계기로 우리 민족을 대표하고 독립운동을 체계적으로 이끌어 갈 정부가 필요해졌어.

( )

19 위 ㉡에 들어갈 대한민국 임시 정부의 활동을 한 가지만 쓰시오. 11종 공통

20 위 ㉢에 들어갈 단체에 관한 다음 설명을 읽고, 단체의 이름을 쓰시오. 11종 공통

• 대한민국 임시 정부가 일제의 감시와 탄압 등으로 많은 어려움을 겪자, 독립운동에 새로운 힘을 불어넣기 위해 김구가 조직했습니다.
• 이봉창, 윤봉길 등이 일제의 주요 인물을 처단하는 활동을 했습니다.

( )

수행평가 가이드
다양한 유형의 수행평가! 수행평가 가이드를 이용해 풀어 봐!

대한민국 임시 정부의 수립

• 3·1 운동을 계기로 나라 안팎에 여러 임시 정부가 세워졌습니다.
• 여러 임시 정부는 독립을 위해 힘을 하나로 모으고자 노력했으며, 그 결과 중국 상하이에서 대한민국 임시 정부가 수립되었습니다.

이봉창은 일본 도쿄에서, 윤봉길은 중국 상하이 훙커우 공원에서 의거를 일으켰어.

8·15 광복과 대한민국 정부 수립

개념 ① 8·15 광복과 사회의 변화

중요 1. 8·15 광복

① 1945년 8월 15일, 일본이 연합국에 항복하면서 광복을 맞이했습니다. (→ 일본은 미국, 영국 등의 연합국에 맞서 제2차 세계 대전에 참전했고, 패배했습니다.)

② 광복은 연합국이 승리한 결과이기도 하지만, 우리 민족이 끈질기게 전개한 독립운동의 결실이기도 합니다.

2. 건국을 위한 준비

① 대한민국 임시 정부는 건국의 원칙과 방향을 발표했고, 국내에서도 건국을 준비하는 단체가 만들어졌습니다.

② 이승만, 김구 등 다른 나라에서 활동하던 동포와 독립운동가들이 귀국해 독립된 나라를 만들기 위해 노력했습니다.

대한민국 임시 정부 주요 인물들의 귀국

3. 광복으로 변화한 사람들의 생활

사람들의 귀국		일제가 강제로 끌고 갔던 사람들이 국내로 돌아왔음.
학교생활의 변화		학교에서 한글로 된 교과서로 우리말과 우리의 역사를 가르쳤음.
어린이날의 부활		일제가 금지했던 어린이날이 부활했고, 어린이날 행사가 다시 열렸음. (→ 어린이를 위한 라디오 드라마도 방송되었습니다.)

개념 체크

☑ 8·15 광복

광복은 연합국의 승리에 의한 것이기도, 끊임없는 ❶ ㄷ ㄹ 운동의 결과이기도 합니다.

☑ 광복으로 달라진 학교 모습

광복을 맞이한 후 학교에서는 ❷(한글 / 일본어)로 된 교과서로 우리말과 우리의 역사를 가르쳤습니다.

정답 ❶ 독립 ❷ 한글

- 광복(光 빛 광 復 회복할 복) 잃었던 나라를 되찾음.
- 건국(建 세울 건 國 나라 국) 나라를 세움.

개념 체크

중요 개념 ② 한반도의 분단과 통일 정부 수립을 위한 노력

미국과 소련의 한반도 진입	한반도에 남아 있는 일본군의 무장 해제를 명분으로 38도선을 경계로 남쪽에는 미군, 북쪽에는 소련군이 들어 왔음.

모스크바 3국 외상 회의	• 미국, 영국, 소련의 외무 장관이 모스크바에 모여 한반도 문제를 논의했음. • 한반도에 임시 민주 정부를 세우고, 미소 공동 위원회를 설치하며, 최대 5년간 신탁 통치를 시행할 것을 결정했음.

신탁 통치 문제를 둘러싼 갈등	모스크바 3국 외상 회의 결정 내용이 국내에 알려지자 신탁 통치 문제를 둘러싸고 반대하는 사람들과 찬성하는 사람들 사이에 갈등이 일어났음.

미소 공동 위원회	• 한반도의 임시 민주 정부 수립을 논의하기 위해 미국과 소련은 미소 공동 위원회를 열었지만 의견 차이를 좁히지 못했음. • 이에 미국은 한국 문제를 국제 연합(UN)에 넘겼음.

남한만의 단독 선거 시행	• 국제 연합은 남북한 총선거를 시행해 정부를 수립하기로 결정했으나, 소련은 이를 거부했음. → 유엔 한국 임시 위원단이 38도선 이북으로 들어오는 것을 거부했습니다. • 결국 국제 연합은 선거가 가능한 남한 지역에서만 선거를 실시하기로 다시 결정했음.

내 교과서 살펴보기 / **천재교육, 천재교과서, 금성출판사, 김영사, 미래엔, 비상교과서, 비상교육, 아이스크림 미디어, 지학사**

통일 정부 수립에 관한 서로 다른 주장

▲ 이승만 [출처: 국립중앙박물관]

이승만의 정읍 발언

…… 우리 남쪽만이라도 임시 정부 혹은 위원회 같은 것을 조직하여 38도선 이북에서 소련이 물러나도록 세계의 여론에 호소해야 할 것입니다. －『서울 신문』, 1946. 6. 4.

김구의 삼천만 동포에게 읍고함

…… 나는 통일된 조국을 세우려다가 38도선을 베고 쓰러질지언정 내 한 몸의 구차한 안일을 취하여 단독 정부를 세우는 데 협력하지 않겠습니다. －『서울 신문』, 1948. 2. 13.

▲ 김구 [출처: 뉴스뱅크]

☑ 신탁 통치를 둘러싼 갈등

다른 나라가 우리나라를 대신 다스리는 ❸ [ㅅ] [ㅌ] 통치를 두고 사람들 간의 갈등이 심해졌습니다.

☑ 남북한 총선거를 둘러싼 국제 연합의 결정

소련의 반대로 국제 연합은 선거가 가능한 ❹(북한 / 남한)에서만 총선거를 실시하기로 결정했습니다.

정답 ❸ 신탁 ❹ 남한

2 단원

용어 사전

신탁 통치
스스로 운영하기 힘든 나라를 안정될 때까지 국제 연합의 감독 아래 다른 나라가 대신 도맡아 다스리는 것

개념 체크

개념 ③ 대한민국 정부의 수립

중요 1. 대한민국 정부 수립 과정

헌법을 만드는 임무를 가지고 구성되어 제헌 국회라고 불렸습니다.

1 5·10 총선거
1948년 5월 10일 남한에서는 국회의원을 뽑는 우리나라 최초의 민주 선거가 시행되었음.

➡

2 제헌 국회 구성
제헌 국회가 구성되어 나라 이름을 '대한민국'으로 정하고 헌법을 제정했음.

➡

3 초대 대통령 선출
헌법에 따라 국회의원들의 투표로 이승만이 대한민국의 제1대 대통령으로 뽑혔음.

➡

4 대한민국 정부 수립
1948년 8월 15일, 대한민국 정부가 수립되어 한반도의 유일한 합법 정부로 인정받았음.

내 교과서 살펴보기 / **천재교육, 천재교과서, 교학사, 김영사, 아이스크림 미디어**

5·10 총선거의 특징

- 5·10 총선거에는 21세 이상의 모든 국민에게 투표권이 주어졌습니다.
- 당시에는 글을 읽지 못하는 사람들이 많아 막대기를 그려 후보 번호를 대신해 사람들이 쉽게 알 수 있도록 했습니다.

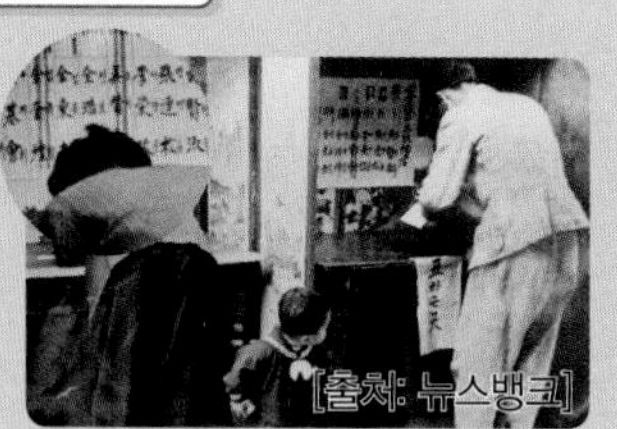
[출처: 뉴스뱅크]
▲ 5·10 총선거 투표 사진

2. 제헌 헌법을 통해 알 수 있는 대한민국 정부 수립의 의의

제헌 헌법

유구한 역사와 전통에 빛나는 우리들 대한 국민은 기미 3·1 운동으로 대한민국을 건립하여 세계에 선포한 위대한 독립 정신을 계승하여…….
제1조 대한민국은 민주 공화국이다.
제2조 대한민국의 주권은 국민에게 있고, 모든 권력은 국민으로부터 나온다.

- 대한민국 임시 정부를 계승했음.
- 헌법을 통해 대한민국은 민주 공화국이며, 주권은 국민에게 있다고 밝힘.

3. 북한의 정부 수립: 북한에서 1948년 9월에 조선 민주주의 인민 공화국이라는 이름으로 정권이 세워지면서, 한반도는 남과 북으로 나누어지게 되었습니다.

☑ 대한민국 정부 수립

초대 ❺ [ㄷ][ㅌ][ㄹ] 으로 선출된 이승만은 8월 15일 대한민국 정부의 수립을 선포했습니다.

☑ 대한민국 정부 수립의 의의

대한민국 정부는 대한민국 임시 정부를 계승했으며, 주권이 ❻ [ㄱ][ㅁ] 에게 있다고 밝혔습니다.

정답 ❺ 대통령 ❻ 국민

용어 사전

- 초대(初 처음 초 代 대신할 대) 차례로 이어 나가는 자리나 지위에서 그 첫 번째에 해당하는 차례

개념 다지기

11종 공통

1 1945년 8월 15일에 있었던 일로 알맞은 것을 보기에서 두 가지 찾아 기호를 쓰시오.

보기
㉠ 우리나라가 광복을 맞이했습니다.
㉡ 대한민국 임시 정부가 수립되었습니다.
㉢ 일본이 제2차 세계 대전에서 항복했습니다.

(,)

천재교육

2 다음을 통해 알 수 있는 광복으로 변화한 사람들의 생활 모습으로 가장 알맞은 것은 어느 것입니까? ( )

어린이날 기념식 선서문

…… 우리는 배우고 또 배워서 다른 나라 동무들보다 앞서가는 사람이 되겠습니다. 우리는 또다시 조선의 어린이인 것을 잊지 않고 단단하고 끈끈하게 뭉치겠습니다.

－『현대 일보』, 1946. 5. 6.

① 많은 사람이 외국으로 떠났다.
② 일제가 금지했던 어린이날이 부활했다.
③ 학교에서 일본어 교과서로 우리말을 가르쳤다.
④ 어린이들이 아침마다 황국 신민 서사를 외웠다.
⑤ 사회적 혼란과 대립 없이 모두가 의견을 통일하여 정부를 수립했다.

11종 공통

3 다음 광복 이후 우리나라에서 일어났던 사건들을 순서에 맞게 □ 안에 1~3의 숫자를 각각 쓰시오.

미소 공동 위원회	미국과 소련의 한반도 진입	모스크바 3국 외상 회의
❶	❷	❸

천재교육, 천재교과서, 금성출판사, 김영사, 미래엔, 비상교과서, 비상교육, 아이스크림 미디어, 지학사

4 한반도의 통일 정부 수립에 관해 다음 사람이 한 주장을 바르게 줄로 이으시오.

(1) 김구 • • ㉠ 통일 정부 수립이 어렵다면 남한만이라도 정부를 수립해야 한다.

(2) 이승만 • • ㉡ 지금 당장 통일 정부를 수립하기 위해 힘을 쏟아야 한다.

11종 공통

5 1948년에 실시된 5·10 총선거에 대한 설명으로 알맞은 것은 어느 것입니까? ( )

① 대통령을 뽑았다.
② 남자만 투표에 참여했다.
③ 북한 지역에서도 실시되었다.
④ 우리나라 최초의 민주 선거였다.
⑤ 16세 이상의 모든 국민에게 투표권이 주어졌다.

11종 공통

6 다음 제헌 헌법의 내용 중 일부를 보고 알 수 있는 대한민국 정부 수립의 의의로 알맞은 것에 ○표를 하시오.

제헌 헌법

유구한 역사와 전통에 빛나는 우리들 대한 국민은 기미 3·1 운동으로 대한민국을 건립하여 세계에 선포한 위대한 독립 정신을 계승하여…….

(1) 한반도에 통일 정부가 수립되었습니다. ( )
(2) 대한민국 정부가 3·1 운동 정신과 대한민국 임시 정부의 법통을 계승한 정부임을 밝혔습니다. ( )

6·25 전쟁과 피해

개념 ① 6·25 전쟁의 전개 과정

1 북한군의 남침과 서울 점령

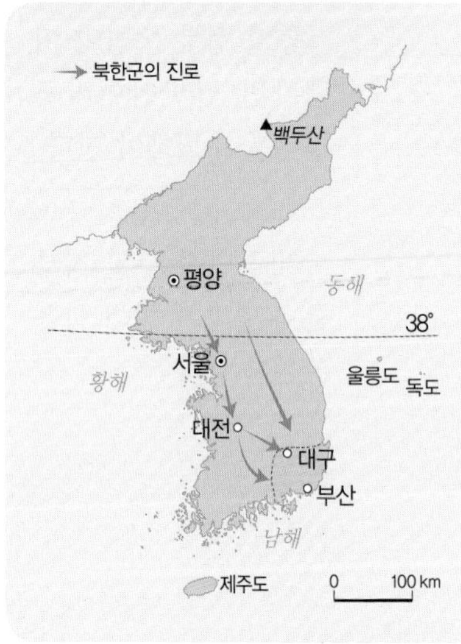

1950년 6월 25일, 북한은 남한을 기습적으로 공격했음. 북한군은 3일 만에 서울을 점령하고 국군은 낙동강까지 후퇴했음.

서울로 들어온 북한군 [출처: 연합뉴스]

2 국군과 국제 연합군의 반격

→ 국제 연합은 북한의 남침을 침략 행위로 규정했습니다.

→ 서울과 가까워 북한군의 보급로를 끊을 수 있고, 국군과 함께 낙동강에서 공격할 수 있기 때문에 실시했습니다.

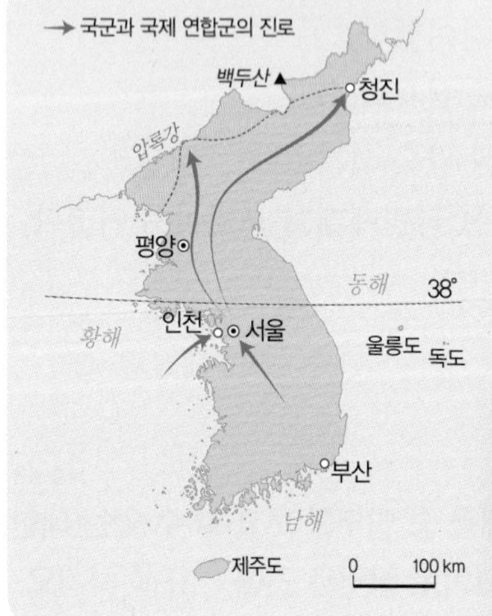

국제 연합은 연합군을 남한에 파견했음. 국군과 국제 연합군은 인천 상륙 작전에 성공해 서울을 되찾고 압록강까지 다다랐음.

인천 상륙 작전 모습 국군과 국제 연합군은 인천 상륙 작전을 펼쳐 전쟁의 흐름을 유리하게 바꾸었다.

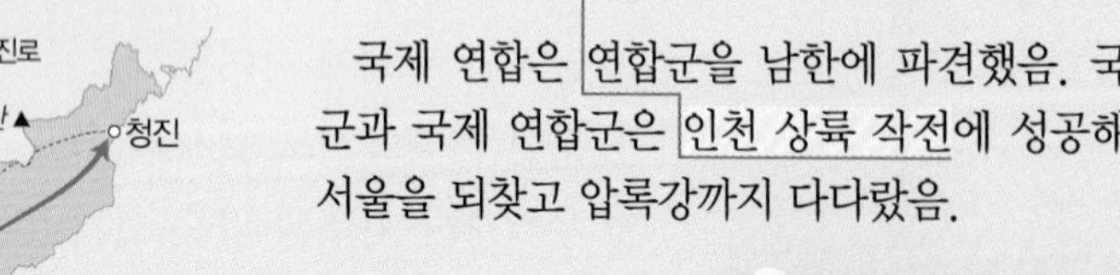

내 교과서 살펴보기 / **동아출판**

6·25 전쟁에 참전한 국제 연합군

→ 우리나라는 국제 연합군 참전 용사들을 기리고자 7월 27일을 '유엔군 참전의 날'로 정하여 기념하고 있습니다.

- 6·25 전쟁이 일어나자 국제 연합(UN)에서는 북한의 남침을 침략 행위로 규정하고 국제 연합군 파병을 결정했습니다.
- 전투를 지원한 16개국, 의료를 지원한 6개국, 물자를 지원한 39개국 등 총 60여 나라가 대한민국을 도왔습니다.

[출처: 부산광역시]
부산광역시 남구에 있는 재한 유엔 기념 공원

개념 체크

☑ 북한의 기습적인 남침

1950년 6월 25일, 북한은 한반도를 ❶(무력 / 평화적)으로 통일하고자 남한을 기습적으로 쳐들어왔습니다.

☑ 국제 연합의 대응

국제 연합은 국제 연합군을 남한에 파견했고, 국군과 함께 ❷ ㅇ ㅊ 상륙 작전을 성공시켰습니다.

정답 ❶ 무력 ❷ 인천

용어 사전

- 남침(南 남녘 남 侵 침노할 침) 북쪽에서 남쪽을 침범함.
- 기습(奇 기이할 기 襲 엄습할 습) 생각지 않았던 때에 갑자기 들이닥쳐 공격함.

개념 체크

3 중국군의 개입과 국군의 후퇴

중국군이 북한을 도와 전쟁에 개입하면서 전쟁이 다시 국군과 국제 연합군에 불리해졌음. 국군과 국제 연합군은 다시 서울을 내주고 후퇴했음(1·4 후퇴).

6·25 전쟁에서 북한을 돕기 위해 압록강을 건너는 중국군의 모습 [출처: 뉴스뱅크]

→ 어떤 상황이 굳어져 변하지 않음.

4 전선의 고착과 정전

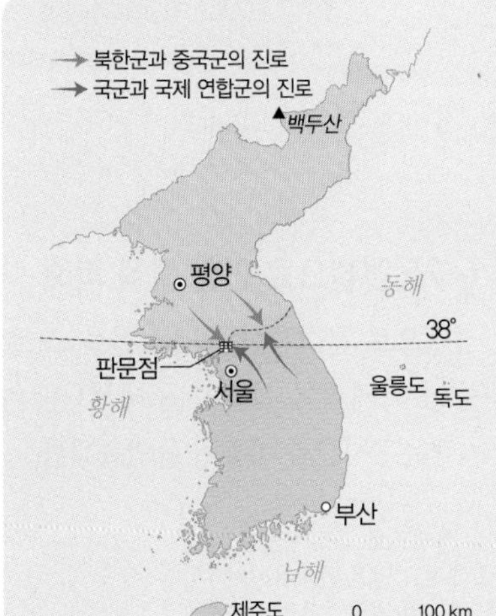

국군과 국제 연합군은 반격하여 서울을 되찾았으나 38도선 근처에서 싸움을 계속했음. 1953년 7월에 정전 협정이 체결되었음. → 군사 분계선(휴전선)이 설정되었습니다.

판문점에서 정전 협상을 체결하는 모습 [출처: 뉴스뱅크]

내 교과서 살펴보기 / **천재교육, 금성출판사, 아이스크림 미디어**

임시 수도 부산 → 피란민이 모여들어 천막 학교를 만들고 공부를 하기도 했습니다.

- 부산은 6·25 전쟁 기간 동안 서울 대신 우리나라의 수도 역할을 했습니다.
- 6·25 전쟁 기간 동안 정부의 각 기관과 국제 연합군이 머물던 숙소, 피란민의 흔적들이 남아 있어 사람들이 전쟁을 어떻게 겪고 극복했는지를 알아볼 수 있습니다.

부산 임시 수도 정부 청사 [출처: 문화재청]

☑ 1·4 후퇴

중국군의 개입으로 1951년 1월 4일 국군과 국제 연합군은 ❸ ㅅ ㅇ 을 내주고 다시 후퇴하였습니다.

☑ 밀고 밀리는 전쟁

38도선 근처에서 밀고 밀리는 싸움이 계속되면서 전쟁이 길어졌고, ❹ ㅈ ㅈ 협상이 시작되었습니다.

정답 ❸ 서울 ❹ 정전

- **개입**(介 낄 개 入 들 입) 자신과 직접적인 관계가 없는 일에 끼어듦.
- **정전**(停 머무를 정 戰 싸움 전) 잠시 전투를 멈추는 일

2 단원

필수 개념 ② 6·25 전쟁의 피해와 영향

인명 피해

3년 동안 이어진 전쟁으로 군인과 민간인 등 많은 사람이 목숨을 잃거나 다쳤음.

→ 점령군이 바뀔 때마다 상대편에게 도움을 줬다고 죽거나 고통을 당하는 경우도 많았습니다.

(만 명)

구분	민간인	군인
남한	99	62
북한	179	64
중국군		97
국제 연합군		15

[출처: 『통계로 본 6·25 전쟁』, 2014.]

▲ 6·25 전쟁 중 다치거나 사망한 사람 수

이산가족과 전쟁고아

가족들과 헤어진 이산가족과 부모를 잃은 전쟁고아가 생겨났음.

→ 이리저리 흩어져서 서로 소식을 모르는 가족

사람들의 의식 변화

남한과 북한 사람들은 서로를 미워하는 마음을 품게 되었음.

국토의 황폐화

국토가 황폐해지고 많은 산업 시설과 건물, 문화유산 등이 파괴되었음.

▲ 폐허가 된 서울의 모습 [출처: 연합뉴스]

내 교과서 살펴보기 / **천재교육, 금성출판사, 동아출판, 미래엔, 비상교과서**

이산가족을 찾기 위해 모여든 사람들

- 1983년에 방영된 특별 생방송 '이산가족을 찾습니다'는 신청자들이 늘면서 무려 138일에 걸쳐 진행되었고, 1만여 건의 만남이 이루어졌습니다.
- 방송을 통해 이산가족의 아픔과 전쟁의 비극을 사람들에게 일깨워 주었으며, 당시 방송의 기록물들은 유네스코 세계 기록 유산에 등재되었습니다.

개념 체크

☑ 6·25 전쟁으로 인한 인적 피해

6·25 전쟁으로 인해 수많은 전쟁고아와 ❺ [ㅇ][ㅅ][ㄱ][ㅈ]이 생겨났습니다.

☑ 6·25 전쟁으로 인한 물적 피해

전쟁으로 문화유산, 공장, 건물, 도로 등이 파괴되어 복구하는 데 ❻ (많은 / 적은) 시간과 비용이 들었습니다.

정답 ❺ 이산가족 ❻ 많은

- **민간인**(民 백성 민 間 사이 간 人 사람 인) 관리나 군인이 아닌 일반 사람
- **황폐**(荒 거칠 황 廢 폐할 폐) 집, 토지, 삼림 따위가 거칠고 못 쓰게 됨.

개념 다지기

[1~2] 다음은 6·25 전쟁과 관련된 지도입니다.

㉠

▲ 북한의 기습적인 남침

㉡
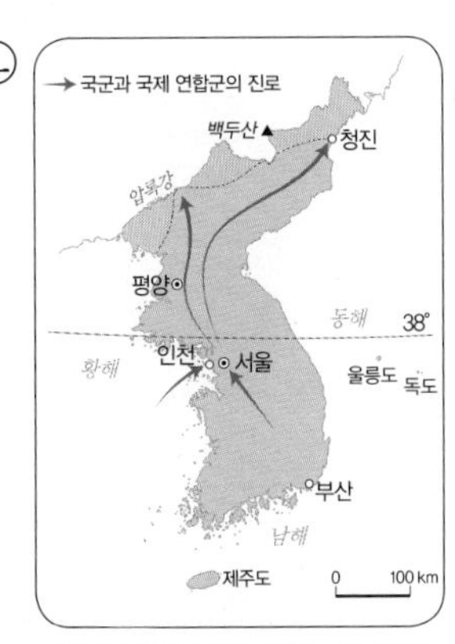

▲ 국군과 국제 연합군의 반격

11종 공통

1 **위 ㉠ 지도에 나타난 상황이 벌어진 시기에 있었던 사건으로 알맞지 않은 것은 어느 것입니까? (   )**

① 국군은 낙동강까지 후퇴했다.
② 북한이 남한을 기습적으로 공격했다.
③ 북한군이 3일 만에 서울을 점령했다.
④ 국제 연합이 북한의 남침을 침략 행위로 규정했다.
⑤ 국군과 국제 연합군이 북쪽으로 나아가 압록강까지 이르렀다.

11종 공통

2 **국군과 국제 연합군이 위 ㉡ 지도에 나타난 것과 같이 반격을 할 수 있었던 계기는 어느 것입니까? (   )**

① 정전 협정이 체결되었다.
② 중국군이 북한을 도와 전쟁에 개입했다.
③ 국군과 국제 연합군이 서울을 내주고 후퇴했다.
④ 국군과 국제 연합군이 인천 상륙 작전에 성공했다.
⑤ 대전이 6·25 전쟁 기간 동안 우리나라의 수도 역할을 했다.

동아출판

3 **6·25 전쟁에 참전한 국제 연합군에 관해 바르게 말한 어린이를 쓰시오.**

해원: 국군이 압록강까지 진격하자 북한 편에 서서 전쟁에 개입했어.
정우: 의료와 물자를 제공한 나라도 있었고, 군사를 지원한 나라도 있었어.

(   )

11종 공통

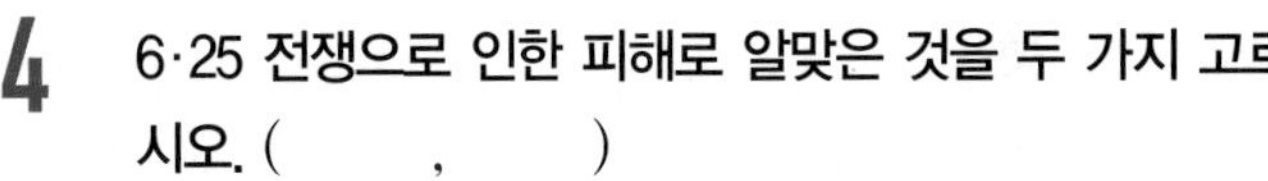

4 **6·25 전쟁으로 인한 피해로 알맞은 것을 두 가지 고르시오. (,   )**

① 경제가 발전했다.
② 식량 생산량이 증가했다.
③ 많은 군인과 민간인이 죽거나 다쳤다.
④ 공장과 건물, 도로 등이 새롭게 만들어졌다.
⑤ 주민들은 점령군이 바뀔 때마다 상대편에게 도움을 주었다고 죽거나 고통을 당하는 경우가 많았다.

천재교육, 금성출판사, 동아출판, 미래엔, 비상교과서

5 **1983년에 방영된 특별 생방송 '이산가족을 찾습니다'에 대한 설명으로 알맞은 것을 보기에서 두 가지 찾아 기호를 쓰시오.**

보기
㉠ 하루 동안만 진행되었습니다.
㉡ 이산가족의 아픔과 전쟁의 비극을 사람들에게 일깨워 주었습니다.
㉢ 당시 방송의 기록물들은 유네스코 세계 기록 유산에 등재되었습니다.

(,   )

2 단원

진도 완료 체크

단원 실력 쌓기

Step 1 단원평가

[1~5] 다음은 개념 확인 문제입니다. 물음에 답하시오.

1 1945년 8월 15일 일본이 연합국에 항복하면서 우리나라는 (광복 / 식민 지배)을/를 맞이했습니다.

2 미국과 소련이 군대를 머물며 관리하기 위해 기준으로 잡았던 경계선을 무엇이라고 합니까?

( )

3 남한은 1948년 5월 10일에 (국회의원 / 대통령)을 뽑는 총선거를 통해 제헌 국회를 구성했습니다.

4 1950년 6월 25일 북한군의 기습적인 (남침 / 북침)으로 전쟁이 시작되었습니다.

5 6·25 전쟁으로 이리저리 흩어져서 서로 소식을 모르는 가족을 무엇이라고 합니까?

( )

11종 공통

6 8·15 광복 이후 우리나라의 상황으로 알맞은 것은 어느 것입니까? ( )

① 3·1 운동이 전국적으로 퍼져나갔다.
② 일본이 제2차 세계 대전에 참전했다.
③ 대한민국 임시 정부의 인물들이 귀국했다.
④ 일본 헌병이 경찰의 임무를 맡아 사람들을 감시했다.
⑤ 많은 독립운동가가 나라를 떠나 만주, 연해주 등으로 떠났다.

[7~8] 다음은 모스크바 3국 외상 회의 모습입니다.

11종 공통

7 위 회의에서 결정된 내용으로 알맞지 않은 것을 보기 에서 찾아 기호를 쓰시오.

보기

〈모스크바 3국 외상 회의 결정문 일부〉

㉠ 미소 공동 위원회를 조직함.
㉡ 영국은 한반도에 정부를 세우고 관리함.
㉢ 조선 임시 정부를 세우고, 협의하여 최고 5년간의 신탁 통치 방안을 마련함.

( )

11종 공통

8 다음은 위 회의 이후 일어난 사건을 시간순으로 정리한 것입니다. 틀린 내용은 어느 것입니까? ( )

① 미국은 한국 문제를 국제 연합에 넘겼음.

⬇

② 국제 연합은 남북한 총선거를 시행하려 했으나 소련은 이를 거부했음.

⬇

③ 남한에서만 총선거가 시행되었음.

⬇

④ 한반도에 통일된 정부가 들어섰음.

[9~10] 다음은 1948년 7월 17일 공포된 헌법 내용입니다.

유구한 역사와 전통에 빛나는 우리들 대한 국민은 기미 3·1 운동으로 대한민국을 건립하여 세계에 선포한 위대한 독립 정신을 계승하여…….
제1조 대한민국은 민주 공화국이다.
제2조 대한민국의 주권은 국민에게 있고, 모든 권력은 국민으로부터 나온다.

11종 공통

9 위 헌법에 대한 설명으로 알맞은 것은 어느 것입니까? (　　　)

① 대통령 혼자 만들었다.
② 투표를 통해 헌법을 제정했다.
③ 대한민국 임시 정부의 헌법이다.
④ 제헌 국회에서 만든 제헌 헌법이다.
⑤ 북한 정권도 헌법 제정에 참여했다.

11종 공통

10 위 헌법 내용과 관련해, 다음 ㉠, ㉡에 들어갈 말이 알맞게 짝 지어진 것은 어느 것입니까? (　　　)

위 헌법 내용을 통해 대한민국 정부는 [㉠]과 독립 정신을 계승했고, 국가의 주인이 [㉡]인 정부임을 알 수 있습니다.

	㉠	㉡		㉠	㉡
①	3·1 운동	왕	②	5·4 운동	왕
③	3·1 운동	국민	④	5·4 운동	대통령
⑤	6·25 전쟁	국회의원			

11종 공통

11 다음 중 6·25 전쟁이 발생한 까닭으로 알맞은 것에 ○표를 하시오.

(1) 북한이 남한을 기습적으로 침략했습니다. (　　　)

(2) 미국이 한반도를 상대로 전쟁을 일으켰습니다. (　　　)

(3) 남한이 중국의 도움을 받아 북한을 침략했습니다. (　　　)

11종 공통

12 6·25 전쟁 중 다음과 같은 사건 이후에 벌어진 일로 알맞은 것을 보기에서 찾아 기호를 쓰시오.

압록강을 건너는 중국군의 모습

보기
㉠ 러시아는 남한에 지원군을 파견했습니다.
㉡ 국군이 서울을 되찾고 압록강까지 진격했습니다.
㉢ 국군과 국제 연합군이 다시 서울을 내주고 후퇴했습니다.

(　　　　　　　　　　)

11종 공통

13 6·25 전쟁과 관련해, 다음 [ ] 안에 들어갈 알맞은 말은 어느 것입니까? (　　　)

38도선 근처에서 싸움이 계속되자, 전쟁을 멈추기 위해 [ ] 협상이 진행되었습니다.

① 정전　② 남침　③ 북침
④ 참전　⑤ 신탁 통치

11종 공통

14 오른쪽 사진을 통해 알 수 있는 6·25 전쟁의 피해로 가장 알맞은 것은 어느 것입니까? (　　　)

[출처: 뉴스뱅크]
전쟁으로 파괴된 수원 화성

① 전쟁고아가 생겨났다.
② 이산가족이 생겨났다.
③ 사람들이 살 곳을 잃었다.
④ 많은 문화재가 훼손되었다.
⑤ 남한 사람과 북한 사람이 서로 화해하게 되었다.

2 단원

Step 2 서술형 평가

15 다음은 1945년 8월 사람들이 만세를 부르는 모습입니다. 11종 공통

사람들이 [ ]을 맞이해 만세를 부르고 있음.

(1) 위 □ 안에 들어갈 알맞은 말을 쓰시오. ( )

(2) 우리 민족이 위 (1)번 답을 맞이할 수 있었던 까닭을 쓰시오.

답 제2차 세계 대전에서 패배한 일본이 연합국에 ❶[ ]했고, 우리 민족이 끈질기게 ❷[ ]을 전개했기 때문이다.

천재교육, 천재교과서, 금성출판사, 김영사, 미래엔, 비상교과서, 비상교육, 아이스크림 미디어, 지학사

16 다음은 우리나라의 통일 정부 수립에 관한 각기 다른 주장입니다.

38도선을 무너뜨리고 통일 정부를 수립하기 위해 힘을 쏟아야 한다.

㉠

㉡

이승만

(1) 위 ㉠에 들어갈 알맞은 인물을 쓰시오. ( )

(2) 위 ㉡에 들어갈 이승만의 주장을 쓰시오.

17 6·25 전쟁으로 인한 피해를 한 가지만 쓰시오. 11종 공통

서술형 가이드

어려워하는 서술형 문제! 서술형 가이드를 이용하여 풀어 봐!

15 (1) 1945년 8월 15일, 우리나라는 [ ][ ]을 맞이했습니다.

(2) 광복은 [ ][ ]을 위한 우리 민족의 끊임없는 노력의 결과이기도 합니다.

16 (1) 김구는 통일 정부가 세워지기를 바라며 남한만의 총선거를 (찬성 / 반대)했습니다.

(2) 이승만은 통일 정부 수립이 어렵다면 (남한 / 북한)만이라도 정부를 수립해야 한다고 주장했습니다.

17 6·25 전쟁으로 인해 많은 군인과 [ ][ ][ ]이 죽거나 다쳤습니다.

Step 3 수행평가

학습 주제 6·25 전쟁의 전개 과정

학습 목표 6·25 전쟁의 전개 과정을 설명할 수 있다.

[18~20] 다음은 6·25 전쟁과 관련된 사진입니다.

㉠

중국군의 전쟁 개입

㉡

국군과 국제 연합군의 반격

㉢

정전 협정 체결 모습

㉣

북한군의 기습적인 남침

18 위 사진을 6·25 전쟁의 전개 과정에 맞게 나열하여 기호를 쓰시오. 11종 공통

( ) → ( ) → ( ) → ( )

11종 공통

19 위 ㉡과 같이 국군과 국제 연합군이 반격을 할 수 있게 했던 작전을 보기에서 찾아 쓰시오.

보기
• 1·4 후퇴 • 인천 상륙 작전 • 흥남 철수 작전

( )

20 위 19번 답의 작전을 실행한 까닭을 쓰시오. 아이스크림 미디어

수행평가 가이드
다양한 유형의 수행평가!
수행평가 가이드를 이용해 풀어 봐!

6·25 전쟁의 전개

- 1950년 6월 25일 북한은 남한을 기습적으로 공격했습니다.
- 국군은 국제 연합군의 도움으로 반격에 성공했으나 중국군의 개입으로 다시 후퇴했고, 1953년 7월 정전 협정이 체결되었습니다.

2 단원

진도 완료 체크

국제 연합은 북한의 남침을 침략 행위로 규정하고 연합군을 남한에 파견했어.

점수

배점 표시가 없는 문제는 문제당 4점입니다.

1 새로운 사회를 향한 움직임

11종 공통

1 다음과 같은 지시를 내렸던 왕에 대한 설명으로 알맞은 것을 두 가지 고르시오. (,)

① 임진왜란을 승리로 이끌었다.
② 집현전을 설치하고 한글을 만들었다.
③ 격쟁을 하는 백성을 탄압하고 감옥에 보냈다.
④ 영조의 탕평책을 이어받아 탕평책을 시행했다.
⑤ 규장각을 설치해 나랏일과 관련된 정책을 연구했다.

11종 공통

2 다음에서 설명하는 인물은 누구입니까? ( )

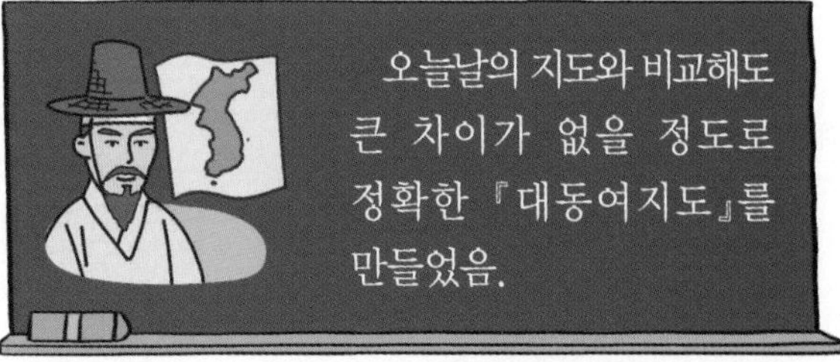

① 정약용 ② 안정복
③ 김홍도 ④ 김정호
⑤ 신윤복

서술형·논술형 문제

11종 공통

3 다음은 조선 후기에 유행한 서민 문화입니다. [총 10점]

한글 소설

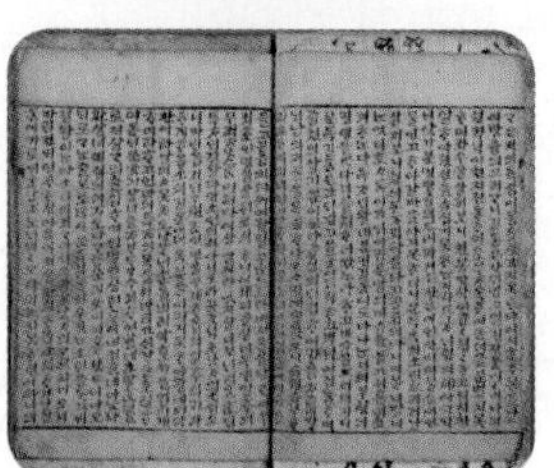

㉠

(1) 위 ㉠에 들어갈 서민 문화를 보기에서 찾아 쓰시오. [3점]

보기
• 민화 • 풍속화 • 탈놀이

( )

(2) 조선 후기에 위와 같은 서민 문화가 발달할 수 있었던 까닭을 쓰시오. [7점]

____

____

11종 공통

4 오른쪽 인물이 펼친 정책으로 알맞은 것을 두 가지 고르시오.

(,)

① 서원을 정리했다.
② 경복궁을 다시 지었다.
③ 독립 협회를 만들었다.
④ 세도 정치를 부활시켰다.
⑤ 일반 백성에게만 세금을 걷었다.

흥선 대원군
[출처: 국립중앙박물관]

11종 공통

5 다음 조선의 개항 과정을 순서대로 기호를 쓰시오.

㉠ 흥선 대원군이 전국 각지에 척화비를 세웠습니다.
㉡ 조선과 일본은 강화도 조약을 맺고 개항했습니다.
㉢ 일본 군함이 강화도를 침입하여 조선군과 전투를 벌였습니다.

( ) → ( ) → ( )

11종 공통

6 다음 농민들이 일으킨 사건은 어느 것입니까? ( )

① 병인양요 ② 신미양요
③ 청일 전쟁 ④ 동학 농민 운동
⑤ 헤이그 만국 평화 회의

11종 공통

7 위 6번 답의 사건이 갖는 의의에 대해 바르게 말한 어린이를 쓰시오.

( )

2 일제의 침략과 광복을 위한 노력

[8~9] 다음은 독립문입니다.

[출처: 국립중앙박물관]

11종 공통

8 위 독립문을 만든 단체는 어느 것입니까? ( )

① 신민회
② 독립 협회
③ 한인 애국단
④ 미소 공동 위원회
⑤ 대한민국 임시 정부

2 단원

11종 공통

9 위 8번 답의 단체가 한 일에 대해 바르게 말한 어린이는 누구입니까? ( )

① 

② 

③ 

④ 

11종 공통

10 대한 제국이 추진한 근대적 개혁으로 알맞지 않은 것은 어느 것입니까? (　　　)

① 공장과 회사의 설립을 지원했다.
② 외국에 유학생을 보내고 학교를 세웠다.
③ 전차와 철도, 전화 등의 시설을 설치했다.
④ 황제를 없애고 투표를 통해 대통령을 뽑았다.
⑤ 군사 제도를 개혁하고 근대적 제도를 마련했다.

11종 공통

11 다음과 같은 생각을 가진 사람들이 했던 활동으로 알맞은 것은 어느 것입니까? [6점] (　　　)

> 지식인과 일부 관료들은 애국심을 높이고 민족의 실력을 키워 일제로부터 국권을 지키고자 했습니다.

① 신민회를 조직하고 학교를 세웠다.
② 전국 각지에서 만세 운동을 벌였다.
③ 권문세족이 차지한 땅을 거두어들였다.
④ 총칼을 들고 무력으로 일제에 맞서 싸웠다.
⑤ 우정총국 개국 축하 잔치를 틈타 정변을 일으켰다.

11종 공통

12 다음 인터넷 검색 결과 중 유관순과 관련 있는 것을 찾아 기호를 쓰시오.

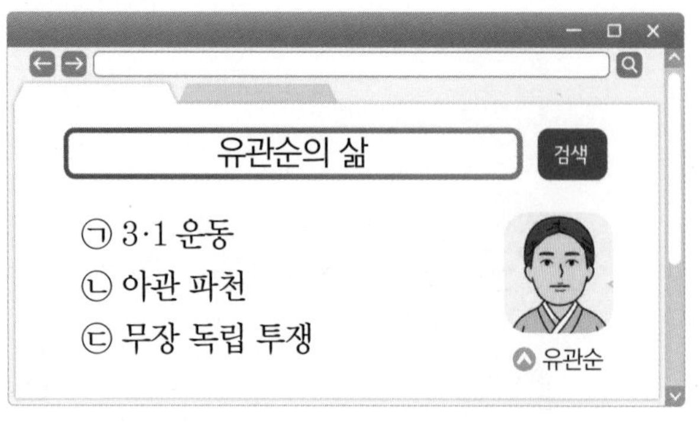

(　　　　　　　　　　)

서술형·논술형 문제

11종 공통

13 다음은 1930년대 우리나라의 모습입니다. [총 10점]

황국 신민 서사를 외우는 어린이들

(1) 위와 같이 일제가 한국인의 전통과 문화의 뿌리를 없애려고 한 정책을 쓰시오. [3점]

(　　　　　　　　　　)

(2) 일제가 위 (1)번 답의 정책을 펼치기 위해 시행했던 제도를 한 가지만 쓰시오. [7점]

____

____

11종 공통

14 다음 단체가 일제의 탄압 속에서 우리말을 지키기 위해 한 노력으로 알맞은 것을 모두 찾아 ○표를 하시오.

조선어 학회

(1) 한글 맞춤법을 정리했습니다. (　　)
(2) 『우리말큰사전』을 편찬하기 위해 노력했습니다. (　　)
(3) 베를린 올림픽 마라톤 경기에서 우승한 손기정의 옷에 그려져 있던 일장기를 지웠습니다. (　　)

3 대한민국 정부의 수립과 6·25 전쟁

11종 공통

15 **광복으로 변화한 사람들의 생활 모습에 대해 바르게 말한 어린이를 두 명 쓰시오.**

호민: 영은문을 허물고 그 부근에 독립문을 세웠어.
나영: 나라 안팎의 독립운동가들은 광복 이후 새로운 나라를 세우기 위해 준비했어.
병건: 일제를 피해 해외로 나갔던 사람들이 광복 소식이 전해지자 고국으로 돌아왔어.

(,)

11종 공통

16 **한반도 문제와 관련하여 모스크바 3국 외상 회의에서 결정된 내용은 어느 것입니까? ( )**

① 북한에만 정부를 세우기로 했다.
② 소련과 중국이 남한에 정부를 세웠다.
③ 일본이 다시 한반도를 지배하도록 했다.
④ 영국과 소련이 38도선을 기준으로 한반도를 분할 통치하기로 했다.
⑤ 한반도에 임시 정부를 세우고, 일정 기간 신탁 통치를 하기로 했다.

11종 공통

17 **다음과 같은 국제 연합의 결정 이후에 일어난 일로 알맞은 것에 ○표를 하시오.**

국제 연합은 남북한 총선거를 시행하여 정부를 수립하기로 결정했습니다.

(1) 남한에서 5·10 총선거가 시행되었습니다. ( )

(2) 남북한이 모두 참여한 총선거가 시행되었습니다. ( )

11종 공통

18 **제헌 국회에서 한 일로 알맞은 것을 두 가지 고르시오.** [6점] (,)

① 헌법을 제정했다.
② 북한과의 통일 정부를 구성했다.
③ 나라 이름을 대한민국으로 정했다.
④ 국민 투표를 통해 대통령을 뽑았다.
⑤ 신탁 통치에 반대하는 시위를 했다.

[19~20] 다음은 6·25 전쟁과 관련된 지도입니다.

㉠

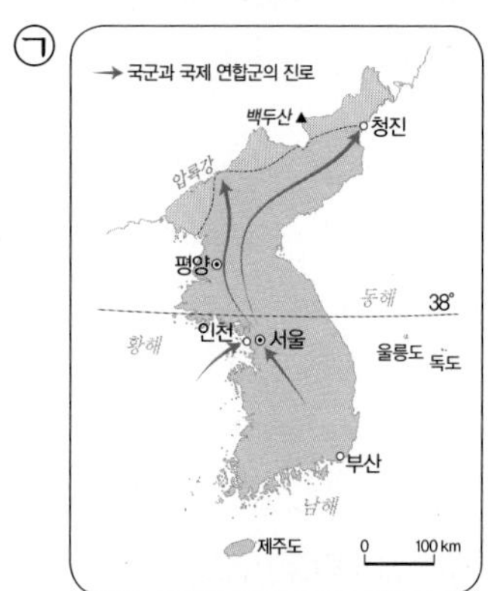

국군과 국제 연합군의 진격

㉡

북한군과 중국군의 진로
국군과 국제 연합군의 진로
백두산
흥남
평양
원산
동해
38°
서울
황해
울릉도
독도
부산
남해
제주도
0 100 km

국군과 국제 연합군의 후퇴

11종 공통

19 **위 ㉠ 지도의 시기에 있었던 일로 알맞은 것은 어느 것입니까? ( )**

① 정전 협정이 체결되었다.
② 국군이 낙동강 부근까지 후퇴했다.
③ 국제 연합군이 한반도에서 철수했다.
④ 미국군이 북한을 도와 전쟁에 개입했다.
⑤ 국군과 국제 연합군이 인천 상륙 작전에 성공해 전쟁의 흐름을 바꾸었다.

서술형·논술형 문제

11종 공통

20 **위 ㉡ 지도에 나타난 시기에 있었던 사건을 쓰시오.** [8점]

2 단원

진도 완료 체크

6·25 전쟁의 전개 과정

1 북한의 남침(1950. 6. 25.)

1950년 6월 25일, 북한이 선전 포고 없이 쳐들어왔고, 3일 만에 북한군에게 서울을 빼앗겼습니다.

2 인천 상륙 작전(1950. 9. 15.)

국군과 국제 연합군은 인천 상륙 작전으로 서울을 되찾고 압록강 지역까지 진격했습니다.

3 중국군 개입(1950. 10.)

국군과 국제 연합군이 북쪽으로 전진하자 중국군이 북한을 도와 전쟁에 개입했습니다.

4 1·4 후퇴(1951. 1. 4.)

[출처: 뉴스뱅크]

국군과 국제 연합군은 북한군과 중국군에게 밀리면서 서울을 빼앗겼다가(1·4 후퇴), 전열을 정비해 되찾았습니다.

5 정전 협정(1953. 7. 27.)

2년간의 협상 끝에 1953년 7월 27일, 정전 협정이 체결되면서 휴전선이 설정됐습니다.

6·25 전쟁 | 싸움 전戰 | 다툴 쟁爭 |

1950년 6월 25일, 북한이 남한을 기습적으로 공격해 일어난 전쟁

뭘 좋아할지 몰라 다 준비했어♥

전과목 교재

전과목 시리즈 교재

●**우등생 해법시리즈**

- 국어/수학	1~6학년, 학기용
- 사회/과학	3~6학년, 학기용
- SET(전과목/국수, 국사과)	1~6학년, 학기용

●**똑똑한 하루 시리즈**

- 똑똑한 하루 독해	예비초~6학년, 총 14권
- 똑똑한 하루 글쓰기	예비초~6학년, 총 14권
- 똑똑한 하루 어휘	예비초~6학년, 총 14권
- 똑똑한 하루 한자	예비초~6학년, 총 14권
- 똑똑한 하루 수학	1~6학년, 총 12권
- 똑똑한 하루 계산	예비초~6학년, 총 14권
- 똑똑한 하루 도형	예비초~6학년, 총 8권
- 똑똑한 하루 사고력	1~6학년, 총 12권
- 똑똑한 하루 사회/과학	3~6학년, 학기용
- 똑똑한 하루 안전	1~2학년, 총 2권
- 똑똑한 하루 Voca	3~6학년, 학기용
- 똑똑한 하루 Reading	초3~초6, 학기용
- 똑똑한 하루 Grammar	초3~초6, 학기용
- 똑똑한 하루 Phonics	예비초~초등, 총 8권

●**독해가 힘이다 시리즈**

- 초등 수학도 독해가 힘이다	1~6학년, 학기용
- 초등 문해력 독해가 힘이다 문장제수학편	1~6학년, 총 12권
- 초등 문해력 독해가 힘이다 비문학편	3~6학년, 총 8권

영어 교재

●초등영어 교과서 시리즈

파닉스(1~4단계)	3~6학년, 학년용
영단어(1~4단계)	3~6학년, 학년용
●**LOOK BOOK 영단어**	3~6학년, 단행본
●**원서 읽는 LOOK BOOK 영단어**	3~6학년, 단행본

국가수준 시험 대비 교재

●**해법 기초학력 진단평가 문제집**	2~6학년·중1 신입생, 총 6권

온라인 학습북

온라인 성적 피드백

개념 동영상 강의

서술형 문제 동영상 강의

초등

사회 5-2

천재교육

온라인 학습북 포인트 3가지

▶ 「**개념 동영상 강의**」로 교과서 핵심만 정리!

▶ 「**서술형 문제 동영상 강의**」로 사고력도 향상!

▶ 「**온라인 성적 피드백**」으로 단원별로 내가 부족한 부분 꼼꼼하게 체크!

우등생 온라인 학습북 활용법

우등생 사회 5-2

홈스쿨링 스피드 스케줄표(10회)

스피드 스케줄표는 온라인 학습북을 10회로 나누어
빠르게 공부하는 학습 진도표입니다.

1. 옛사람들의 삶과 문화		
1회 온라인 학습북 4~9쪽	2회 온라인 학습북 10~15쪽	3회 온라인 학습북 16~21쪽
월 일	월 일	월 일

1. 옛사람들의 삶과 문화		2. 사회의 새로운 변화와 오늘날의 우리
4회 온라인 학습북 22~25쪽	5회 온라인 학습북 26~29쪽	6회 온라인 학습북 30~35쪽
월 일	월 일	월 일

2. 사회의 새로운 변화와 오늘날의 우리		
7회 온라인 학습북 36~41쪽	8회 온라인 학습북 42~47쪽	9회 온라인 학습북 48~51쪽
월 일	월 일	월 일

2. 사회의 새로운 변화와 오늘날의 우리
10회 온라인 학습북 52~55쪽
월 일

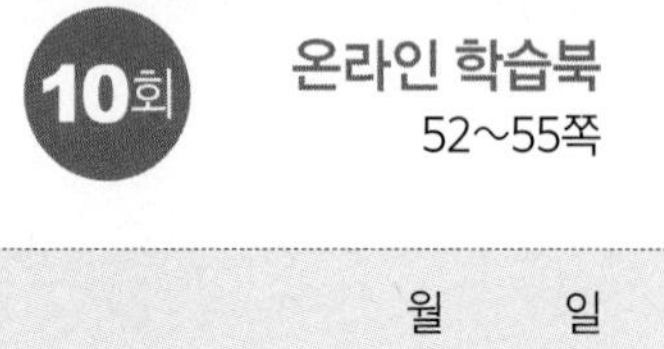

차례

온라인 개념 강의

1. ❶ 나라의 등장과 발전

❶ 고조선과 삼국

고조선

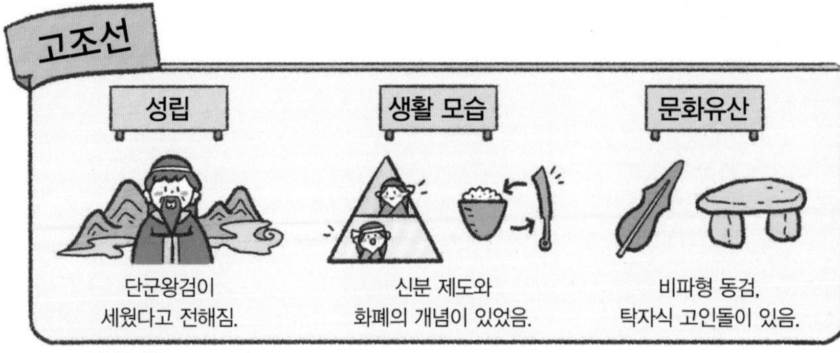

삼국

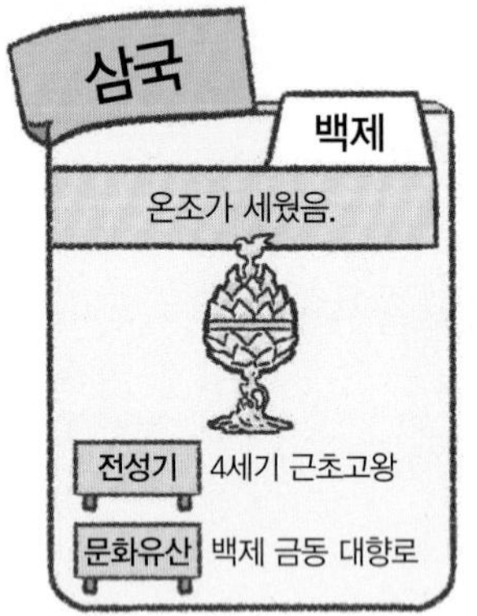

✳ 중요한 내용을 정리해 보세요!

- 고조선의 성립과 생활 모습은?
- 고조선과 관련 있는 문화유산은?
- 삼국의 전성기를 이끈 왕과 삼국의 문화유산은?

개념 확인하기

정답 17쪽

다음 문제를 읽고 답을 찾아 ☐ 안에 ✔표를 하시오.

1 고조선을 세운 사람은 누구입니까?

㉠ 환웅 ☐ ㉡ 웅녀 ☐ ㉢ 단군왕검 ☐

2 고조선의 문화 범위를 알 수 있는 문화유산은 무엇입니까?

㉠ 탁자식 고인돌 ☐ ㉡ 빗살무늬 토기 ☐

3 온조가 세운 나라는 무엇입니까?

㉠ 신라 ☐ ㉡ 백제 ☐ ㉢ 고구려 ☐

4 고구려의 문화유산으로 알맞은 것은 어느 것입니까?

㉠ 금관총 금관 ☐
㉡ 경주 첨성대 ☐
㉢ 무용총 접객도 ☐

5 진흥왕에 대한 설명으로 알맞은 것은 어느 것입니까?

㉠ 신라를 세웠다. ☐
㉡ 6세기에 신라의 전성기를 이끌었다. ☐
㉢ 5세기에 광개토대왕과 함께 고구려의 전성기를 이끌었다. ☐

❷ 통일신라와 발해

✳중요한 내용을 정리해 보세요!

● 신라 삼국 통일의 과정은?

● 발해의 건국과 성장은?

● 통일신라와 발해의 문화유산은?

1 단원

개념 확인하기

정답 17쪽

다음 문제를 읽고 답을 찾아 ☐ 안에 ✔표를 하시오.

1 신라가 삼국을 통일하기 위해 동맹을 맺은 나라는 어디입니까?

㉠ 한 ☐ ㉡ 수 ☐ ㉢ 당 ☐

2 삼국의 통일 과정에서 가장 먼저 멸망한 나라는 어디입니까?

㉠ 백제 ☐ ㉡ 고구려 ☐

3 통일신라의 문화유산으로 알맞은 것은 무엇입니까?

㉠ 무용총 ☐ ㉡ 불국사 ☐

4 발해에 대한 설명으로 알맞은 것은 어느 것입니까?

㉠ 박혁거세가 세웠다. ☐
㉡ 해동성국으로 불렸다. ☐
㉢ 통일신라가 망하고 세워졌다. ☐

5 발해의 문화유산으로 알맞은 것은 무엇입니까?

㉠ 석굴암 ☐
㉡ 이불병좌상 ☐
㉢ 비파형 동검 ☐

1단원

1 다음 고조선의 건국 이야기 중 밑줄 친 부분에 숨겨진 의미로 알맞은 것은 어느 것입니까? (　　　)

> 환웅은 비, 바람, 구름을 다스리는 신하와 무리 삼천 명을 이끌고 내려와 인간 세상을 다스렸다. 어느 날 곰과 호랑이가 환웅을 찾아와 사람이 되게 해 달라고 빌었다.

① 당시 사회가 농사를 매우 중요시했다.
② 곰을 숭배하는 부족과 환웅의 부족이 결합했다.
③ 환웅은 우리 역사 속 최초의 국가인 고조선을 세웠다.
④ 하늘의 자손임을 내세워 지배자의 신성함을 강조했다.
⑤ 곰을 숭배하는 부족과 호랑이를 숭배하는 부족이 환웅의 부족과 결합하기를 원했다.

2 다음 고조선의 법 조항을 보고 알 수 있는 고조선 사회의 모습을 바르게 말한 어린이를 쓰시오.

> • 사람을 죽인 사람은 사형에 처한다.
> • 남을 다치게 한 사람은 곡식으로 갚는다.
> • 도둑질한 사람은 데려다 노비로 삼는다. 죄를 면하려면 50만 전을 내야 한다.

> 진영: 농사를 짓지 않았어.
> 민주: 개인의 재산이 없었어.
> 형진: 화폐의 개념이 있었어.

(　　　　　　　　)

3 삼국과 가야의 건국 이야기를 정리한 내용으로 알맞지 않은 것은 어느 것입니까? (　　　)

> 고구려: ① 주몽이 압록강 유역의 졸본 지역에 세움.
> 백제: 고구려에서 내려온 ② 온조가 ③ 금강 유역에 세움.
> 신라: 알에서 태어난 ④ 박혁거세가 경주 지역에 세움.
> 가야: 알에서 태어난 ⑤ 김수로가 김해 지역에서 가야를 대표하는 왕이 됨.

4 다음과 같이 고구려의 전성기를 이끈 왕을 두 명 쓰시오.

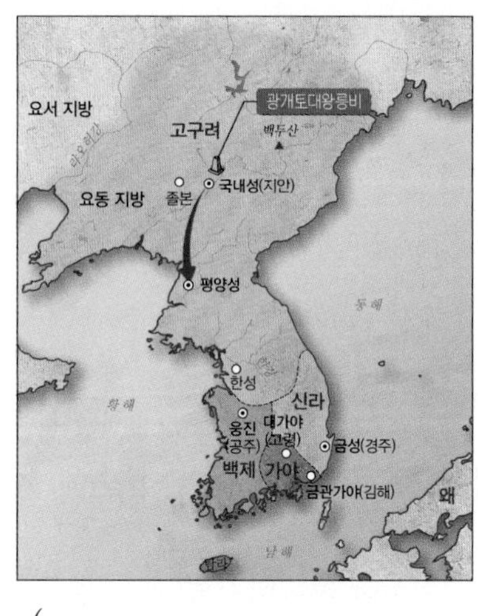

(　　　　　　,　　　　　　)

5 진흥왕에 대한 설명으로 알맞은 것은 어느 것입니까? (　　　)

① 금관가야를 정복했다.
② 한강 유역을 차지했다.
③ 도읍을 평양성으로 옮겼다.
④ 백제의 전성기를 이끌었다.
⑤ 고구려에 한강 유역을 빼앗겼다.

6 백제의 문화유산으로 알맞지 않은 것은 어느 것입니까? (　　　)

①

△ 금동 대향로

② 

△ 무령왕릉

③ 

△ 익산 미륵사지 석탑

④ 

△ 무용총 수렵도

천재교육, 천재교과서, 교학사, 금성출판사, 김영사, 동아출판, 비상교과서, 비상교육, 아이스크림 미디어, 지학사

7 다음 문화유산에 대한 설명으로 알맞은 것은 어느 것입니까? (　　　)

△ 경주 첨성대

① 미륵사에서 볼 수 있다.
② 비가 온 양을 측정했다.
③ 신라를 대표하는 고분이다.
④ 국내성 근처에 남아 있는 유적이다.
⑤ 하늘의 별, 해와 달의 모습과 움직임을 관측하기 위해 만들어졌다.

8 다음 ㉠, ㉡에 들어갈 인물이 바르게 짝 지어진 것은 어느 것입니까? (　　　)

> 백제의 계속된 공격으로 위기에 처한 신라는 [㉠]을/를 당에 파견해 당과 동맹을 맺었습니다. 이후 [㉡]이/가 이끄는 신라의 군대는 당의 군대와 연합해 백제를 멸망시켰습니다.

	㉠	㉡		㉠	㉡
①	계백	김대성	②	김유신	김춘추
③	문무왕	김유신	④	김대성	김춘추
⑤	김춘추	김유신			

9 발해에 대한 설명으로 알맞지 않은 것은 어느 것입니까? (　　　)

① 불교 문화가 발달했다.
② 대조영이 동모산 지역에 세웠다.
③ 주변 나라의 문화도 받아들였다.
④ 신라를 계승한 국가임을 내세웠다.
⑤ 당에서는 '해동성국'이라고 불렸다.

10 다음에서 설명하는 문화유산은 무엇인지 쓰시오.

> 통일신라 시대에 화강암을 조각하여 쌓아 만든 굴 형태의 불교 건축물입니다. 높은 수준의 건축 기술을 바탕으로 건물의 가운데에 기둥을 세우지 않고도 반원 형태의 천장을 갖추었습니다. 뛰어난 역사적·예술적 가치를 인정받아 유네스코 세계 유산에 등재되었습니다.

(　　　　　　　　　　)

1 단원

서술형·논술형 평가

1 단원

연습 도움말을 참고하여 내 생각을 차근차근 써 보세요.

1 다음은 신라의 전성기 지도입니다. [총 10점]

(1) 위 □ 안에 들어갈 신라의 도읍은 어디인지 쓰시오. [2점]

( )

(2) 위와 같은 신라의 전성기를 이끌었던 왕을 쓰시오. [2점]

( )

(3) 위 (2)번 답의 업적을 쓰시오. [6점]

신라의 전성기 지도를 참고하여 써 보세요.
꼭 들어가야 할 말 백제 / 고구려 / 한강

2 다음은 고구려의 생활 모습을 살펴볼 수 있는 벽화입니다. [총 10점]

(1) 위와 같은 벽화가 그려진 옛사람들이 남긴 무덤을 무엇이라고 하는지 쓰시오. [2점]

( )

(2) 위와 같은 손님을 대접하는 그림이 그려진 무덤을 **보기**에서 찾아 쓰시오. [2점]

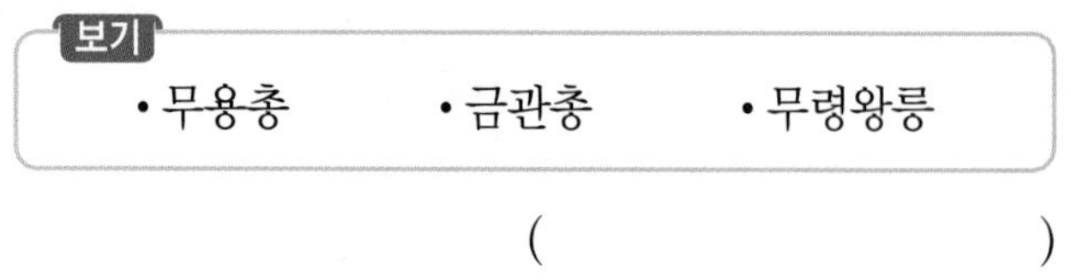

( )

(3) 위와 같이 사람의 크기를 다르게 그린 까닭을 쓰시오. [6점]

3 다음은 신라의 통일 과정을 나타낸 지도입니다. [총 10점]

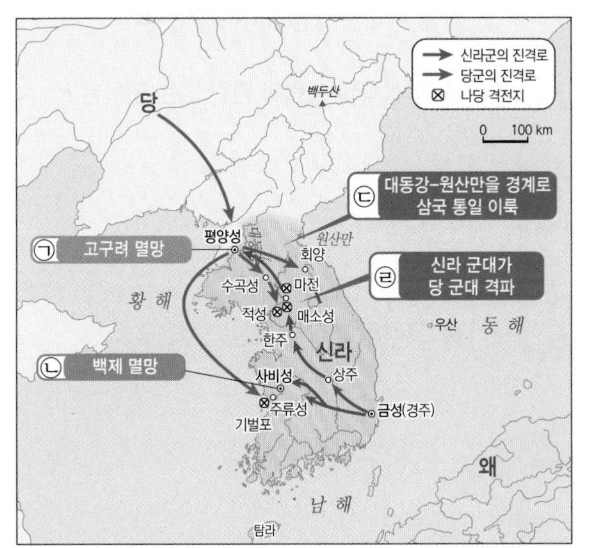

(1) 위 지도를 보고, 신라가 삼국을 통일한 과정에 따라 순서대로 기호를 쓰시오. [2점]

( ) → ( ) → ( ) → ( )

(2) 신라가 삼국을 통일하기 위해 동맹을 맺은 나라를 위 지도에서 찾아 쓰시오. [2점]

( )

(3) 신라의 삼국 통일의 의의를 쓰시오. [6점]

____

____

4 다음은 발해를 건국한 인물의 인터뷰를 상상하여 쓴 것입니다. [총 10점]

안녕하십니까? 발해를 건국한 (㉠)입니다. 우리 고구려가 멸망한 후 지난 30년 동안 우리는 당의 지배를 받았습니다. 저는 고구려의 유민으로 당이 정치적으로 어지러운 틈을 타 고구려 유민과 말갈족을 이끌고 (㉡) 지역에 발해를 세울 수 있었습니다.

우리는 고구려를 계승한 나라로 고구려의 옛 땅을 되찾기 위해 노력할 것입니다.

(1) 위 ㉠에 들어갈 알맞은 인물을 쓰시오. [2점]

( )

(2) 위 ㉡에 들어갈 알맞은 지역을 쓰시오. [2점]

( )

(3) 당은 발해를 해동성국이라 불렀는데, 해동성국의 뜻을 쓰시오. [6점]

____

____

1. ❷ 독창적 문화를 발전시킨 고려

❶ 고려의 건국과 북방 민족의 침입

후삼국의 성립

고려의 후삼국 통일

북방 민족의 침입과 극복

서희, 강감찬 등의 활약으로 물리쳤음.

윤관이 이끄는 별무반이 여진을 공격했음.

강화도로 도읍을 옮겨 몽골에 저항했음.

✱ 중요한 내용을 정리해 보세요!

● 후삼국의 성립과 관련 있는 인물은?

● 고려의 후삼국 통일 과정은?

● 거란, 여진, 몽골의 침입과 고려의 대응은?

개념 확인하기

정답 19쪽

다음 문제를 읽고 답을 찾아 ☐ 안에 ✔표를 하시오.

1 신라 말에 등장한 정치 세력을 무엇이라고 합니까?

㉠ 귀족 ☐ ㉡ 호족 ☐ ㉢ 양반 ☐

2 후백제를 세운 사람은 누구입니까?

㉠ 견훤 ☐ ㉡ 궁예 ☐

3 왕건이 한 일로 알맞은 것은 어느 것입니까?

㉠ 후고구려를 세웠다. ☐

㉡ 궁예를 몰아내고 고려를 세웠다. ☐

4 거란의 침입 때 활약한 고려의 인물에 대한 설명으로 알맞은 것은 어느 것입니까?

㉠ 서희, 강감찬 등이 활약했다. ☐

㉡ 윤관이 이끄는 별무반이 승리했다. ☐

5 몽골의 침입을 극복하기 위해 고려 정부가 한 일로 알맞은 것은 어느 것입니까?

㉠ 강화도로 도읍을 옮겼다. ☐

㉡ 도읍인 개경에 끝까지 남아 저항했다. ☐

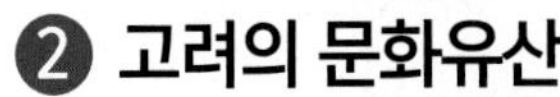

❷ 고려의 문화유산

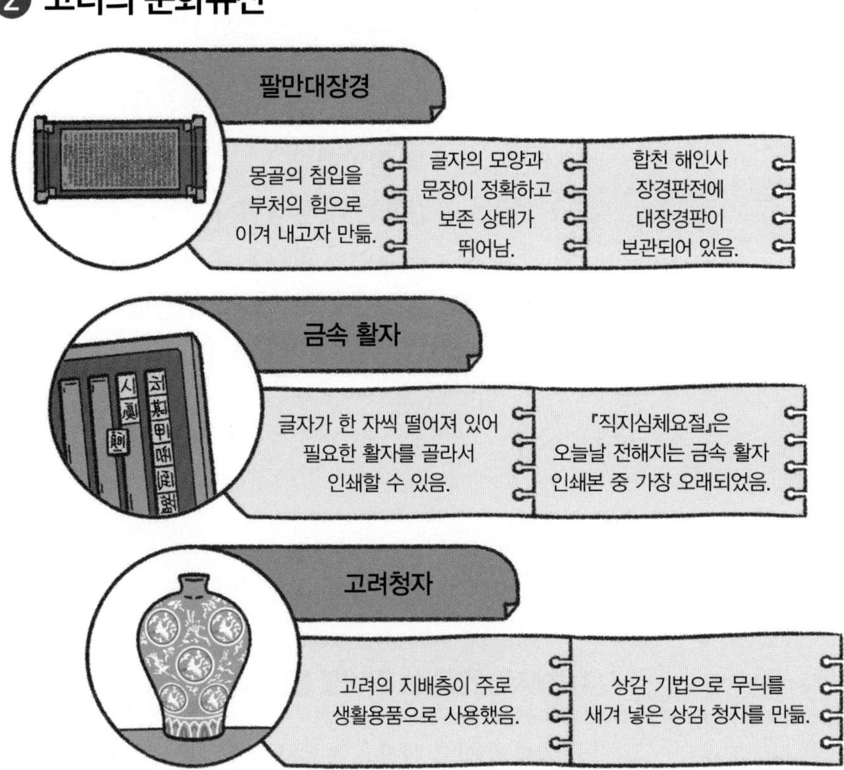

✳ 중요한 내용을 정리해 보세요!

- 팔만대장경을 만든 이유는?
- 금속 활자를 사용하면 좋은 점은?
- 고려청자에 사용된 기법은?

1 단원

개념 확인하기

정답 19쪽

다음 문제를 읽고 답을 찾아 ☐ 안에 ✓표를 하시오.

1 몽골의 침입을 부처의 힘으로 이겨 내고자 만든 고려 시대의 문화유산은 무엇입니까?

㉠ 팔만대장경 ☐ ㉡ 황룡사 9층 목탑 ☐

2 팔만대장경이 보관되어 있는 곳은 어디입니까?

㉠ 불국사 ☐ ㉡ 해인사 장경판전 ☐

3 글자가 한 자씩 떨어져 있어 필요한 활자를 골라서 인쇄할 수 있는 것은 무엇입니까?

㉠ 목판 활자 ☐ ㉡ 금속 활자 ☐

4 『직지심체요절』에 대한 설명으로 알맞은 것은 어느 것입니까?

㉠ 오늘날 전해지는 금속 활자 인쇄본 중 가장 오래되었다. ☐

㉡ 글자의 모양이 정확해 고려 시대 목판 인쇄술의 우수함을 보여 준다. ☐

5 고려청자에 대한 설명으로 알맞은 것은 어느 것입니까?

㉠ 평민만 사용했다. ☐

㉡ 상감 기법으로 무늬를 새겨 넣었다. ☐

1단원

1 다음 지도를 보고 알맞게 말한 어린이는 누구입니까? (　　)

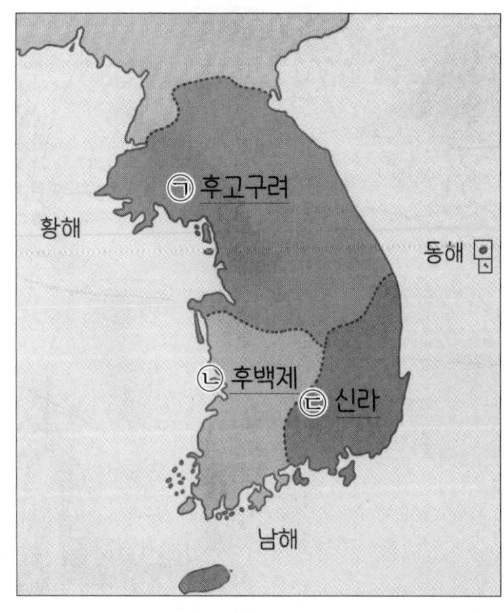

① 소정: ㉠은 견훤이 세운 나라야.
② 민우: ㉡은 삼국을 통일한 나라야.
③ 선아: ㉢은 궁예가 다스린 나라야.
④ 진희: ㉡과 ㉢이 힘을 합쳐 ㉠을 무너뜨렸어.
⑤ 운용: ㉠, ㉡, ㉢ 나라가 있던 시기를 후삼국 시대라고 해.

2 태조 왕건의 정책을 잘못 말한 어린이를 쓰시오.

> 민주: 불교를 널리 장려했어.
> 혜선: 백성들의 세금을 줄여 주었어.
> 진영: 발해의 유민들을 받아들이지 않았어.

(　　　　　　)

3 다음 인물들의 공통점으로 알맞은 것은 어느 것입니까? (　　)

> • 서희　　• 양규　　• 강감찬

① 거란의 침입 때 활약했다.
② 후삼국을 통일하는 데 앞장섰다.
③ 송과의 관계를 끊어야 한다고 주장했다.
④ 고려는 백제를 계승한 나라라고 주장했다.
⑤ 거란과 외교 관계를 맺어야 한다고 주장했다.

4 다음에서 설명하는 군대를 보기에서 찾아 쓰시오.

> 기병 중심의 여진을 정복하기 위해 특별히 조직한 군대입니다.

보기
> • 의병　　• 삼별초　　• 별무반

(　　　　　　)

5 몽골이 고려에 침략했던 시기에 있었던 일로 알맞지 않은 것은 어느 것입니까? (　　)

① 고려는 도읍을 강화도로 옮겼다.
② 황룡사 9층 목탑, 초조대장경 등이 파괴되었다.
③ 윤관의 활약으로 몽골군 대장 살리타를 죽였다.
④ 귀주성, 처인성 등지에서 사람들이 힘을 합쳐 몽골군을 물리쳤다.
⑤ 고려의 지배층은 백성들의 고통을 외면한 채 화려한 생활을 누리기도 했다.

6 삼별초가 고려와 몽골의 연합군에 저항했던 근거지를 순서대로 나열한 것은 어느 것입니까? (　　　　)

㉠ 진도　　㉡ 강화도　　㉢ 제주도

① ㉠－㉡－㉢　　② ㉠－㉢－㉡
③ ㉡－㉠－㉢　　④ ㉡－㉢－㉠
⑤ ㉢－㉡－㉠

7 다음 대화의 □ 안에 들어갈 문화유산은 무엇입니까? (　　　　)

세영: 와, 대단해. □에는 오천만 자가 넘는 글자가 새겨져 있는데, 글자가 고르고 틀린 글자도 거의 없대.
서진: 유네스코 세계 기록 유산으로 등재될 만하네.

① 훈민정음　　② 『경국대전』
③ 『삼국유사』　　④ 팔만대장경판
⑤ 『직지심체요절』

8 금속 활자에 대한 설명으로 알맞은 것을 보기에서 두 가지 찾아 기호를 쓰시오.

보기
㉠ 단단해 오랫동안 사용할 수 있었습니다.
㉡ 같은 책을 여러 번 인쇄하는 데 편리했습니다.
㉢ 필요한 활자를 골라서 인쇄할 수 있었습니다.
㉣ 여러 종류의 책을 인쇄하기 위해서는 매번 다른 판을 만들어야 하는 불편함이 있었습니다.

(　　　　,　　　　)

9 다음 문화유산에 대한 설명으로 알맞은 것을 보기에서 모두 고른 것은 어느 것입니까? (　　　　)

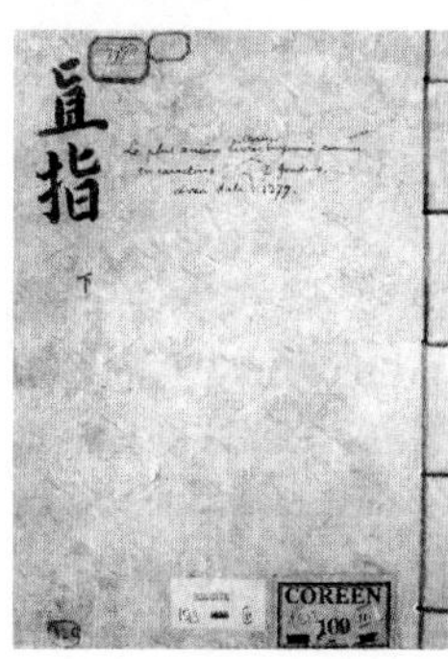

보기
㉠ 불국사에서 인쇄된 책입니다.
㉡ 유네스코 세계 기록 유산으로 등재되었습니다.
㉢ 금속 활자 인쇄본 중 세계에서 가장 오래되었습니다.
㉣ 독일의 구텐베르크가 금속 활자를 만든 이후에 제작되었습니다.

① ㉠, ㉡　　② ㉠, ㉢
③ ㉡, ㉢　　④ ㉡, ㉣
⑤ ㉢, ㉣

10 다음과 같은 고려의 문화유산에 대한 설명으로 알맞지 않은 것은 어느 것입니까? (　　　　)

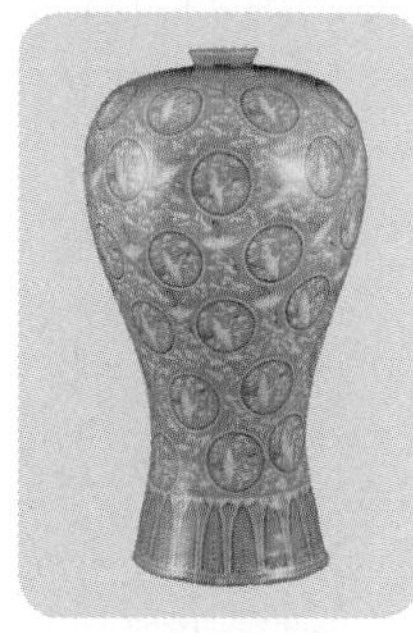

① 푸른 빛깔의 아름다움을 가진 고려청자이다.
② 고려의 지배층이 주로 사용했던 생활용품이다.
③ 중국의 상감 기법을 그대로 이어받아 만들었다.
④ 적절한 흙과 높은 온도를 일정하게 유지할 수 있는 가마가 필요했다.
⑤ 청자 표면을 파서 무늬를 만들고, 그 자리에 다른 색깔의 흙을 메워 넣어 구웠다.

1 단원

연습 도움말을 참고하여 내 생각을 차근차근 써 보세요.

1 다음은 후삼국의 통일 과정을 나타낸 지도입니다. [총 10점]

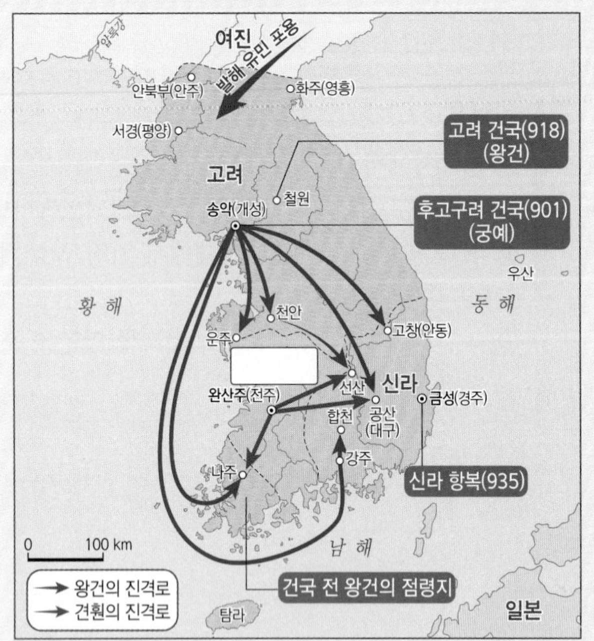

(1) 위 지도의 □ 안에 들어갈 견훤이 세운 나라를 쓰시오. [2점]

( )

(2) 위 지도에서 후삼국 시대를 통일한 나라를 찾아 쓰시오. [2점]

( )

(3) 왕건이 궁예를 몰아내고 왕이 된 까닭을 쓰시오. [6점]

궁예의 신하였던 왕건이 궁예를 몰아낼 수 밖에 없었던 상황을 생각하며 써 보세요.
꼭 들어가야 할 말 신하 / 의심 / 나라 / 난폭

2 다음은 서희의 담판 내용입니다. [총 10점]

(1) 위 □ 안에 들어갈 알맞은 나라를 쓰시오. [2점]

( )

(2) 다음 중 서희의 속마음으로 알맞은 것을 찾아 기호를 쓰시오. [2점]

㉠ '거란은 고려가 송과 교류하지 말고, 거란과 교류하기를 원하겠지.'
㉡ '거란은 우리와 싸우고 싶어 하기 때문에 땅을 떼어 주는 것이 낫겠지.'

( )

(3) 서희의 담판으로 고려와 거란이 얻은 것을 각각 쓰시오. [6점]

3 **다음은 몽골의 침입로를 나타낸 지도입니다.** [총 8점]

(1) 위 지도를 보고 잘못 말한 어린이를 쓰시오. [2점]

> 용성: 고려는 몽골의 침략에 대항해 도읍을 옮겼어.
> 진영: 고려는 처인성, 충주성 등지에서 몽골군을 물리쳤어.
> 희수: 몽골의 침입을 이겨 내려고 황룡사 9층 목탑을 만들었어.

( )

(2) 위와 같은 몽골의 침략으로 고려가 입은 피해를 쓰시오. [6점]

4 **다음은 팔만대장경에 대해 서준이와 서정이가 나눈 대화입니다.** [총 10점]

서준: 내일 선생님께 배울 팔만대장경에 대해 미리 얘기해 볼까?

서정: ㉠ 고려 사람들이 몽골의 침입을 물리치기 위해 초조대장경을 만들었는데 몽골의 침입으로 불에 타 없어졌어.

서준: 그래서 부처의 힘으로 ☐의 침입을 이겨 내기 위해 대장경을 다시 만들었지.

서정: ㉡ 다시 만든 대장경이라고 해서 재조대장경이라고 부르기도 해.

서준: 팔만대장경판은 십여 년간 목판 8만여 장에 불경을 새긴 거야.

(1) 위 ☐ 안에 들어갈 알맞은 나라를 쓰시오. [2점]

( )

(2) 위 대화에서 잘못된 내용을 찾아 기호를 쓰시오. [2점]

( )

(3) 팔만대장경의 우수한 점을 쓰시오. [6점]

1 단원
진도 완료 체크

온라인 개념 강의

1. ❸ 민족 문화를 지켜 나간 조선

❶ 조선의 건국과 발전

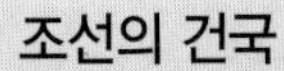

조선의 건국

이성계와 신진 사대부가 건국했음.

이성계는 한양을 새로운 도읍으로 정했음.

조선 전기 사회와 문화

유교적 질서에 따라 주어진 신분에 맞게 생활했음.

분청사기와 백자가 인기 있었음.

세종 대의 발전

4군 6진의 개척

과학 기구의 발명

훈민정음의 창제와 반포

*중요한 내용을 정리해 보세요!

● 조선의 건국 과정은?

● 조선 전기 사회와 문화의 모습은?

● 세종 대에 이루어진 발전은?

개념 확인하기

정답 21쪽

다음 문제를 읽고 답을 찾아 □ 안에 ✓표를 하시오.

1 이성계와 신진 사대부가 건국한 나라는 무엇입니까?

㉠ 고려 □ ㉡ 백제 □ ㉢ 조선 □

2 이성계가 나라를 세운 후 도읍으로 정한 곳은 어디입니까?

㉠ 경주 □ ㉡ 한양 □ ㉢ 개경 □

3 조선 시대의 신분 중 가장 낮은 신분은 무엇입니까?

㉠ 천민 □ ㉡ 중인 □ ㉢ 양반 □

4 조선 세종 대에 개척한 곳은 어디입니까?

㉠ 강동 6주 □ ㉡ 4군 6진 □

5 세종 대에 이루어진 발전에 대한 내용으로 알맞은 것은 어느 것입니까?

㉠ 훈민정음을 창제했다. □

㉡ 수원 화성을 건설했다. □

㉢ 『경국대전』을 완성했다. □

❷ 임진왜란과 병자호란

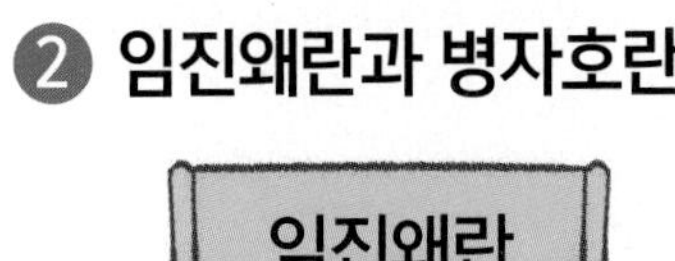

임진왜란		병자호란
일본은 명을 치러 가는 길을 빌려 달라며 조선을 침략했음.	발발	조선이 청의 임금과 신하의 관계 요구를 거절하자 청이 침략했음.
이순신이 이끈 수군과 곽재우를 비롯한 의병이 활약했음.	전개	인조는 남한산성으로 피란을 가 청군에 맞서 저항했음.
일본군은 물리쳤으나 인명 피해, 문화유산 약탈 등의 피해를 입었음.	결과 및 영향	청에 항복했고 전쟁 이후 조선과 청은 임금과 신하의 관계를 맺었음.

✳ 중요한 내용을 정리해 보세요!

● 임진왜란의 전개 과정과 결과는?

● 병자호란의 전개 과정과 결과는?

개념 확인하기

정답 21쪽

다음 문제를 읽고 답을 찾아 ☐ 안에 ✔표를 하시오.

1 임진왜란은 어느 나라가 조선을 침략한 사건입니까?

㉠ 명 ☐ ㉡ 일본 ☐

2 임진왜란 때 활약한 의병은 누구입니까?

㉠ 이순신 ☐ ㉡ 곽재우 ☐

3 임진왜란의 결과로 알맞은 것은 어느 것입니까?

㉠ 조선은 인명 피해를 입었다. ☐
㉡ 명은 나라의 힘이 더욱 강해졌다. ☐

4 청이 병자호란을 일으킨 까닭으로 알맞은 것은 어느 것입니까?

㉠ 광해군이 중립 외교를 펼쳤기 때문에 ☐
㉡ 조선이 청의 임금과 신하의 관계 요구를 거절했기 때문에 ☐

5 병자호란과 관련된 설명으로 알맞은 것은 어느 것입니까?

㉠ 도요토미 히데요시가 일으켰다. ☐
㉡ 이순신이 이끄는 수군이 활약했다. ☐
㉢ 인조는 남한산성으로 피란을 갔다. ☐

1단원

1 다음에서 설명하는 정치 세력은 무엇인지 보기에서 찾아 쓰시오.

> 고려 말에 등장한 새로운 정치 세력으로, 성리학을 공부한 뒤 과거에 합격해 관리가 된 사람들입니다. 이들은 위화도 회군으로 권력을 잡은 이성계와 힘을 합쳐 여러 제도를 고쳐 나갔습니다. 대표적인 사람으로는 정몽주와 정도전 등이 있습니다.

보기
• 호족 • 권문세족 • 신진 사대부

( )

천재교육, 천재교과서, 금성출판사, 동아출판, 비상교과서, 비상교육, 지학사

2 다음 내용이 담긴 법전에 대한 설명으로 알맞지 않은 것을 두 가지 고르시오. (,)

> • 땅을 사고팔면 100일 이내에 관청에 보고한다.
> • 남자는 15세, 여자는 14세에 혼인을 할 수 있으며, 13세가 되면 혼인을 정할 수 있다.
> • 부모가 많이 아프거나 나이가 70세 이상이면 아들 중 한 명은 군대에 가는 것을 면제해 준다.

① 조선의 기본 법전이다.
② 경제 활동에 관한 내용은 없다.
③ 태조 때 만들기 시작해 세종 때 완성되었다.
④ 정치 제도, 사회 등에 관한 기본적인 내용을 여섯 개의 영역으로 나눠 담았다.
⑤ 유교의 가르침을 중심으로 나라를 다스리고 사회 질서를 유지하기 위한 내용이 담겨 있다.

천재교육, 천재교과서, 김영사, 동아출판, 비상교과서, 비상교육, 아이스크림 미디어

3 다음 지도의 ㉠, ㉡에 들어갈 말을 보기에서 찾아 쓰시오.

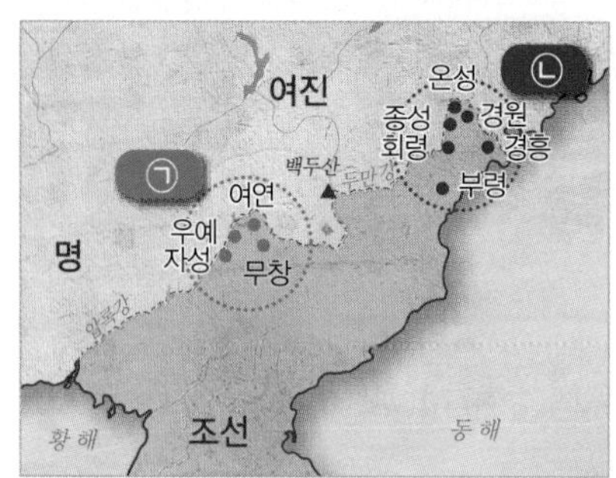

보기
• 4군 • 6진 • 강동 6주

㉠ ( ) ㉡ ( )

4 다음 업적을 이룬 왕은 누구입니까? ( )

> • 역법책인 『칠정산』을 만들었습니다.
> • 집현전을 설치해 뛰어난 학자들을 길러 냈습니다.
> • 『농사직설』, 『삼강행실도』 등의 책을 편찬했습니다.

① 영조 ② 세종 ③ 태조
④ 정조 ⑤ 흥선 대원군

5 훈민정음에 대한 설명으로 알맞지 않은 것은 어느 것입니까? ( )

① 28자로 이루어져 있다.
② 쉽게 배우고 쓸 수 있다.
③ 모든 소리를 표현할 수 있다.
④ 한자의 음과 뜻을 빌려 우리말을 적은 것이다.
⑤ 세종이 백성이 쉽게 읽고 쓸 수 있는 글자가 필요하다고 생각해 만들었다.

6 조선 시대의 신분 중 천민에 대한 설명으로 알맞은 것은 어느 것입니까? (　　　)

① 나라를 다스리는 일을 했다.
② 유교의 가르침이 담긴 책을 공부했다.
③ 세금을 내고 군대에 가서 나라를 지켰다.
④ 의학이나 법률 등과 관련 있는 전문적인 일을 했다.
⑤ 대부분은 노비로, 양반이나 나라의 재산으로 여겨졌다.

7 임진왜란에 대해 알맞게 말한 어린이는 누구입니까? (　　　)

① 진수: 곽재우는 의병을 일으켰어.
② 정원: 조선은 조총으로 일본을 무찔렀어.
③ 유미: 인조는 한양을 떠나 의주로 피란했지.
④ 민아: 조선은 김시민의 지휘 아래 행주산성에서 큰 승리를 거두었어.
⑤ 현주: 명이 일본을 치러가는 길을 빌려 달라는 구실로 조선을 침략했어.

8 이순신과 관련된 연관 검색어로 알맞지 않은 것은 어느 것입니까? (　　　)

① 거북선　② 홍의 장군
③『난중일기』　④ 노량 해전
⑤ 학익진 전법

9 다음과 같은 상황에서 광해군이 펼친 외교 정책으로 알맞은 것은 어느 것입니까? (　　　)

① 후금과 친하게 지내고 명은 멀리했다.
② 명과 가깝게 지내고, 후금은 멀리했다.
③ 후금과 명 사이에서 중립 외교를 펼쳤다.
④ 후금, 명 모두 적대적인 관계를 유지했다.
⑤ 일본을 이용해서 후금과 명 사이를 멀어지게 했다.

10 다음은 병자호란에 대해 정리한 내용입니다. 알맞은 내용을 찾아 기호를 쓰시오.

- 발발: 청이 조선에 ㉠ 형제의 관계를 요구했으나, 조선이 이를 받아들이지 않았음.
- 전개: 인조는 ㉡ 강화도로 피란하여 청군에 저항했음. → 성안의 ㉢ 신하들은 모두 화해를 통해 싸움을 멈춰야 한다고 주장했음. → ㉣ 인조는 제주도에서 청 태종에게 항복했음.
- 결과: ㉤ 세자를 비롯한 많은 백성이 청에 끌려갔음.

(　　　　　　)

1 단원

1 단원

연습 도움말을 참고하여 내 생각을 차근차근 써 보세요.

1 다음은 조선의 건국 과정에 대한 내용입니다. [총 10점]

㉠ 위화도 회군	㉡ 신진 사대부와 신흥 무인 세력의 등장
㉢ 토지 제도 개혁	㉣ 조선 건국

(1) 위 사건들을 일어난 순서에 맞게 기호를 쓰시오. [2점]

( ) → ( ) → ( ) → ( )

(2) 조선의 건국 과정에 대해 알맞게 말한 어린이를 쓰시오. [2점]

슬비: 고려 말에는 권문세족이 사회 개혁을 위해 노력했어.
민호: 정도전은 고려 왕조를 유지하면서 개혁할 것을 주장했어.
지후: 이성계는 홍건적과 왜구의 침입을 물리치면서 신흥 무인 세력으로 성장했어.

( )

(3) 위 ㉠은 어떤 사건인지 쓰시오. [6점]

'회군'이 뜻하는 내용을 생각하며 써 보세요.
꼭 들어가야 할 말 요동 / 위화도 / 군사 / 개경

2 다음 사진을 보고, 물음에 답하시오. [총 10점]

☐

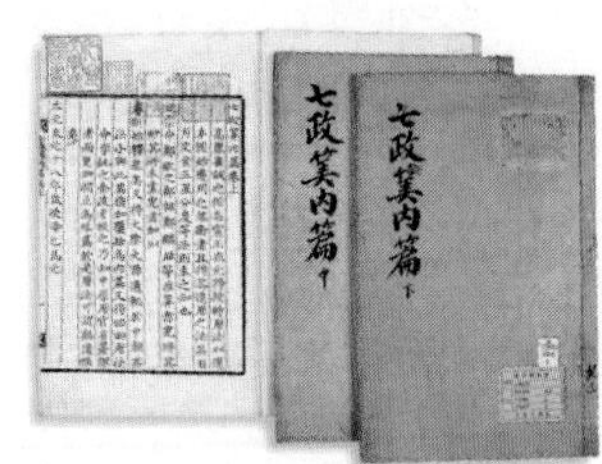

『칠정산』

앙부일구

자격루

(1) 위 ☐ 안에 들어갈 과학 기구를 **보기** 에서 찾아 쓰시오. [2점]

보기
• 측우기 • 혼천의 • 훈민정음

( )

(2) 중국의 달력이 우리나라와 맞지 않아 우리나라의 실정에 맞게 만든 달력을 찾아 쓰시오. [2점]

( )

(3) 앙부일구와 자격루의 차이점을 쓰시오. [6점]

3 다음은 조선 시대의 신분에 따른 생활 모습을 나타낸 것입니다. [총 10점]

양반

중인

상민

(1) 다음 설명과 관련 있는 신분을 위에서 찾아 쓰시오. [2점]

> 높은 관리를 도와 일을 하거나 외국 사신을 맞이하며 통역을 담당하기도 했습니다.

( )

(2) 다음은 위 ☐ 안에 들어갈 조선 시대의 신분에 대한 설명입니다. ☐ 안에 들어갈 신분을 쓰시오. [2점]

> 대부분 노비이며, 노비는 양반이나 나라의 재산으로 여겨져 주인을 위해 일했습니다.

( )

(3) 위 신분 중 양반의 생활 모습을 쓰시오. [6점]

4 다음 지도는 임진왜란 때 주요 해전이 일어났던 곳입니다. [총 10점]

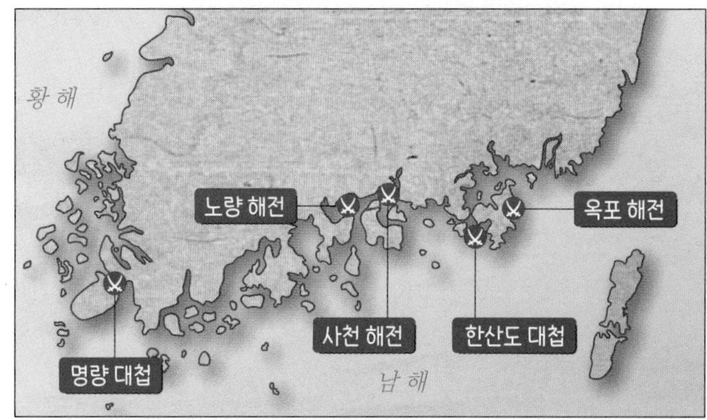

(1) 위와 같은 해전에서 승리를 이끈 인물을 쓰시오. [2점]

( )

(2) 위 지도에서 학익진 전법으로 일본군을 크게 물리친 해전을 찾아 쓰시오. [2점]

( )

(3) 위와 같은 수군의 승리가 전쟁에 미친 영향을 쓰시오. [6점]

풀이 강의

11종 공통

1 고조선에 대한 설명으로 알맞은 것은 어느 것입니까? (　　　)

① 법이 없었다.
② 신분제 사회는 아니었다.
③ 하늘의 아들 환웅이 세웠다.
④ 우리 역사 속 최초의 국가이다.
⑤ 청동기 문화는 발달하지 않았다.

11종 공통

2 백제 근초고왕에 대한 설명으로 알맞은 것은 어느 것입니까? (　　　)

① 한강 유역을 고구려에 빼앗겼다.
② 4세기 백제의 전성기를 이끌었다.
③ 고구려의 공격으로 수도를 옮겼다.
④ 대가야를 정복해 영토로 흡수했다.
⑤ 신라 진흥왕과 함께 고구려를 공격했다.

11종 공통

3 다음 지도는 어느 나라의 전성기를 나타낸 것입니까? (　　　)

① 백제　　② 신라　　③ 가야
④ 고구려　　⑤ 고조선

11종 공통

4 다음에서 설명하는 백제의 고분으로 알맞은 것은 어느 것입니까? (　　　)

백제를 대표하는 고분으로, 무덤 내부의 방은 벽돌로 만들어졌으며, 그 안에서는 백제의 문화유산 이외에도 다른 나라에서 만든 귀중한 유물이 여럿 발견되었습니다.

① 대릉원　　② 무용총
③ 장군총　　④ 무령왕릉
⑤ 지산동 고분

11종 공통

5 신라의 문화유산으로 알맞지 않은 것은 어느 것입니까? (　　　)

①

봉수형 유리병

②

황룡사 9층 목탑

③

첨성대

④

금동 연가 7년명 여래 입상

11종 공통

6 삼국 통일의 과정 중 가장 먼저 일어난 사건은 어느 것입니까? (　　　)

① 삼국 통일　② 백제 멸망
③ 고구려 멸망　④ 신라와 당의 전쟁
⑤ 신라와 당의 동맹

11종 공통

7 불국사에서 볼 수 있는 문화유산으로 알맞지 않은 것은 어느 것입니까? (　　　)

①

청운교와 백운교

②

다보탑

③

삼층 석탑

④
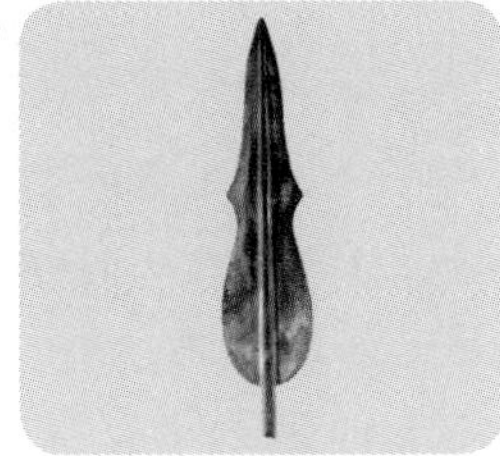
비파형 동검

11종 공통

8 고려를 건국한 왕건의 정책으로 알맞지 않은 것은 어느 것입니까? (　　　)

① 불교를 억압했다.
② 발해 유민을 받아들였다.
③ 백성의 생활을 안정시켰다.
④ 북쪽으로 영토를 넓혀 나갔다.
⑤ 호족을 존중하면서도 견제했다.

11종 공통

9 다음은 거란과 고려 사람 간에 이루어진 대화입니다. ㉠, ㉡에 들어갈 알맞은 인물은 누구입니까? (　　　)

> • [㉠]: 너희 나라는 신라 땅에서 일어났고, 고구려 땅은 우리 소유인데 너희들이 침범해 왔다.
> • [㉡]: 우리나라는 고구려의 옛 땅에 있기에 나라 이름을 고려라 했다. 만일 국경 문제를 논한다면, 거란 땅의 일부도 우리 땅에 있는데, 어찌 우리가 침범해 왔다고 말하는가?

	㉠	㉡
①	서희	왕건
②	서희	소손녕
③	강감찬	서희
④	소손녕	서희
⑤	소손녕	강감찬

11종 공통

10 귀주 대첩에 대한 설명으로 알맞은 것은 어느 것입니까? (　　　)

① 거란의 2차 침입과 관련 있다.
② 이후 고려는 강동 6주를 얻게 되었다.
③ 거란은 이후에도 끊임없이 고려를 침입해 왔다.
④ 김윤후가 처인성에서 몽골군을 물리친 전투이다.
⑤ 강감찬이 이끄는 고려군이 거란군을 크게 무찌른 전투이다.

1 단원

천재교육, 김영사, 동아출판, 비상교과서, 비상교육, 아이스크림 미디어

11 고려가 여진의 침입에 대비하기 위해 한 일로 알맞은 것은 어느 것입니까? (　　　)

① 도읍을 옮겼다.
② 천리장성을 쌓았다.
③ 화랑도를 조직했다.
④ 강동 6주를 개척했다.
⑤ 별무반이라는 군대를 만들었다.

천재교육, 천재교과서, 교학사, 금성출판사, 김영사, 동아출판, 미래엔, 비상교육, 지학사

12 몽골의 침입으로 불타 없어진 문화유산은 어느 것입니까? (　　　)

① 석굴암　② 불국사
③ 다보탑　④ 팔만대장경
⑤ 황룡사 9층 목탑

11종 공통

13 다음 문화유산에 대한 설명으로 알맞은 것은 어느 것입니까? (　　　)

① 고려에서 처음으로 만든 대장경이다.
② 거란의 침입을 이겨 내고자 만들었다.
③ 현재 프랑스 국립 도서관에 보관되어 있다.
④ 유교가 고려 사회에 미쳤던 영향력을 짐작해 볼 수 있다.
⑤ 고려의 목판 제조술, 조각술, 인쇄술 등이 매우 뛰어났음을 알 수 있다.

11종 공통

14 다음 □ 안에 들어갈 장소를 알맞게 쓴 어린이는 누구입니까? (　　　)

> 중국에 새롭게 세워진 명이 고려에 무리한 요구를 하자, 고려는 이성계에게 군사를 이끌고 요동 지방을 정벌하게 했습니다. 그러나 이성계는 □에서 군사를 돌려 권력을 잡았습니다.

11종 공통

15 다음 질문에 대한 대답으로 알맞지 않은 것은 어느 것입니까? (　　　)

> 한양을 조선의 도읍으로 정한 까닭은 무엇인가요?

① 교통이 편리하다.
② 나라의 북쪽에 있다.
③ 농사짓고 생활하기가 좋다.
④ 지리적으로 많은 이점이 있다.
⑤ 한강을 거쳐 물자를 옮기기에 좋다.

11종 공통

16 세종이 훈민정음을 창제한 까닭으로 가장 알맞은 것은 어느 것입니까? (　　　　)

① 인쇄술을 발전시키기 위해서
② 한자의 사용을 금지하기 위해서
③ 기존의 쓰던 글자가 너무 쉬웠기 때문에
④ 백성들이 중국어를 익히도록 하기 위해서
⑤ 백성들이 글을 몰라 어려움을 겪는 것을 해결하기 위해서

천재교육, 천재교과서, 교학사, 김영사, 동아출판, 비상교과서, 비상교육, 아이스크림 미디어, 지학사

17 다음에서 밑줄 친 '이 전법'을 활용한 해전으로 알맞은 것은 어느 것입니까? (　　　　)

> 이순신 장군은 학이 날개를 편 듯이 적을 둘러싸고 공격하는 방법인 이 전법을 활용해 일본군에 큰 승리를 거두었습니다.

① 명량 대전　　② 노량 해전
③ 옥포 해전　　④ 사천 해전
⑤ 한산도 대첩

11종 공통

18 의병에 대한 설명으로 알맞은 것은 어느 것입니까? (　　　　)

① 의병의 신분은 주로 양반이었다.
② 행주 대첩에 의병은 참여하지 않았다.
③ 곽재우는 의병을 모아 싸웠으나 패배했다.
④ 의병은 일부 고장에서는 활발했지만 전국적으로 확대되지는 않았다.
⑤ 백성들은 자기 고장과 나라를 지키고자 적극적으로 의병에 참여했다.

11종 공통

19 다음 밑줄 친 ㉠, ㉡에 해당하는 역사적 사건이 바르게 짝 지어진 것은 어느 것입니까? (　　　　)

> ㉠ 조선이 명을 가까이하고 후금을 멀리하자, 후금은 조선을 침략했습니다. 조선은 후금과 형제의 나라로 지내자는 약속을 하고 전쟁을 끝냈습니다. 이후 후금은 세력을 키워 나라 이름을 청으로 바꾸고, 조선에 임금과 신하의 관계를 요구했습니다. 조선이 이를 받아들이지 않자, ㉡ 청 태종이 직접 군대를 이끌고 침입했습니다.

	㉠	㉡
①	임진왜란	정묘호란
②	병자호란	정묘호란
③	정유재란	임진왜란
④	정유재란	병자호란
⑤	정묘호란	병자호란

11종 공통

20 병자호란과 관련 있는 유물이나 유적으로 알맞은 것은 어느 것입니까? (　　　　)

①
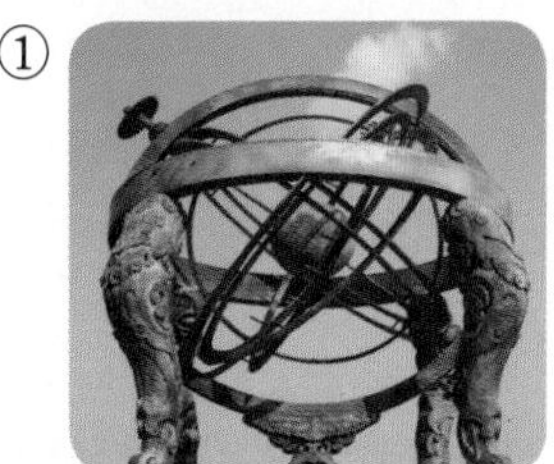
혼천의

②

남한산성

③

북한산 순수비

④

『직지심체요절』

· 답안 입력하기　· 평가 분석표 받기

1 단원
진도 완료 체크

온라인 학습

단원평가 2회

1. 옛사람들의 삶과 문화

풀이 강의

1 단원

11종 공통

1 다음 내용과 관련 있는 나라는 어디입니까? (　　　)

- 『삼국유사』에 건국 이야기가 전해집니다.
- 청동기 문화를 바탕으로 세워진 우리 역사 속 최초의 국가입니다.
- 8개 조항의 법이 있었는데, 그중에 3개가 현재까지 전해지고 있습니다.

① 고려　② 가야　③ 신라
④ 고구려　⑤ 고조선

11종 공통

2 고조선의 문화 범위를 짐작할 수 있는 문화유산이 아닌 것은 어느 것입니까? (　　　)

①

미송리식 토기

②
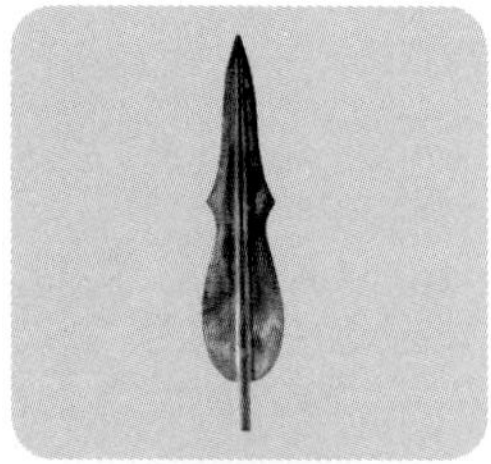
비파형 동검

③

탁자식 고인돌

④

빗살무늬 토기

11종 공통

3 다음에서 설명하는 왕은 누구입니까? (　　　)

- 평양 지역으로 수도를 옮기고 남쪽으로 영역을 더욱 확장했습니다.
- 광개토대왕의 업적을 기념하기 위해 광개토대왕릉비를 세웠습니다.

① 진흥왕　② 법흥왕
③ 장수왕　④ 근초고왕
⑤ 소수림왕

11종 공통

4 백제의 문화유산으로 알맞은 것은 어느 것입니까? (　　　)

① 석굴암　② 불국사
③ 무용총　④ 무령왕릉
⑤ 분황사 모전 석탑

천재교육, 천재교과서, 교학사, 금성출판사, 김영사, 동아출판, 비상교과서, 비상교육, 아이스크림 미디어, 지학사

5 신라에서 첨성대를 만든 까닭으로 가장 알맞은 것은 어느 것입니까? (　　　)

① 철을 많이 생산하기 위해서
② 건축 기술을 뽐내기 위해서
③ 신하들의 권위를 높이기 위해서
④ 이웃 나라가 쳐들어오는 것을 막기 위해서
⑤ 하늘의 별, 해와 달의 모습을 관찰하기 위해서

11종 공통

6 가야의 왕족 출신으로 무열왕과 함께 삼국 통일에 앞장선 사람은 누구입니까? (　　　)

① 김유신　② 김시민
③ 대조영　④ 장수왕
⑤ 광개토대왕

11종 공통

7 당에서 다음 지도의 ㉠ 나라를 불렀던 '해동성국'의 뜻으로 알맞은 것은 어느 것입니까? (　　　)

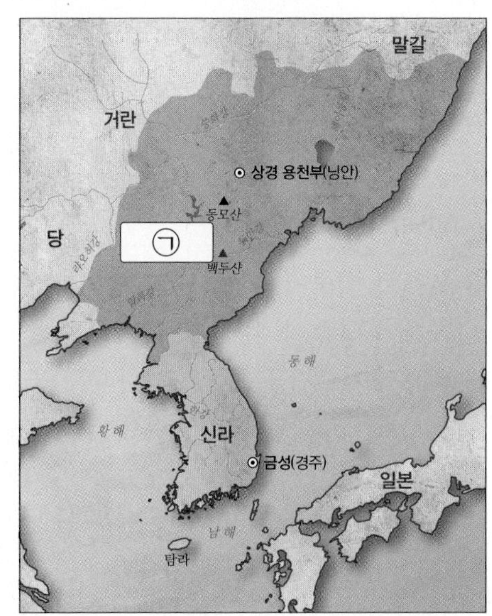

① 삼국을 통일한 나라
② 고구려를 계승한 나라
③ 불교문화가 발달한 나라
④ 널리 사람을 이롭게 하는 나라
⑤ 바다 동쪽에서 기운차게 일어나 번성하는 나라

11종 공통

8 고려에 대해 알맞게 말한 어린이는 누구입니까? (　　　)

① 민호: 견훤이 세웠어.
② 세영: 신라를 계승했어.
③ 성원: 후삼국을 통일한 나라야.
④ 소희: 분청사기와 같은 문화유산을 남겼지.
⑤ 지수: 동남아시아 상인들에 의해 코리아라는 이름으로 알려졌어.

11종 공통

9 다음과 관련 있는 나라는 어디입니까? (　　　)

- 서희의 외교 담판
- 양규의 활약과 강감찬의 귀주 대첩

① 송　② 여진　③ 거란
④ 조선　⑤ 몽골

11종 공통

10 몽골이 고려를 침입한 까닭으로 알맞은 것은 어느 것입니까? (　　　)

① 고려가 송과 가깝게 지냈기 때문에
② 고려에서 무신 정변이 일어났기 때문에
③ 김윤후가 몽골군 대장 살리타를 죽였기 때문에
④ 고려에 왔다가 돌아가던 몽골 사신이 죽었기 때문에
⑤ 강동 6주를 되돌려달라는 몽골의 부탁을 거절했기 때문에

1 단원

11종 공통

11 팔만대장경판에 대한 설명으로 옳지 않은 것은 어느 것입니까? (   )

① 글자가 고르다.
② 틀린 글자가 거의 없다.
③ 세계 최초로 발명한 금속 활자이다.
④ 목판 8만여 장에 불경을 새긴 것이다.
⑤ 초조대장경이 없어지자 다시 만든 것이다.

11종 공통

12 『직지심체요절』에 대한 설명으로 알맞은 것은 어느 것입니까? (   )

① 우리나라 최초의 목판 인쇄본이다.
② 몽골의 침입을 물리치기 위해 만들었다.
③ 현재 합천 해인사 장경판전에 보관되어 있다.
④ 불국사 삼층 석탑을 보수하는 과정에서 발견되었다.
⑤ 오늘날 전해지는 금속 활자 인쇄본 중 가장 오래된 것이다.

천재교육, 교학사, 금성출판사, 비상교육, 비상교과서

13 다음에서 공통으로 밑줄 친 '이것'으로 알맞은 것은 어느 것입니까? (   )

> 이것을 만들기에 적절한 흙과 높은 온도를 일정하게 유지할 수 있는 가마가 필요했습니다. 또한 이것의 아름다움은 표면의 광택을 만들기 위한 유약을 만드는 기술과 이것을 구워 내는 기술이 절묘하게 어우러져 나왔습니다.

① 토기 ② 가야금 ③ 덩이쇠
④ 나전칠기 ⑤ 고려청자

11종 공통

14 다음과 같은 사건으로 권력을 잡아 조선을 건국한 사람은 누구입니까? (   )

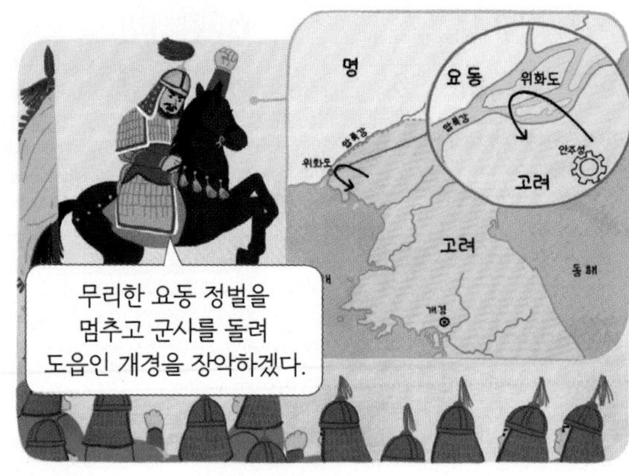

① 왕건 ② 이방원 ③ 이성계
④ 강감찬 ⑤ 정몽주

천재교육, 천재교과서, 교학사, 금성출판사, 김영사, 동아출판, 미래엔, 비상교과서, 비상교육, 지학사

15 다음에서 설명하는 책은 어느 것입니까? (   )

> • 조선의 기본적인 법전으로, 세조 때 만들기 시작하여 성종 때 완성되었습니다.
> • 유교의 가르침을 중심으로 나라를 다스리고 사회 질서를 유지하기 위한 내용이 담겨 있습니다.
> • 정치 제도, 사회, 경제활동 등에 관한 기본적인 내용을 여섯 개의 영역으로 나눠 담았으며 나라를 다스리는 데 기본이 되었습니다.

① 『칠정산』
② 『경국대전』
③ 『농사직설』
④ 『삼강행실도』
⑤ 『세종실록지리지』

11종 공통

16 다음 과학 기구가 백성들의 생활에 준 도움으로 알맞은 것은 어느 것입니까? (   )

혼천의

측우기

앙부일구

① 세금이 줄어들었다.
② 글을 쓸 수 있게 되었다.
③ 유교 공부를 할 수 있게 되었다.
④ 자신의 생각을 쉽게 표현할 수 있게 되었다.
⑤ 농사짓는 데 도움이 되었고, 시각을 알 수 있게 되었다.

11종 공통

17 조선 시대 상민의 생활 모습으로 가장 알맞은 것은 어느 것입니까? (   )

①

의학, 법률에 관한 일, 통역 등을 했음.

②

유교의 가르침이 담긴 책을 공부했음.

③

농사를 지었고, 세금을 냈으며 나라를 지킬 의무가 있었음.

④

대부분 노비였으며, 양반이나 나라의 재산으로 여겨져 주인을 위해 일했음.

11종 공통

18 조선이 임진왜란에서 승리할 수 있었던 까닭으로 알맞지 <u>않은</u> 것은 어느 것입니까? (   )

① 수군이 큰 활약을 했다.
② 명의 군대가 참전해 조선을 도왔다.
③ 전국적으로 의병이 일어나 일본군과 싸웠다.
④ 관군이 육지에서 일본군과 싸워 계속 이겼다.
⑤ 이순신이 거북선을 만드는 등 일본군의 침입에 대비했다.

1 단원

진도 완료 체크

11종 공통

19 광해군에 대한 설명으로 알맞은 것은 어느 것입니까? (   )

① 조선을 건국했다.
② 훈민정음을 창제했다.
③ 명과 후금 사이에서 중립 외교를 펼쳤다.
④ 병자호란이 발생하자 남한산성으로 피신했다.
⑤ 인조를 왕으로 세우고 후금과의 관계를 끊었다.

11종 공통

20 병자호란의 결과로 알맞은 것은 어느 것입니까? (   )

① 만주에서 여진족이 성장했다.
② 몽골의 정치적 간섭을 받게 되었다.
③ 일본에서 도자기 문화가 크게 발전했다.
④ 조선은 청과 임금과 신하의 관계를 맺었다.
⑤ 조선은 후금과 형제의 나라로 지내게 되었다.

· 답안 입력하기 · 평가 분석표 받기

2. ❶ 새로운 사회를 향한 움직임

❶ 조선 후기 사회의 변화 모습

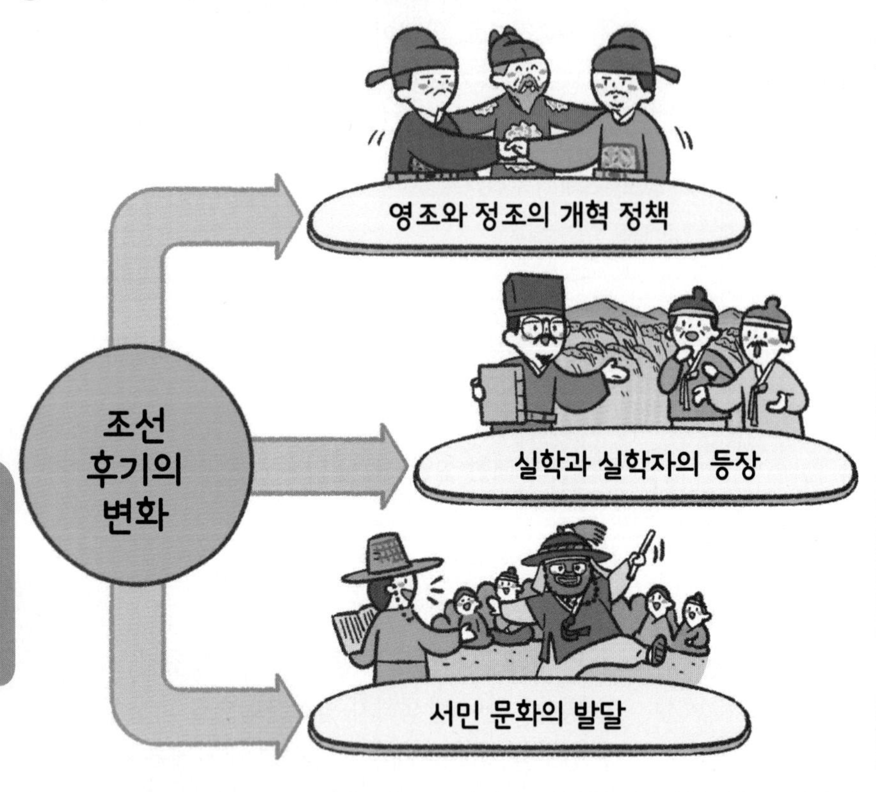

✳중요한 내용을 정리해 보세요!

● 영조와 정조의 개혁 정책은?

● 실학이란?

● 조선 후기에 발달한 서민 문화는?

개념 확인하기

정답 25쪽

다음 문제를 읽고 답을 찾아 □ 안에 ✓표를 하시오.

1 영조가 왕권을 강화하고 정치를 안정시키기 위해 시행한 정책은 무엇입니까?

㉠ 탕평책 □ ㉡ 위화도 회군 □

2 수원 화성을 건설할 때 사용한 기구는 무엇입니까?

㉠ 녹로 □ ㉡ 혼천의 □ ㉢ 자격루 □

3 조선 후기에 나타난 현실 문제에 관심을 가지고 적극적으로 해결하려는 새로운 학문은 무엇입니까?

㉠ 실학 □ ㉡ 성리학 □ ㉢ 심리학 □

4 정약용의 업적은 무엇입니까?

㉠ 유럽의 역사를 체계적으로 정리했다. □
㉡ 『목민심서』, 『흠흠신서』 등 많은 책을 썼다. □

5 조선 후기에 서민 문화가 발달할 수 있었던 까닭은 무엇입니까?

㉠ 일본에 나라를 빼앗겨서 □
㉡ 사람들의 생활이 어려워져서 □
㉢ 경제적인 여유가 생긴 백성들이 많아져서 □

❷ 개항 전후의 조선

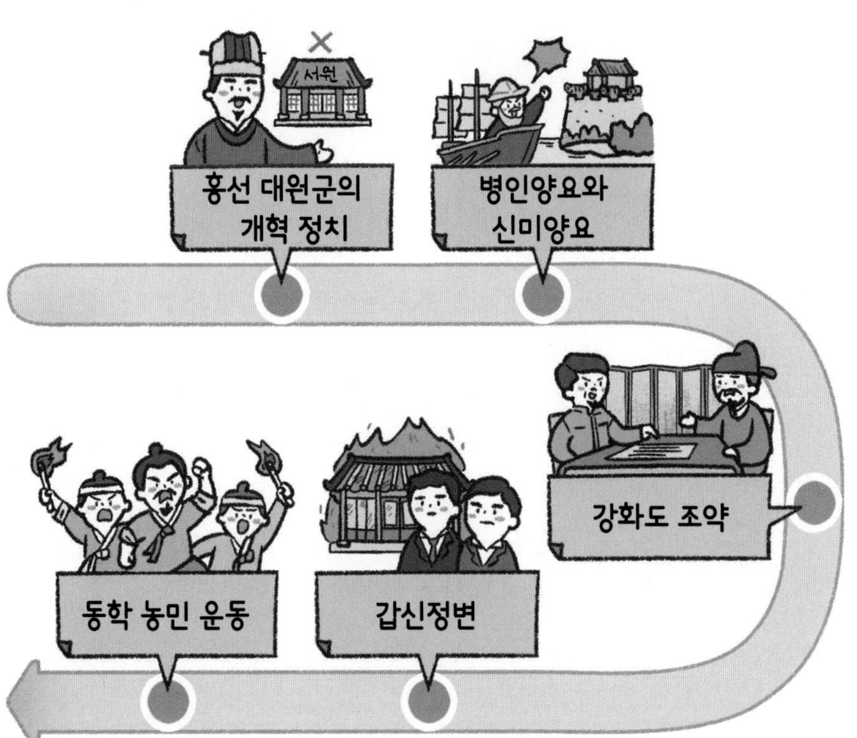

✳ 중요한 내용을 정리해 보세요!

● 흥선 대원군의 개혁 정책은?

● 우리나라를 침략한 외국 세력과 있었던 사건은?

● 갑신정변과 동학 농민 운동은?

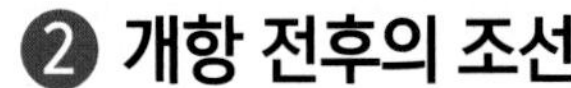

개념 확인하기

정답 25쪽

다음 문제를 읽고 답을 찾아 □ 안에 ✔표를 하시오.

1 흥선 대원군의 개혁 정책으로 알맞은 것은 무엇입니까?

㉠ 왕을 없애고 대통령제를 실시했다. □

㉡ 서원을 정리하고 양반에게도 세금을 걷었다. □

2 병인양요와 신미양요를 겪은 후 조선의 반응으로 알맞은 것은 무엇입니까?

㉠ 전국 각지에 척화비를 세웠다. □

㉡ 개항하고 외국과 적극적으로 교류했다. □

3 조선과 강화도 조약을 맺은 나라는 어디입니까?

㉠ 미국 □ ㉡ 일본 □ ㉢ 프랑스 □

4 갑신정변이 사람들의 지지를 얻지 못한 까닭은 무엇입니까?

㉠ 일본의 힘에 의존하려고 해서 □

㉡ 백성들에게만 유리한 정책을 펼쳐서 □

5 동학 농민군을 이끌고 고부 군수의 횡포에 맞서 봉기를 일으킨 사람은 누구입니까?

㉠ 김홍집 □ ㉡ 김옥균 □ ㉢ 전봉준 □

1 다음 밑줄 친 곳에 들어갈 영조의 말로 알맞은 것은 어느 것입니까? (   )

[출처: 국립고궁박물관]
영조

나는 백성들이 잘살 수 있도록 ______________

① 붕당을 만들겠다.
② 법을 폐지하겠다.
③ 세금을 늘리겠다.
④ 상인을 처벌하고 장사를 하지 못하도록 하겠다.
⑤ 죄를 지은 사람이 반드시 세 번 재판받을 수 있도록 하겠다.

2 다음 가상 인터뷰를 읽고, □ 안에 들어갈 알맞은 것을 보기에서 찾아 기호를 쓰시오.

기자: 앞으로 어떤 정치를 펼칠 생각이십니까?
정조: 능력 있는 인물을 고루 뽑아 정치를 안정시킬 것이오. 그리고 □을 건설하여 정치와 군사, 경제의 새로운 중심지로 삼겠소.
기자: 분명히 큰 도움이 될 것입니다.

보기
㉠ 종묘 ㉡ 경복궁
㉢ 수원 화성 ㉣ 공주 공산성

(   )

천재교과서, 교학사, 김영사, 아이스크림 미디어

3 다음 자료와 관련 있는 조선 후기 실학자들의 주장으로 가장 알맞은 것은 어느 것입니까? (   )

발해고 [출처: 국립민속박물관]

유득공은 발해가 고구려를 계승한 나라임을 밝힌 『발해고』를 펴냈습니다.

① 농민에게 땅을 나누어 주어야 한다.
② 백성을 위하여 정치를 바르게 해야 한다.
③ 청의 문물과 기술을 적극적으로 받아들여야 한다.
④ 새로운 기술을 개발하고 공업과 상업을 장려해야 한다.
⑤ 중국을 세계의 중심으로 여기던 생각에서 벗어나 우리의 역사를 연구해야 한다.

4 다음 (   ) 안의 알맞은 말에 ○표를 하시오.

조선 후기에 농업과 상공업이 ❶(발달 / 쇠퇴) 하면서 경제적으로 여유 있는 사람들이 늘어났고, ❷(귀족 / 서민) 문화가 발달했습니다.

5 판소리에 대해 바르게 설명한 어린이를 쓰시오.

예린: 판소리를 하는 사람을 전기수라고 해.
태현: 관중은 공연 도중에 절대 참여할 수 없었어.
아영: 고수의 북 반주에 맞추어 소리꾼이 이야기를 노래와 말, 몸짓으로 들려주는 공연이야.

(   )

2 단원

6 다음 인터넷 검색 결과 중 관련 없는 것을 찾아 기호를 쓰시오.

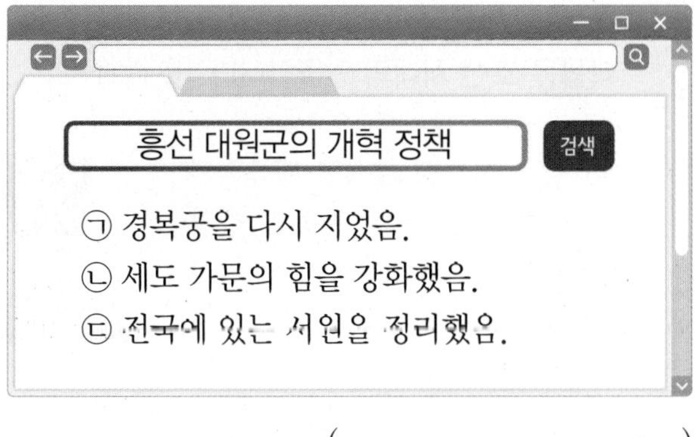

(　　　　　　　　)

7 다음 사진과 관련 있는 조약에 관한 설명으로 알맞은 것을 두 가지 고르시오. (　　　,　　　)

조선과 일본이 강화도에서 조약을 맺는 모습

① 조선에 유리한 내용으로만 구성되었다.
② 조선이 외국과 맺은 최초의 근대적 조약이다.
③ 조약에 따라 청에 우리나라의 이권을 빼앗겼다.
④ 조선에서 죄를 지은 일본인을 일본 관리가 심판한다는 내용이 들어 있다.
⑤ 조약을 맺은 후 조선은 서양의 여러 나라와 교류를 끊고 전국 각지에 척화비를 세웠다.

8 다음 사람이 주장한 개화 방법은 무엇인지 바르게 줄로 이으시오.

(1) 김옥균 •　　　• ㉠ 서양의 기술만을 받아들이고 천천히 개화를 추진해야 함.

(2) 김홍집 •　　　• ㉡ 서양의 제도와 사상 등을 적극적으로 받아들여야 함.

9 다음 설명과 관련 있는 종교를 보기에서 찾아 ○표를 하시오.

서학(천주교)에 대응하여 최제우가 만든 종교로, 평등사상과 사회 개혁 등을 내세워 농민 층에서 인기가 많았습니다.

보기
• 불교　• 유교　• 동학　• 이슬람교

10 전봉준을 중심으로 한 동학 농민군이 정부와 협상하여 전주성에서 물러난 까닭은 어느 것입니까? (　　　)

① 러일 전쟁을 막기 위해
② 외국의 군대가 개입하는 것을 막으려고
③ 일본의 도움을 받아 정변을 시도하려고
④ 강화도에서 병인양요가 일어났기 때문에
⑤ 우금치에서 벌어진 전투에서 패배했기 때문에

2 단원

연습 도움말을 참고하여 내 생각을 차근차근 써 보세요.

1 **다음은 영조가 세운 탕평비입니다.** [총 10점]

두루 사귀면서 편을 가르지 않는 것이 군자의 공정한 마음이요, 편을 가르고 두루 사귀지 않는 것은 소인의 사사로운 마음이다.

(1) 다음은 탕평비에 대한 설명입니다. □ 안에 들어갈 정책을 쓰시오. [2점]

> 탕평비는 영조가 세운 비석으로 □을 알리려고 세웠습니다.

( )

(2) 영조가 위 (1)번 답의 정책을 펼친 까닭을 **보기**에서 찾아 기호를 쓰시오. [2점]

> **보기**
> ㉠ 왕권을 약화시키기 위해서
> ㉡ 나랏일을 할 인재를 골고루 뽑아 나라를 바로 세우기 위해서

( )

(3) 위 탕평비의 내용을 볼 때 탕평책의 의미는 무엇인지 쓰시오. [6점]

> 편을 가르지 말라는 내용을 생각하며 써 보세요.
> **꼭 들어가야 할 말** 붕당 / 인재

2 **다음은 조선 시대의 인물입니다.** [총 10점]

> 조선 정조 시기에 살았던 대표적인 ________인 정약용은 백성의 생활에 도움이 되는 지식과 방법을 찾고자 연구했습니다.

(1) 위 밑줄 친 곳에 들어갈 말로 알맞은 것을 **보기**에서 찾아 기호를 쓰시오. [2점]

> **보기**
> ㉠ 왕　　㉡ 스님　　㉢ 실학자

( )

(2) 위 정약용이 한 일과 관련하여, 다음 ( ) 안의 알맞은 말에 ○표를 하시오. [2점]

> 정약용은 (거중기 / 해시계)를 만들어 수원 화성을 건설하는 비용과 시간을 절약했습니다.

(3) 위 (2)번 답의 내용을 제외하고, 정약용이 한 일을 한 가지만 쓰시오. [6점]

3 다음은 병인양요와 신미양요를 정리한 표입니다. [총 10점]

병인양요(1866년)	신미양요(1871년)
조선이 ㉠ 인 선교사와 천주교인들을 처형한 것을 구실로 통상을 요구하며 ㉡ 를 침략했음.	통상을 요구하며 횡포를 부리던 미국 배를 조선인이 불태운 사건을 구실로 삼아 ㉡ 를 침략했음.

(1) 위 ㉠에 들어갈 나라를 쓰시오. [2점]

( )

(2) 위 ㉡에 공통으로 들어갈 섬을 보기 에서 찾아 쓰시오. [2점]

보기
• 울릉도 • 제주도 • 강화도

( )

(3) 위와 같은 외세의 침략을 물리친 후 조선의 반응을 쓰시오. [6점]

______

______

4 다음은 갑신정변의 개혁안 일부입니다. [총 10점]

갑신정변의 개혁안(일부)

• ☐에 대한 조공 허례를 폐지한다.
• 문벌을 폐지하고, 백성들이 평등한 권리를 갖는 제도를 마련하며, 능력에 따라 관리를 임명한다.
• 세금 제도를 고쳐 관리의 부정을 막고 국가의 살림살이를 튼튼히 한다.
• 부정한 관리를 처벌하고, 백성들이 빚진 쌀을 면제한다.

(1) 위 ☐ 안에 들어갈 나라를 쓰시오. [2점]

( )

(2) 다음 중 위 갑신정변을 일으킨 인물을 쓰시오. [2점]

김홍집

김옥균

( )

(3) 위와 같은 갑신정변이 실패한 까닭을 쓰시오. [6점]

______

______

온라인 개념 강의

2. ❷ 일제의 침략과 광복을 위한 노력

❶ 을사늑약의 체결과 우리 민족의 저항

을사늑약 체결에 저항한 사람들

을사늑약에 반발해 전국 각지에서 의병 운동이 일어났음.

애국심을 높이고 민족의 실력을 키워 국권을 지키고자 했음.

안중근은 하얼빈역에서 이토 히로부미를 처단했음.

✳ 중요한 내용을 정리해 보세요!

● 을사늑약이란?

● 을사늑약 체결 후 우리 민족의 저항은?

2 단원

개념 확인하기

정답 27쪽

다음 문제를 읽고 답을 찾아 ☐ 안에 ✔표를 하시오.

1 일제가 강제로 체결하여 대한 제국의 외교권을 박탈한 조약은 무엇입니까?

㉠ 을사늑약 ☐ ㉡ 조미수호통상조약 ☐

2 '태백산 호랑이'라고 불렸던 평민 출신 의병장은 누구입니까?

㉠ 고종 ☐ ㉡ 신돌석 ☐ ㉢ 윤희순 ☐

3 애국 계몽 운동에 참여한 사람들의 생각은 무엇입니까?

㉠ 일제에 맞서 무기를 들고 싸워야 한다. ☐

㉡ 민족의 실력을 키워 일제로부터 국권을 지켜야 한다. ☐

4 이승훈이 오산 학교를 세운 까닭은 무엇입니까?

㉠ 백성들을 깨어나게 하기 위해서 ☐

㉡ 우리나라의 독립이 어려울 것이라 생각해서 ☐

5 이토 히로부미를 처단한 독립운동가는 누구입니까?

㉠ 김구 ☐ ㉡ 김좌진 ☐ ㉡ 안중근 ☐

개념 강의

❷ 나라를 되찾기 위한 노력

✳중요한 내용을 정리해 보세요!

- 3·1 운동이란?
- 대한민국 임시 정부의 수립과 활동은?
- 나라를 되찾기 위한 노력은?

2 단원

개념 확인하기

정답 27쪽

다음 문제를 읽고 답을 찾아 ☐ 안에 ✓표를 하시오.

1 대성 학교를 세우고 미국으로 건너가 나라를 되찾을 힘을 기르기 위해 노력한 사람은 누구입니까?

㉠ 이회영 ☐ ㉡ 안창호 ☐ ㉢ 명성황후 ☐

2 학생과 시민들이 서울 종로의 탑골 공원에서 독립 선언서를 낭독하고 만세 시위를 벌인 사건은 무엇입니까?

㉠ 3·1 운동 ☐ ㉡ 국채 보상 운동 ☐

3 3·1 운동의 의의는 무엇입니까?

㉠ 일제가 보낸 군대를 크게 물리쳤다. ☐

㉡ 한국인의 독립 의지를 전 세계에 알렸다. ☐

4 대한민국 임시 정부의 활동으로 알맞은 것은 무엇입니까?

㉠ 국내외의 독립운동을 지휘했다. ☐

㉡ 외교 활동이 아닌 무장 독립운동만 했다. ☐

5 한인 애국단에 속한 사람은 누구입니까?

㉠ 이봉창 ☐ ㉡ 주시경 ☐ ㉢ 유관순 ☐

2
단원

1 고종과 명성황후가 러시아의 힘을 빌려 일본을 견제하자 일본이 저지른 사건은 어느 것입니까? (   )

① 독립문을 만들었다.
② 청과 전쟁을 벌였다.
③ 경복궁을 습격하고 명성황후를 시해했다.
④ 미국 배를 불태운 것을 구실로 강화도를 쳐들어 왔다.
⑤ 강화도에 보관되어 있던 귀중한 책과 문화재 등을 약탈해 갔다.

2 위 1번 답의 사건이 벌어진 직후, 고종이 한 일로 알맞은 것을 찾아 기호를 쓰시오.

> ㉠ 독립 협회를 만들고 독립문을 세웠습니다.
> ㉡ 일본의 압력을 피해 비밀리에 궁에서 나와 러시아 공사관으로 거처를 옮겼습니다.

(   )

천재교육, 금성출판사, 미래엔

3 다음 백정 박성춘의 모습을 통해 알 수 있는 만민 공동회의 특징으로 알맞은 것에 ○표를 하시오.

(1) 참여 자격을 엄격하게 구분하여 아무나 참여할 수 없었습니다. (   )
(2) 신분과 관계없이 누구나 참여하여 나라를 걱정하는 마음을 나눌 수 있었습니다. (   )

4 다음 ○× 퀴즈의 정답을 알맞게 고른 어린이는 누구입니까? (   )

> **○× 퀴즈**
> (1) 일본은 고종과 신하들을 위협해 을사늑약을 강제로 맺게 했습니다.
> (2) 고종은 을사늑약에 반발하여 스스로 의병장이 되어 의병을 일으켰습니다.

5 다음에서 밑줄 친 '이번 일'과 관련 있는 사건은 어느 것입니까? (   )

> 나는 한국의 독립을 굳건히 하고…… 이토 히로부미가 있어서는 동양 평화의 유지는 할 수 없다고 생각하였으므로 <u>이번 일</u>을 한 것이다.
> – 안중근이 재판 과정에서 남긴 말

① 태백산 일대에서 일본군에 맞서 싸웠다.
② 일본 도쿄에서 일본 왕을 암살하려 했다.
③ 하얼빈역에서 이토 히로부미를 처단했다.
④ 중국 상하이 훙커우 공원에서 일본군 사령관과 고위 관리들을 처단했다.
⑤ 이천만 동포에게 사죄한다는 내용이 담긴 유서를 남기고 스스로 목숨을 끊었다.

6 일본에게 나라를 빼앗긴 이후 다음과 같은 상황이 벌어진 까닭을 바르게 말한 어린이를 쓰시오.

진호: 신사 참배를 강요했기 때문이야.
요한: 한국인의 성과 이름을 일본식으로 바꾸도록 강요했기 때문이야.
정석: 토지 조사 사업을 실시하여 주인이 모호한 땅을 빼앗아 일본인에게 싸게 팔았기 때문이야.

( )

7 다음 ( ) 안의 알맞은 말에 ○표를 하시오.

1919년 3월 1일, 사람들은 서울 종로의 탑골 공원에서 독립 선언서를 낭독하고 ❶(만세 / 폭력) 시위를 벌였습니다. 일제는 시위를 ❷(평화롭게 / 폭력적으로) 진압했습니다.

8 다음 인물들과 가장 관련 있는 사건을 두 가지 고르시오. (,)

홍범도 [출처: 연합뉴스]

김좌진 [출처: 연합뉴스]

① 신미양요 ② 을미사변
③ 청산리 대첩 ④ 봉오동 전투
⑤ 헤이그 특사 파견

천재교육, 아이스크림 미디어

9 광주 학생 항일 운동에 대한 설명으로 알맞지 않은 것은 어느 것입니까? ( )

① 광주 학생들의 시위는 전국으로 퍼져 나갔다.
② 3·1 운동 이후 우리나라에서 일어난 가장 큰 항일 운동이다.
③ 나주역에서 있었던 한국 학생과 일본 학생의 다툼이 발단되었다.
④ 학생들은 우리말과 우리 역사를 제대로 배우지 못하는 점을 항의했다.
⑤ 일본은 학생들의 의견을 받아들여 우리말 수업과 역사를 가르치도록 정책을 바꾸었다.

천재교과서, 교학사, 금성출판사, 김영사, 동아출판, 미래엔, 비상교과서, 비상교육, 지학사

10 다음 대화에서 민영이의 대답으로 알맞은 것은 어느 것입니까? ( )

준수: 한국인의 민족정신을 해치려는 일제에 맞선 사람은 누가 있을까?
민영: 신채호, 이육사 등 다양한 사람들이 있었어.
준수: 그중 이육사는 어떤 활동을 했어?
민영: ____________________

① 한글 맞춤법을 정리했어.
② 일제에 저항하는 문학 작품을 발표했어.
③ 한국광복군에 들어가 연합군과 전쟁에 참여했어.
④ 우리나라의 역사를 연구하여 일제의 역사 왜곡을 반박했어.
⑤ 자신의 재산을 들여 일본으로 넘어갈 뻔한 문화재를 구입하고 보존했어.

2 단원

연습 도움말을 참고하여 내 생각을 차근차근 써 보세요.

1 다음은 고종이 황제 즉위식을 거행한 곳입니다. [총 10점]

[출처: 국립민속박물관]

(1) 고종이 황제 즉위식을 연 위 장소는 어디인지 쓰시오. [2점]

( )

(2) 고종이 황제 즉위식을 열고 선포한 나라 이름은 무엇인지 **보기**에서 찾아 쓰시오. [2점]

보기
• 신라 • 고려 • 조선 • 대한 제국

( )

(3) 위 (2)번 답이 추진한 근대적인 개혁의 한계를 쓰시오. [6점]

이 시기 개혁 정책이 강화한 것과 보장하지 못한 것을 생각하며 써 보세요.
꼭 들어가야 할 말 황제 / 권리 / 국민

2 다음은 항일 의병 운동의 전개를 나타낸 지도입니다. [총 10점]

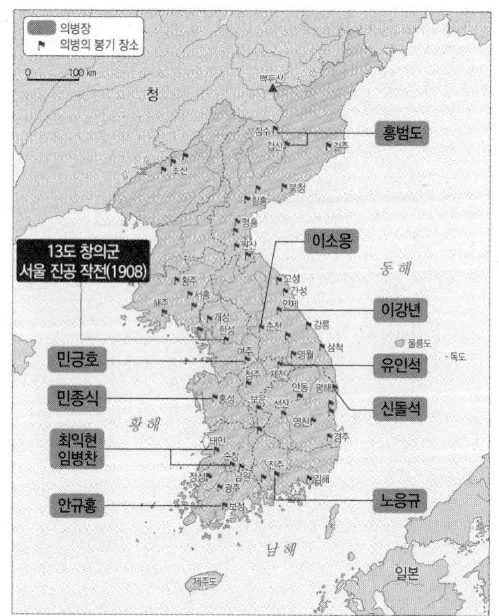

(1) '태백산 호랑이'라는 별명을 얻은 의병장을 위 지도에서 찾아 쓰시오. [2점]

( )

(2) 위와 같은 의병의 활동에 대해 <u>잘못</u> 이야기한 어린이를 쓰시오. [2점]

주아: 평민은 의병장이 될 수 없었어.
선민: 전국 각지에서 의병 운동이 전개되었어.
지현: 일제의 탄압으로 많은 의병이 죽거나 다쳤어.

( )

(3) 대한 제국의 군대가 해산되자 위와 같은 항일 의병 운동이 더욱 강하게 전개될 수 있었던 까닭을 쓰시오. [6점]

3 다음은 독립운동가들의 활동을 정리한 표입니다. [총 10점]

안창호	미국에서 ㉠ 을 세워 한국인들의 실력 양성을 위해 노력했음.
㉡	만주에 신흥 강습소(신흥 무관 학교)를 설립해 많은 독립운동가와 항일 독립군을 키워 냈음.

(1) 위 ㉠에 들어갈 단체를 보기 에서 찾아 쓰시오. [2점]

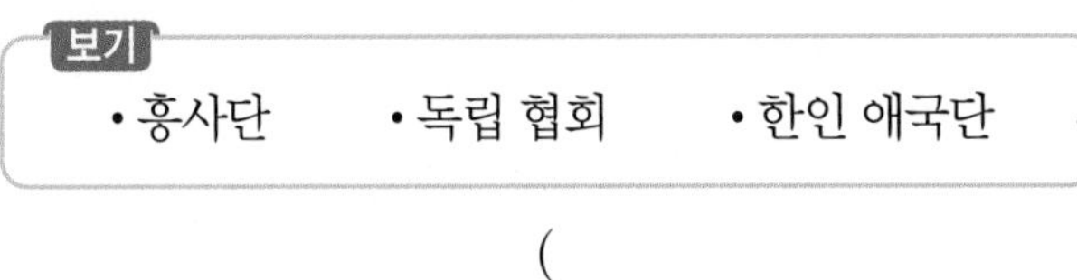
보기
• 흥사단 • 독립 협회 • 한인 애국단

( )

(2) 위 ㉡에 들어갈 인물을 쓰시오. [2점]

( )

(3) 위 인물들과 같이 독립운동가들이 다른 나라로 건너가 활동한 까닭을 쓰시오. [6점]

4 다음은 독립운동가들의 사진입니다. [총 10점]

(1) 위 사람들이 독립운동을 체계적으로 이끌어 가기 위해 중국 상하이에서 만든 단체는 무엇인지 쓰시오. [2점]

( )

(2) 위 (1)번 답의 단체가 한 일에 관해 바르게 말한 어린이를 쓰시오 [2점]

한나: 헌법을 제정하고 주권이 국민에게 있음을 밝혔어.
태섭: 국내의 독립운동과는 관계를 끊고 국외에서 외교 활동에만 집중했어.

( )

(3) 위 (1)번 답의 단체가 중국 상하이에 자리를 잡은 까닭을 쓰시오. [6점]

2. ③ 대한민국 정부의 수립과 6·25 전쟁

① 대한민국 정부 수립 과정

＊중요한 내용을 정리해 보세요!

● 대한민국 정부의 수립 과정은?

● 대한민국 정부 수립의 의의는?

개념 확인하기

정답 29쪽

다음 문제를 읽고 답을 찾아 ☐ 안에 ✓표를 하시오.

1 우리나라가 광복을 맞이하자 일본군의 무장 해제를 위해 38도선 기준 이남에 군대를 보낸 나라는 어디입니까?

㉠ 소련 ☐ ㉡ 미국 ☐ ㉢ 독일 ☐

2 한반도 문제와 관련하여 모스크바 3국 외상 회의에서 결정된 내용은 무엇입니까?

㉠ 남한과 북한에 각각 다른 정부를 세운다. ☐

㉡ 임시 정부를 세우고 신탁 통치를 시행한다. ☐

3 국제 연합이 남북한 총선거를 결정했을 때, 소련의 반응으로 알맞은 것은 무엇입니까?

㉠ 총선거에 적극적으로 협조했다. ☐

㉡ 임시 위원단이 북한에 오는 것을 막았다. ☐

4 남한만의 단독 선거를 막기 위해 북한의 지도자들과 의논한 사람은 누구입니까?

㉠ 김구 ☐ ㉡ 이승만 ☐ ㉢ 박정희 ☐

5 1948년 5월 10일 남한에서 있었던 일은 무엇입니까?

㉠ 미소 공동 위원회가 열렸다. ☐

㉡ 국회의원을 뽑는 선거가 시행되었다. ☐

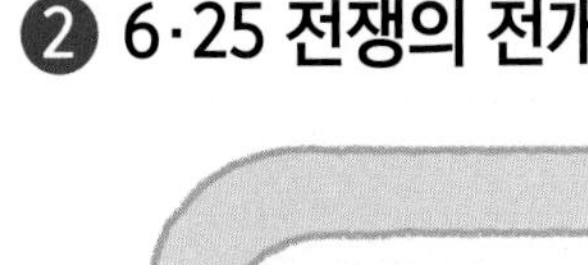

② 6·25 전쟁의 전개

✳중요한 내용을 정리해 보세요!

● 6·25 전쟁의 전개 과정은?

● 6·25 전쟁이 남긴 피해는?

2 단원

개념 확인하기

정답 29쪽

다음 문제를 읽고 답을 찾아 ☐ 안에 ✓표를 하시오.

1 1950년 북한의 기습적인 남침으로 국군은 어디까지 후퇴했습니까?

㉠ 낙동강 ☐	㉡ 제주도 ☐

2 국군과 국제 연합군이 서울을 되찾기 위해 상륙 작전을 실행한 곳은 어디입니까?

㉠ 부산 ☐	㉡ 목포 ☐	㉢ 인천 ☐

3 국군과 국제 연합군이 압록강에 다다르자 북한 편에서 전쟁에 개입한 나라는 어디입니까?

㉠ 미국 ☐	㉡ 중국 ☐	㉢ 프랑스 ☐

4 전선이 고착된 후, 1953년 7월 한반도에서 일어난 일은 무엇입니까?

㉠ 광복을 맞이했다. ☐

㉡ 정전 협정이 체결되었다. ☐

5 6·25 전쟁의 영향으로 알맞은 것은 무엇입니까?

㉠ 문화유산은 온전히 보존되었다. ☐

㉡ 농사를 지을 수 있는 땅이 늘어났다. ☐

㉢ 국토가 황폐해지고 많은 공장과 건물이 파괴되었다. ☐

[1~2] 다음은 우리나라의 달력 속 특별한 날입니다.

1 위 달력에 동그라미 친 날과 관련하여, 다음 ☐ 안에 들어갈 알맞은 말을 쓰시오.

> 1945년 8월 15일 우리 민족은 ☐을 맞이하게 되었습니다.

( )

2 우리나라가 위 1번 답을 맞이할 수 있었던 까닭으로 알맞은 것을 두 가지 고르시오. (,)

① 일본이 연합국에 항복했기 때문이다.
② 프랑스가 우리나라를 공격했기 때문이다.
③ 우리나라의 중공업 기술이 발전했기 때문이다.
④ 우리나라가 통일된 정부를 만들었기 때문이다.
⑤ 우리 민족이 끈질기게 독립운동을 했기 때문이다.

3 다음 ㉠, ㉡에 들어갈 나라를 쓰시오.

> 한반도가 광복을 맞이한 후 일본군 해산을 이유로 38도선을 기준으로 북쪽에 ㉠ 이, 남쪽에 ㉡ 이 군대를 주둔시켰습니다.

㉠ ( ) ㉡ ( )

4 1948년 제헌 국회에서 결정된 내용이 아닌 것은 어느 것입니까? ( )

①  우리나라의 헌법을 제정했어.

②  나라 이름을 '대한민국'으로 정했어.

③  국회의원들의 투표로 이승만을 대통령으로 뽑았어.

④  임시 정부를 세우고 일정 기간 신탁 통치를 실시할 것을 결정했어.

5 다음 일기의 밑줄 친 ㉠~㉢ 중 알맞지 않은 내용을 찾아 기호를 쓰시오.

> 오늘은 대한민국의 정부 수립에 대해 배웠다. 1948년 8월 15일, 마침내 대한민국 정부가 수립되었다. 우리나라는 ㉠ 3·1 운동의 독립 정신을 계승하고, ㉡ 대한민국 임시 정부를 계승하였으며, ㉢ 국가의 주인이 황제인 나라라고 헌법에 써 놓았다고 한다. 오늘 배운 것을 복습하면서 우리나라가 자랑스럽고 뿌듯하게 느껴졌다.

( )

[6~8] 다음은 6·25 전쟁과 관련된 신문 기사입니다.

6·25 전쟁 발발!

1950년 6월 25일, (㉠)의 기습적인 공격으로 전쟁이 시작되었다. 전쟁을 대비하지 못한 국군은 3일 만에 서울을 빼앗기고 낙동강 방어선까지 후퇴했다. 한편, (㉡)은 이를 침략 행위로 규정하여 ㉢ 군대를 파견했다.

6 위 ㉠에 들어갈 나라는 북한과 남한 중 어디입니까?
( )

7 위 ㉡에 들어갈 국제기구는 어느 것입니까? ( )

① 국제 연합　② 국제 통화 기금
③ 세계 보건 기구　④ 세계 무역 기구
⑤ 국경 없는 의사회

동아출판

8 위 밑줄 친 ㉢에 대한 설명으로 알맞지 않은 것에 ○ 표를 하시오.

(1) 치안 유지만 담당하고 직접 전투에 참여하지는 않았습니다. ( )
(2) 우리나라는 이들을 기리고자 부산광역시 남구에 기념 공원을 만들었습니다. ( )
(3) 물자를 지원한 39개국을 포함해 총 60여 나라가 대한민국을 도왔습니다. ( )

9 6·25 전쟁 때 다음과 같이 정전 협상이 진행된 까닭은 어느 것입니까? ( )

정전 협정을 체결하는 모습

① 북한의 정권이 바뀌어서
② 남한에서 새로운 대통령이 뽑혀서
③ 국군의 반격으로 압록강까지 진출해서
④ 남북한이 통일되어 하나의 정부가 들어서서
⑤ 전쟁이 쉽게 끝나지 않아 전쟁을 멈추기 위해서

10 6·25 전쟁이 남긴 피해에 대해 바르게 말한 어린이를 쓰시오.

소연: 문화유산은 전혀 피해를 받지 않았어.
태웅: 북한과 남한의 군인들만 죽거나 다쳤어.
백호: 수많은 전쟁고아와 이산가족이 생겨났어.

( )

연습 도움말을 참고하여 내 생각을 차근차근 써 보세요.

1 다음은 광복 이후 당시 어느 학생이 쓴 가상 일기입니다. [총 10점]

> 날짜 : ㉠
>
> 광복 후 처음 등교하는 날, 우리는 떨리는 마음으로 교과서도 없이 수업을 들었다. 생전 처음으로 우리말로 ㉡ 강의를 받은 그날은 앞으로도 잊지 못할 것이다. 친구들의 눈은 초롱초롱 빛났고 그 누구의 숨소리조차도 들을 수 없을 만큼 교실 안은 쥐 죽은 듯 조용했다. 이때만큼 열심히 수업받기는 평생 처음이었다.

(1) 위 일기의 ㉠에 들어갈 수 있는 날짜는 언제 이후인지 보기에서 찾아 쓰시오. [2점]

보기
- 1905년 11월 9일
- 1919년 3월 1일
- 1945년 8월 15일

( )

(2) 위 ㉡에 들어갈 알맞은 과목을 다음에서 찾아 쓰시오. [2점]

- 국어
- 일본어

( )

(3) 광복 이후 달라진 어린이들의 학교생활을 쓰시오. [6점]

일제의 영향을 받지 않는 학교의 모습을 생각하며 써 보세요.
꼭 들어가야 할 말 우리나라 선생님 / 우리말

2 다음은 한반도 분단 과정을 정리한 표입니다. [총 10점]

38도선 설치	일본이 항복하자 ㉠ 과 소련은 일본군의 무장 해제를 위해 38도선을 경계로 남쪽과 북쪽에 군대를 주둔시켰음.
⬇	
모스크바 3국 외상 회의	모스크바에서 열린 3국 외상 회의에서 임시 민주 정부 수립, 최대 5년간의 ㉡ 실시 등의 내용이 결정되었음.
⬇	
신탁 통치 반대 운동	모스크바 3국 외상 회의 결정을 찬성하는 사람들과 반대하는 사람들 간에 갈등이 발생했음.
⬇	
미소 공동 위원회	한반도의 임시 민주 정부 수립을 논의하기 위해 미소 공동 위원회를 열었지만, 의견 차이를 좁히지 못하자 미국은 ㉢

(1) 위 ㉠에 들어갈 알맞은 나라를 쓰시오. [2점]

( )

(2) 다음을 참고하여 위 ㉡에 들어갈 알맞은 말을 쓰시오. [2점]

> 스스로 운영하기 힘든 나라를 안정될 때까지 국제 연합의 감독 아래 다른 나라가 대신 도맡아 다스리는 것

( )

(3) 위 밑줄 친 ㉢에 들어갈 내용을 쓰시오. [6점]

3 다음은 제헌 국회에서 제정된 헌법 내용의 일부입니다. [총 10점]

유구한 역사와 전통에 빛나는 우리들 대한 국민은 기미 [㉠]으로 대한민국을 건립하여 세계에 선포한 위대한 독립 정신을 계승하여…….

제1조 ㉡ 대한민국은 민주 공화국이다.

(1) 다음 글을 참고하여 ㉠에 공통으로 들어갈 독립운동을 쓰시오. [2점]

1919년에 일어난 [㉠]은 이후 대한민국 임시 정부를 수립하는 계기가 되었습니다.

( )

(2) 다음 ( ) 안의 알맞은 말에 ○표를 하시오. [2점]

위에 제시된 헌법은 제헌 헌법으로, 1948년 5월 10일 남한에서 (대통령 / 국회의원)을 뽑는 선거를 통해 구성된 제헌 국회가 제정했습니다.

(3) 위 밑줄 친 ㉡을 통해 알 수 있는 대한민국 정부의 특징을 쓰시오. [6점]

4 다음은 6·25 전쟁의 피해와 영향에 대한 글입니다. [총 10점]

6·25 전쟁으로 한국군 62만 명, 국제 연합군 16만 명, 북한군 93만 명, 중국군 100만 명이, 민간인은 남한에서 100만 명, 북한에서 150만 명이 사망 또는 부상을 당하거나 실종되었습니다. 전쟁고아가 10만 명, [ ]이 1,000만 명이 발생하는 등 당시 남북한 인구의 절반이 넘는 사람들이 피해를 입었습니다.

(1) 윗글을 읽고 6·25 전쟁의 피해에 대해 바르게 말한 어린이를 쓰시오. [2점]

준혁: 6·25 전쟁으로 북한군만 죽었어.
한선: 6·25 전쟁은 남한에만 피해를 주었어.
주원: 6·25 전쟁으로 많은 사람이 죽거나 다쳤어.

( )

(2) 다음을 참고하여 윗글의 □ 안에 들어갈 알맞은 말을 쓰시오. [2점]

전쟁 중 서로 헤어져 만나지 못하는 가족

( )

(3) 위와 같은 전쟁으로 인해 생긴 피란민들의 생활은 어떠했는지 쓰시오. [6점]

2 단원
진도 완료 체크

11종 공통

1 영조가 탕평책을 실시한 목적으로 알맞은 것은 어느 것입니까? (　　　)

① 세금을 낮추기 위해서
② 정치를 안정시키기 위해서
③ 상공업을 발달시키기 위해서
④ 책을 편찬하며 문화를 발전시키기 위해서
⑤ 백성들이 가혹한 벌을 받지 않도록 하기 위해서

11종 공통

2 정조가 다음 계획도시를 세운 목적으로 가장 알맞은 것은 어느 것입니까? (　　　)

수원 화성

① 전쟁을 준비하기 위해서
② 토지 제도를 개혁하기 위해서
③ 붕당 간의 갈등을 막기 위해서
④ 백성들의 세금을 줄여 주기 위해서
⑤ 군사와 상업의 중심지로 만들기 위해서

11종 공통

3 다음 □ 안에 들어갈 학문으로 알맞은 것은 어느 것입니까? (　　　)

> 임진왜란과 병자호란을 겪은 이후 백성의 생활은 더욱 어려워졌습니다. 이런 상황에서 기존의 학문이 사회 문제를 해결할 방법을 제시하지 못하자 □(이)라는 학문이 등장했습니다.

① 불교　② 실학　③ 서학
④ 동학　⑤ 성리학

천재교과서, 교학사, 금성출판사, 김영사, 동아출판, 미래엔, 비상교과서, 비상교육, 아이스크림 미디어, 지학사

4 다음과 같이 조선 후기에 주로 유행하여 이름이 알려지지 않은 화가들이 그린 그림은 어느 것입니까? (　　　)

호랑이와 까치

① 민화　② 탈놀이　③ 정물화
④ 판소리　⑤ 한글 소설

천재교육, 천재교과서, 금성출판사, 동아출판, 비상교과서, 비상교육, 아이스크림 미디어, 지학사

5 다음 □ 안에 들어갈 사건에 대한 설명으로 알맞은 것은 어느 것입니까? (　　　)

어재연 장군의 '수자기'

① 프랑스가 통상을 요구하며 침략했던 사건이다.
② 새로운 나라를 만들기 위한 정치 개혁 운동이었다.
③ 흥선 대원군이 전국 각지에 탕평비를 세우는 계기가 되었다.
④ 제주도에 보관되어 있던 귀중한 책과 문화재 등을 약탈당했다.
⑤ 미군에 맞서 싸웠지만, 광성보가 함락되고 많은 사람들이 희생되었다.

11종 공통

6 **갑신정변에 대한 설명으로 알맞지 않은 것은 어느 것입니까? (　　　)**

① 김홍집 등 온건 개화파 인물들이 주도했다.
② 1884년 우정총국의 개국 축하 잔치를 틈타 정변을 일으켰다.
③ 청군의 개입과 일본군의 철수로 정변은 3일 만에 실패로 끝났다.
④ 일본에 힘에 의지하고 성급하게 개혁을 시도해 많은 사람의 지지를 받지 못했다.
⑤ 청에 대한 조공 허례를 폐지할 것, 능력에 따라 관리를 임명할 것 등의 개혁안을 발표했다.

천재교육, 금성출판사, 미래엔, 비상교과서, 비상교육

7 **다음 밑줄 친 '개혁'의 내용에 관해 바르게 말한 어린이는 누구입니까? (　　　)**

> 조선 정부는 갑신정변의 개혁안과 동학 농민군의 개혁안 요구를 일부 받아들여 갑오개혁을 추진했습니다.

①

②

③

④

11종 공통

8 **다음 신문 기사의 제목과 관련 있는 사건은 어느 것입니까? (　　　)**

> 역사 신문　　　　1895년 ○○월 ○○일
>
> 일본, 명성황후 시해하고
> 시신을 불태우는 만행 저질러

① 갑신정변　　② 병인양요
③ 신미양요　　④ 을미사변
⑤ 아관파천

11종 공통

9 **다음 자료와 가장 관련 있는 단체는 어느 것입니까? (　　　)**

독립신문

독립문

① 세도 가문
② 독립 협회
③ 동학 농민군
④ 신흥 무관 학교
⑤ 대한민국 임시 정부

11종 공통

10 **다음 ㉠, ㉡에 들어갈 말이 알맞게 짝 지어진 것은 어느 것입니까? (　　　)**

> 일본은 고종과 신하들을 위협해 [㉠]을 맺게 했습니다. 고종은 강제로 체결된 [㉠]이 무효임을 국제 사회에 알리고자 이준 등을 네덜란드 [㉡]에서 열리는 만국 평화 회의에 특사로 파견했습니다.

	㉠	㉡		㉠	㉡
①	을사늑약	런던	②	강화도 조약	파리
③	을사늑약	헤이그	④	강화도 조약	헤이그
⑤	을사늑약	모스크바			

2 단원

11종 공통

11 대한 제국의 국권을 빼앗은 일제가 설치한 다음 기관은 무엇입니까? (　　　)

- 일제 식민 통치의 최고 기구였습니다.
- 일제가 한국인들을 지배하고자 만들었습니다.

① 흥사단
② 경복궁
③ 우정총국
④ 조선 총독부
⑤ 신흥 무관 학교

11종 공통

12 3·1 운동의 전개 과정을 순서로 나열한 것은 어느 것입니까? (　　　)

㉠ 1919년 3월 1일에 민족 대표들이 모여 독립 선언식을 했습니다.
㉡ 학생들과 시민들은 탑골 공원에 모여 독립 선언서를 낭독하고 시위를 벌였습니다.
㉢ 만세 시위는 전국으로 퍼져나가 농민, 노동자 등이 참여한 전 민족적인 운동으로 발전했습니다.
㉣ 제1차 세계 대전 패전국의 식민지들이 독립하자 우리나라도 독립에 대한 희망을 품게 되었습니다.

① ㉠ → ㉡ → ㉢ → ㉣
② ㉠ → ㉡ → ㉣ → ㉢
③ ㉡ → ㉠ → ㉢ → ㉣
④ ㉣ → ㉠ → ㉡ → ㉢
⑤ ㉣ → ㉡ → ㉢ → ㉠

천재교육, 김영사, 미래엔, 비상교육, 아이스크림 미디어

13 다음 인터넷 검색 결과로 알맞은 것은 어느 것입니까? (　　　)

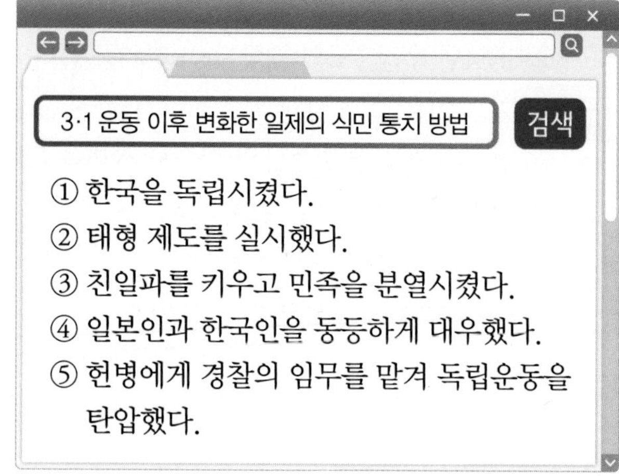

① 한국을 독립시켰다.
② 태형 제도를 실시했다.
③ 친일파를 키우고 민족을 분열시켰다.
④ 일본인과 한국인을 동등하게 대우했다.
⑤ 헌병에게 경찰의 임무를 맡겨 독립운동을 탄압했다.

11종 공통

14 한글 보급과 사전 편찬에 힘썼던 단체는 어디입니까? (　　　)

① 의열단　② 흥사단　③ 독립 협회
④ 한인 애국단　⑤ 조선어 학회

11종 공통

15 광복을 위해 우리 민족이 한 노력으로 알맞은 것은 어느 것입니까? (　　　)

① 단발령을 실시하였다.
② 조선 총독부를 세웠다.
③ 을사늑약을 체결하였다.
④ 한국 광복군을 조직해 국내로 들어오려고 했다.
⑤ 학교에서 일본어와 일본 역사를 열심히 가르쳤다.

2 단원

11종 공통

16 광복 이후 우리나라의 상황으로 알맞지 않은 것은 어느 것입니까? (   )

① 모든 국민이 신탁 통치에 찬성했다.
② 미국은 한국 문제를 국제 연합에 넘겼다.
③ 임시 정부 구성 방법을 논의하기 위해 미소 공동 위원회가 열렸다.
④ 모스크바 3국 외상 회의에서는 신탁 통치를 실시하는 내용이 결정되었다.
⑤ 국제 연합은 남북한 총선거를 실시하기로 결정했으나 소련은 이를 거부했다.

11종 공통

17 다음 아이들의 대화에서 밑줄 친 곳에 들어갈 내용으로 알맞은 것은 어느 것입니까? (   )

진영: 위 사진은 무슨 사진이야?
윤정: 대한민국 정부 수립을 축하하는 모습을 찍은 사진이야.
진영: 대한민국 정부 수립의 의의는 무엇일까?
윤정: ________________ 점에서 의의가 있어.

① 한반도에 통일된 정부를 세웠다는
② 중국의 도움을 받아 정부를 세웠다는
③ 독립된 정부와 민주 공화국이 세워졌다는
④ 고종 황제가 복귀하고 황제를 중심으로 하는 나라를 세웠다는
⑤ 대한민국 임시 정부와 전혀 관계없는 새로운 정부를 세웠다는

11종 공통

18 6·25 전쟁이 발생한 이유로 알맞은 것은 어느 것입니까? (   )

① 일본이 남한을 침략했다.
② 남한이 먼저 북한을 침략했다.
③ 북한이 민주주의 정부를 수립하려고 했다.
④ 미국의 도움을 받아 북한이 남한을 침략했다.
⑤ 한반도를 무력으로 통일하려고 북한이 남침했다.

11종 공통

19 6·25 전쟁이 국군과 국제 연합군에 유리하게 흘러가는 계기가 된 다음 사건은 어느 것입니까? (   )

① 1·4 후퇴
② 휴전 협정
③ 중국군 참전
④ 인천 상륙 작전
⑤ 부산 임시 수도 이전

2 단원

진도 완료 체크

11종 공통

20 6·25 전쟁의 피해로 알맞지 않은 것은 어느 것입니까? (   )

① 이산가족이 생겼다.
② 전쟁고아가 생겼다.
③ 문화재가 파손되었다.
④ 재산 피해가 발생했다.
⑤ 남북 분단의 출발점이 되었다.

· 답안 입력하기 · 평가 분석표 받기

11종 공통

1 나라의 중요한 문제를 상의하고 인재를 길러내기 위해 정조가 설치한 다음 기관은 어느 것입니까? (　　　)

① 집현전　② 장안문
③ 규장각　④ 성균관
⑤ 환구단

11종 공통

2 다음 중 조선 후기 실학자들의 주장으로 알맞지 <u>않은</u> 것은 어느 것입니까? (　　　)

①

새로운 농사 기술을 보급해야 함.

②

공업과 농업이 아닌 상업에만 집중해야 함.

③

청의 문물과 기술을 적극적으로 받아들여야 함.

④

관리는 백성을 위하여 정치를 바르게 해야 함.

11종 공통

3 다음에 대한 설명으로 알맞은 것은 어느 것입니까? (　　　)

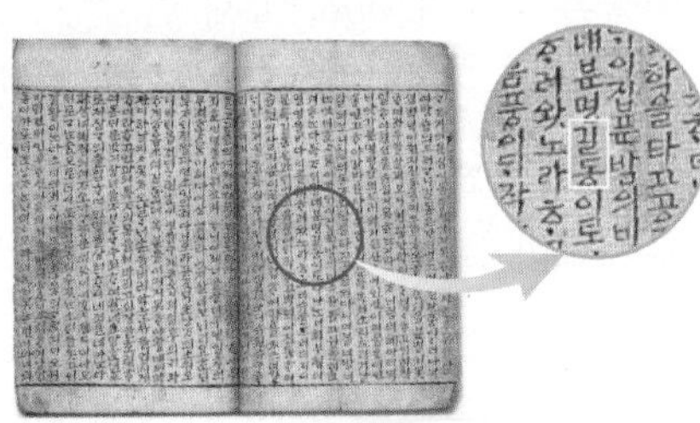
「홍길동전」

① 한문 소설이다.
② 유명한 민화이다.
③ 탈놀이의 종류이다.
④ 한글을 알면 읽을 수 있다.
⑤ 양반들이 즐겨 읽던 소설이다.

11종 공통

4 정조가 죽은 이후 왕들이 어린 나이에 왕위에 오르면서 생긴 사회 모습은 어느 것입니까? (　　　)

① 서양과 적극적으로 교류했다.
② 백성의 삶과 사회가 안정되었다.
③ 정치의 기강이 바로 서고 나라가 강해졌다.
④ 탕평책이 지속되어 붕당 간의 대립이 사라졌다.
⑤ 왕실과 혼인 관계를 맺은 몇몇 가문이 권력을 독차지했다.

11종 공통

5 흥선 대원군의 정책으로 알맞지 <u>않은</u> 것은 어느 것입니까? (　　　)

① 양반도 세금을 내도록 하였다.
② 능력 있는 사람에게 벼슬을 주었다.
③ 서원은 일부만 남기고 모두 정리하였다.
④ 임진왜란 때 불에 탄 경복궁을 다시 지었다.
⑤ 서양과 통상 조약을 맺고 교류를 시작하였다.

11종 공통

6 강화도 조약에 대한 설명으로 알맞은 것은 어느 것입니까? (　　　)

① 미국과 맺은 조약이다.
② 우리나라에 유리한 조약이다.
③ 외국과 맺은 최초의 근대적 조약이다.
④ 프랑스의 압박을 받아서 맺은 조약이다.
⑤ 선교사들을 박해한 사건을 빌미로 체결되었다.

11종 공통

7 1894년 농민들과 함께 고부 군수의 횡포에 저항하여 봉기를 일으킨 사람은 누구입니까? (　　　)

① 김좌진　　② 안중근
③ 김홍집　　④ 전봉준
⑤ 정약용

11종 공통

8 다음 □ 안에 공통으로 들어갈 알맞은 나라는 어디입니까? (　　　)

> 고종은 을미사변 이후 □ 공사관으로 피해 머물렀으며, 이로 인해 조선에서 □의 영향력이 커지게 되었습니다.

① 청　　② 일본
③ 미국　　④ 프랑스
⑤ 러시아

11종 공통

9 대한 제국이 실시한 정책으로 알맞지 않은 것은 어느 것입니까? (　　　)

① 만민 공동회를 개최하였다.
② 공장과 회사를 설립하였다.
③ 학교를 세워 인재를 양성하였다.
④ 여러 가지 근대 시설을 마련하였다.
⑤ 외국에 유학생을 보내 기술을 습득하게 했다.

11종 공통

10 다음 조약의 체결에 저항한 사람들의 모습이 아닌 것은 어느 것입니까? (　　　)

> 일제는 고종 황제를 위협하여 강제로 을사늑약을 맺게 했습니다.

①

헤이그 특사 파견

②

항일 의병 운동

③

안중근의 의거 활동

④

조선 총독부 설치

11종 공통

11 다음과 같은 생각을 가진 사람들이 일제의 침략을 막기 위해 한 노력은 어느 것입니까? (　　　)

① 학교를 설립하여 인재를 길렀다.
② 일제의 침략에 대항하여 의병을 일으켰다.
③ 일제의 주요 인물을 처단하는 활동을 했다.
④ 한국광복군을 창설해 일본과 전쟁을 치를 준비를 했다.
⑤ 이천만 동포에게 사죄한다는 등의 내용이 담긴 유서를 남기고 스스로 목숨을 끊었다.

11종 공통

12 다음 내용과 관련 있는 인물은 누구입니까? (　　　)

일제에 나라를 빼앗기자 형제들을 모아 놓고 "우리 형제가 대의가 있는 곳에 죽을지언정, 왜적 밑에서 노예가 되어 생명을 구하려 한다면 이는 짐승과 같다."라고 이야기하였습니다. 이후 막대한 재산을 처분하고 고향을 떠나 만주 지역으로 가서 삼원보에 자리를 잡고 여러 독립운동가들과 함께 신흥 무관 학교를 세웠습니다.

① 안창호　② 안중근　③ 이회영
④ 홍범도　⑤ 신채호

11종 공통

13 다음 보기에서 3·1 운동에 관한 설명 중 옳은 것을 모두 고른 것은 어느 것입니까? (　　　)

보기
㉠ 3월 1일 하루 동안만 일어났습니다.
㉡ 남성들만 만세 시위를 이끌었습니다.
㉢ 점차 전국적인 시위로 퍼져나갔습니다.
㉣ 일제는 군인과 경찰을 동원하여 만세 시위를 잔인하게 탄압했습니다.

① ㉠, ㉡　② ㉠, ㉢
③ ㉡, ㉢　④ ㉡, ㉣
⑤ ㉢, ㉣

11종 공통

14 대한민국 임시 정부가 한 일이 아닌 것은 어느 것입니까? (　　　)

① 독립 자금을 모금하였다.
② 한인 애국단을 조직하였다.
③ 학교에서 일본어를 가르쳤다.
④ 다른 나라와 외교하며 독립운동을 펼쳤다.
⑤ 비밀 연락망을 조직해 독립운동을 지휘했다.

11종 공통

15 광복 이후의 모습으로 알맞지 않은 것은 어느 것입니까? (　　　)

① 학교에서 한글을 배웠다.
② 일본어를 사용하지 않아도 되었다.
③ 건국을 준비하는 단체가 만들어졌다.
④ 일본군이 치안과 질서 유지를 담당했다.
⑤ 만주, 일본 등에 머물던 동포들이 귀국했다.

11종 공통

16 다음 사람들이 찬성하는 회의의 결정 내용으로 알맞은 것은 어느 것입니까? (　　　)

① 일본이 한반도를 대신 통치한다.
② 남한과 북한이 따로 한반도에 정부를 세운다.
③ 영국의 도움을 받아 한반도에 정부를 세운다.
④ 외국의 도움 없이 자주적인 통일 정부를 만든다.
⑤ 한반도에 임시 정부를 세우고 신탁 통치를 시행한다.

11종 공통

17 1948년에 실시된 5·10 총선거에 대한 설명으로 알맞은 것은 어느 것입니까? (　　　)

① 헌법을 만들었다.
② 대통령을 뽑았다.
③ 남자만 참여했다.
④ 정부가 수립되었다.
⑤ 첫 번째 민주적 선거였다.

천재교육, 천재교과서, 금성출판사, 김영사, 미래엔, 비상교과서, 비상교육, 아이스크림 미디어, 지학사

18 다음 ㉠, ㉡에 들어갈 사람으로 알맞은 것은 어느 것입니까? (　　　)

> 한반도의 정부 수립과 관련하여 ㉠ 은/는 남한만이라도 단독 정부를 수립해야 한다고 주장했고, ㉡ 은/는 통일 정부를 수립하기 위해 힘을 쏟아야 한다고 주장했습니다.

	㉠	㉡		㉠	㉡
①	김구	이승만	②	이승만	김구
③	김구	안창호	④	이승만	안창호
⑤	김구	김좌진			

11종 공통

19 다음과 관련 있는 지도는 어느 것입니까? (　　　)

> 국군과 국제 연합군은 북한군의 배후인 인천을 공격해 빼앗고 서울을 다시 찾았습니다.

①
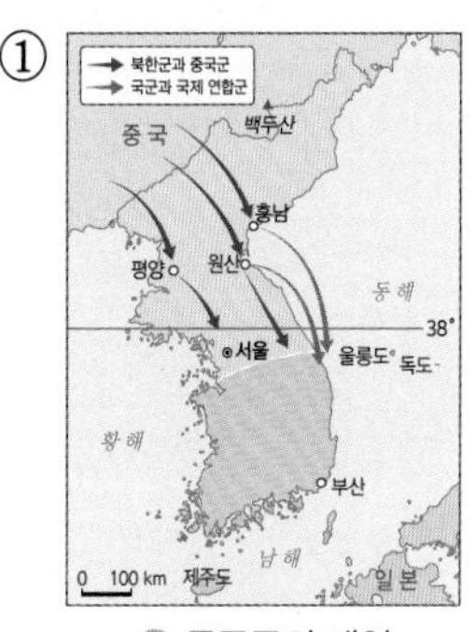

중국군의 개입

②
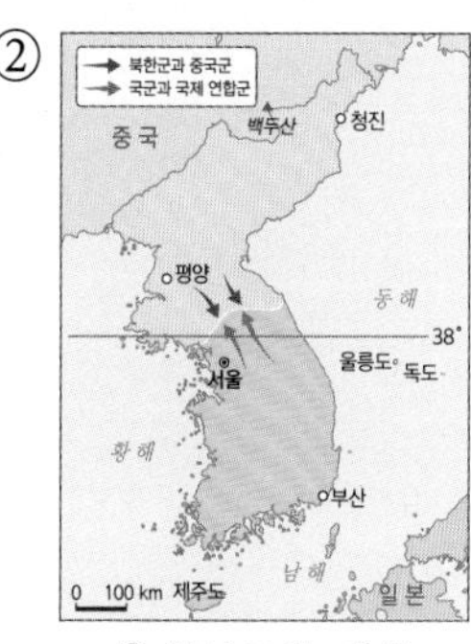

전선 고착 · 휴전

③
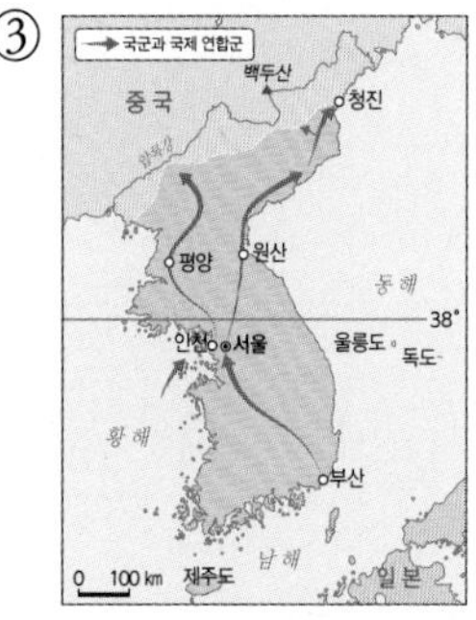

국군·국제 연합군의 반격

④
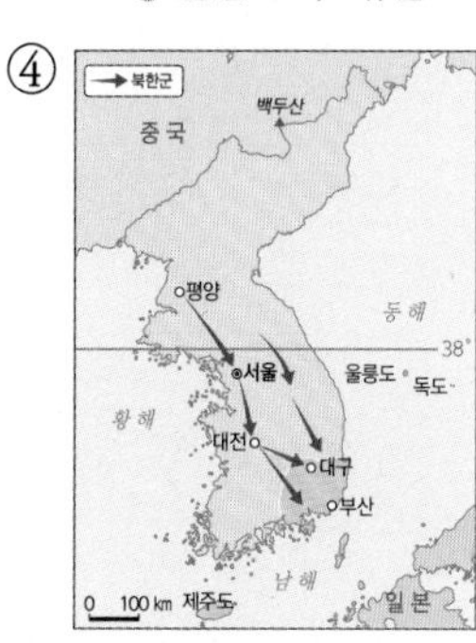

북한군의 남침

천재교육, 금성출판사, 동아출판, 미래엔, 비상교과서

20 1983년에 방영되었던 특별 생방송 '이산가족을 찾습니다'에 대한 설명으로 알맞은 것은 어느 것입니까? (　　　)

① 하루 동안만 방송되었다.
② 참가 신청자들은 매우 적었다.
③ 방송은 오늘날까지 계속되고 있다.
④ 당시 방송의 기록물들은 폐기되었다.
⑤ 이산가족의 아픔과 전쟁의 비극을 사람들에게 일깨워 주었다.

2 단원

진도 완료 체크

· 답안 입력하기　· 평가 분석표 받기

MEMO

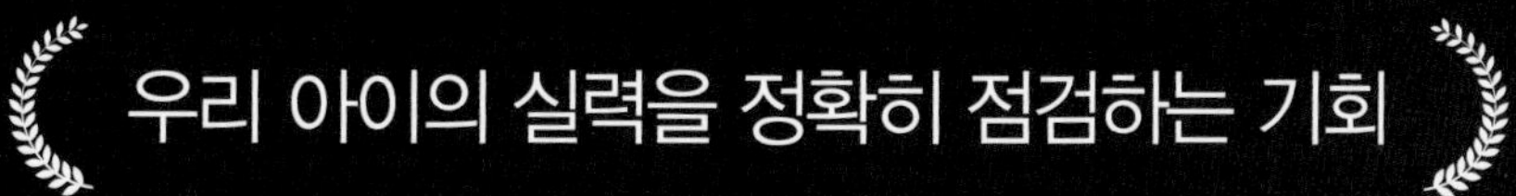
우리 아이의 실력을 정확히 점검하는 기회

온라인
학습북

수학 전문 교재

- **연산 학습**

빅터연산	예비초~6학년, 총 20권
창의융합 빅터연산	예비초~4학년, 총 16권

- **개념 학습**

개념클릭 해법수학	1~6학년, 학기용

- **수준별 수학 전문서**

해결의법칙(개념/유형/응용)	1~6학년, 학기용

- **단원평가 대비**

수학 단원평가	1~6학년, 학기용
밀듬전략 초등 수학	1~6학년, 학기용

- **단기완성 학습**

초등 수학전략	1~6학년, 학기용

- **상위권 학습**

최고수준 S 수학	1~6학년, 학기용
최고수준 수학	1~6학년, 학기용
최강 TOT 수학	1~6학년, 학년용

- **경시대회 대비**

해법 수학경시대회 기출문제	1~6학년, 학기용

예비 중등 교재

● 해법 반편성 배치고사 예상문제	6학년
● 해법 신입생 시리즈(수학/영어)	6학년

맞춤형 학교 시험대비 교재

● 열공 전과목 단원평가	1~6학년, 학기용(1학기 2~6년)

한자 교재

● 한자능력검정시험 자격증 한번에 따기	8~3급, 총 9권
● 씽씽 한자 자격시험	8~5급, 총 4권
● 한자 전략	8~5급Ⅱ, 총 12권

배움으로 행복한 내일을 꿈꾸는

천재교육 커뮤니티 안내

교재 안내부터 구매까지 한 번에!

천재교육 홈페이지

자사가 발행하는 참고서, 교과서에 대한 소개는 물론
도서 구매도 할 수 있습니다. 회원에게 지급되는 별을 모아
다양한 상품 응모에도 도전해 보세요!

다양한 교육 꿀팁에 깜짝 이벤트는 덤!

천재교육 인스타그램

천재교육의 새롭고 중요한 소식을 가장 먼저 접하고 싶다면?
천재교육 인스타그램 팔로우가 필수!
깜짝 이벤트도 수시로 진행되니 놓치지 마세요!

수업이 편리해지는

천재교육 ACA 사이트

오직 선생님만을 위한, 천재교육 모든 교재에 대한 정보가 담긴
아카 사이트에서는 다양한 수업자료 및 부가 자료는 물론
시험 출제에 필요한 문제도 다운로드하실 수 있습니다.

천재교육을 사랑하는 샘들의 모임

천사샘

학원 강사, 공부방 선생님이시라면 누구나 가입할 수 있는 천사샘!
교재 개발 및 평가를 통해 교재 검토진으로 참여할 수 있는 기회는 물론
다양한 교사용 교재 증정 이벤트가 선생님을 기다립니다.

아이와 함께 성장하는 학부모들의 모임공간

튠맘 학습연구소

튠맘 학습연구소는 초·중등 학부모를 대상으로 다양한 이벤트와 함께
교재 리뷰 및 학습 정보를 제공하는 네이버 카페입니다.
초등학생, 중학생 자녀를 둔 학부모님이라면 튠맘 학습연구소로 오세요!

GENIE FRIENDS

정답은 정확하게, 풀이는 자세하게

꼼꼼 풀이집

초등 사회 5-2

천재교육

꼼꼼 풀이집

꼼꼼 풀이집

정답과 풀이

5-2

교과서 진도북

1. 옛사람들의 삶과 문화

❶ 나라의 등장과 발전

개념 다지기 11쪽

1 ⑤ 2 ① 3 (1) ○ 4 ③ 5 장수왕
6 ⑤

1 청동기가 보급된 이후 한반도와 주변 지역에서는 권력을 가진 여러 세력 집단이 나타났습니다. 이들 중 강한 세력은 주변 집단을 정복하며 세력을 넓혔습니다. 이러한 과정에서 우리 역사 속 최초의 국가인 고조선이 등장했습니다.

2 도둑질한 사람은 데려다가 노비로 삼는다는 것을 보아 신분제 사회였음을 알 수 있습니다.

3 미송리식 토기, 비파형 동검, 탁자식 고인돌의 분포 지역으로 고조선의 문화 범위를 짐작할 수 있습니다.

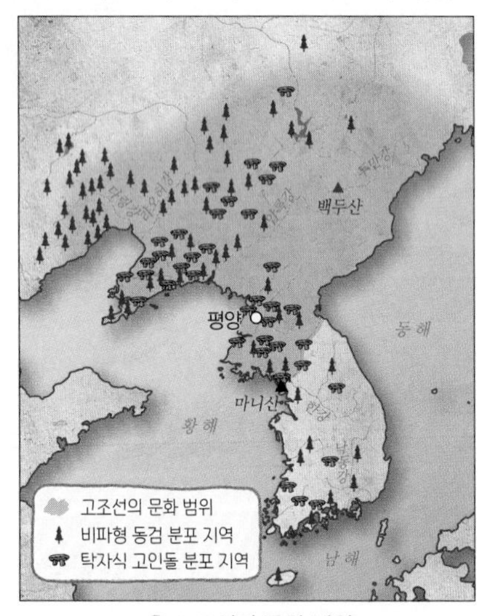

고조선의 문화 범위

4 백제는 주변 나라들과 활발히 교류했습니다.

5 광개토대왕에 이어서 고구려의 왕이 된 장수왕은 수도를 평양성으로 옮긴 후 백제의 도읍인 한성을 함락해 한강 유역을 모두 차지했습니다.

6 가야는 여러 작은 나라들로 이루어진 연맹 국가였습니다. 철의 생산지로 유명했으며, 중국이나 왜와도 활발히 교류했습니다. 처음에는 금관가야가 가야 연맹을 이끌었으나, 고구려의 공격을 받은 이후 금관가야의 힘이 약해지고 대가야가 가야 연맹의 중심이 되었습니다. 그러나 가야 연맹은 신라와 백제의 간섭과 압력에 시달리다가, 끝내 신라의 공격을 받아 신라에 흡수되었습니다.

개념 다지기 15쪽

1 선아 2 ⑤ 3 ③, ⑤ 4 (1) ○ 5 ④
6 ②

1 고분은 옛사람들이 남긴 무덤입니다. 옛사람들은 사람이 죽더라도 영혼은 다른 세상에서 계속 살아간다고 생각해 고분 안에 여러 가지 물건을 넣었습니다. 고분에서 발견된 유물과 벽화를 통해 당시 사람들의 생활 모습과 생각을 알 수 있습니다.

2 고구려는 삼국 가운데 가장 먼저 불교를 받아들인 나라입니다. 대표적인 불교 문화유산으로는 금동 연가 7년명 여래 입상이 있습니다. 금동 연가 7년명 여래 입상 뒷면에는 불상을 만든 시기와 나라가 새겨져 있습니다.

3 백제의 대표적인 문화유산에는 무령왕릉, 백제 금동 대향로, 익산 미륵사지 석탑 등이 있습니다.

무령왕릉

익산 미륵사지 석탑

4 첨성대는 하늘의 해와 달, 별의 모습 등을 관찰하던 시설로 알려져 있습니다.

왜 틀렸을까?

(2) 경주 분황사 모전 석탑은 돌을 벽돌 모양으로 다듬어 쌓은 탑입니다.

5 가야의 고분에서는 철제 갑옷과 칼, 창, 마구류 등과 같이 철로 만든 유물이 많이 발견되었습니다.

더 알아보기

가야의 문화유산

가야금	가야의 악기인 가야금은 현재까지 전해지고 있음.
다양한 토기	새나 수레 모양 등 다양한 모양의 토기를 통해 가야 사람들의 뛰어난 토기 제작 기술을 엿볼 수 있음.
철기 문화유산	질 좋은 철이 많이 생산되는 가야는 철을 다루는 기술이 발달했으며 고분에서 철제 갑옷, 칼, 창 등과 같은 철로 만든 유물이 많이 발견됨.

6 중국에서 전해진 유교와 불교는 삼국의 문화 발전에 큰 영향을 끼쳤습니다.

개념 다지기 19쪽

1 ① 2 ㉠, ㉡, ㉣, ㉢ 3 ④ 4 (1) ㉠ (2) ㉡
5 ⑤ 6 ❶ 당 ❷ 정효 공주 무덤

1 신라는 백제의 공격을 받아 위기에 처했습니다. 신라의 김춘추(태종 무열왕)는 당과 동맹을 맺고 왕위에 오른 후 백제를 멸망시켰습니다.

더 알아보기

신라와 당의 동맹

신라가 위기에 빠지자 김춘추는 고구려에 가서 도움을 요청했습니다. 그러나 고구려는 신라가 점령한 옛 고구려 영토를 요구하면서 신라의 요청을 거부했습니다. 그러자 김춘추는 당과 군사 동맹을 맺고자 했습니다. 마침 고구려를 공격했다가 패배했던 당 태종은 김춘추의 제안을 받아들였습니다.

2 백제와 고구려가 멸망하자 당은 동맹을 깨고 한반도 전체를 차지하려고 했습니다.

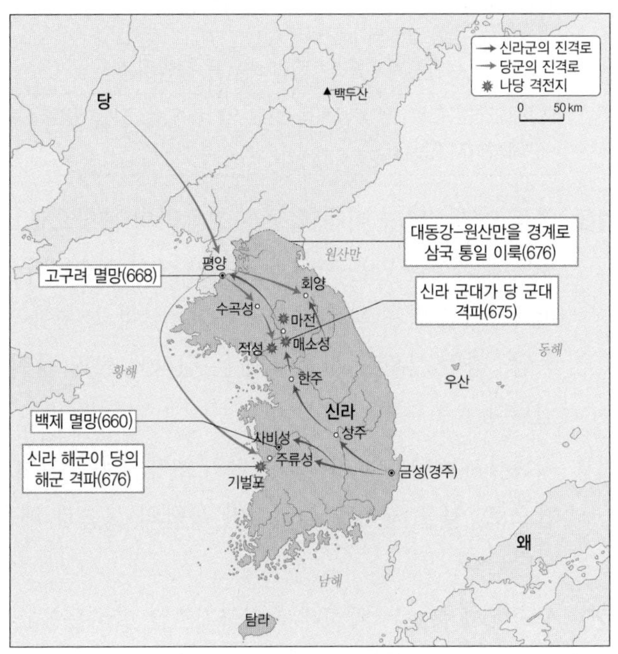

신라의 삼국 통일 과정

3 대조영은 고구려 유민들과 말갈족을 이끌고 동모산 지역에 발해를 세웠습니다.

4 삼국 통일 이후 불교문화가 번성한 신라에는 많은 절이 생기고 탑, 불상 등이 제작되었습니다. 그중에서 불국사와 석굴암은 통일신라 불교문화의 우수성을 보여 주는 대표적인 문화유산입니다.

불국사

석굴암

5 『무구정광대다라니경』은 불국사 삼층 석탑에서 발견되었습니다. 지금까지 남아 있는 목판 인쇄물 중 세계에서 가장 오래된 것입니다.

6 정효 공주 무덤에 있는 벽화를 통해 당시 사람들의 모습을 추측해 볼 수 있습니다.

단원 실력 쌓기 20~23쪽

Step 1

1 청동기 2 한강 3 무용총 4 신라 5 대조영
6 ② 7 ③, ⑤ 8 ④ 9 ⑤ 10 ③, ④
11 ②, ④ 12 ⑤ 13 ⑤ 14 ④, ⑤

Step 2

15 (1) 곡식 (2) 신분
16 예 중국과 교류가 편했기 때문이다. 평야가 넓고 물을 구하기 쉬워 농사짓기에 유리했기 때문이다.
17 예 고구려 문화를 계승했다.

15 (1) 농사
(2) 노비
16 농사
17 많

Step 3

18 금동 연가 7년명 여래 입상
19 익산 미륵사지 석탑
20 예 왕의 권위를 높이고 백성의 마음을 하나로 모으기 위해 불교를 장려하고 불교 문화유산을 만들었다.

1 고조선은 우리 역사 속 최초의 국가입니다.

2 백제는 온조가 한강 유역에 세웠습니다.

3 무령왕릉은 백제의 문화유산입니다.

4 신라는 676년에 삼국을 통일했습니다.

5 대조영이 고구려 유민들과 말갈족을 이끌고 동모산 지역에 발해를 세웠습니다.

6 환웅이 바람, 비, 구름을 다스리는 신하를 데리고 내려왔다는 점에서 농업을 중요하게 여겼음을 알 수 있습니다.

7 고조선의 건국 이야기가 『삼국유사』에 전해지는데, 『삼국유사』는 고려 시대에 일연이 고조선부터 후삼국까지를 기록한 역사서입니다. 고조선을 대표하는 문화유산은 비파형 동검, 탁자식 고인돌, 미송리식 토기 등이 있습니다.

탁자식 고인돌

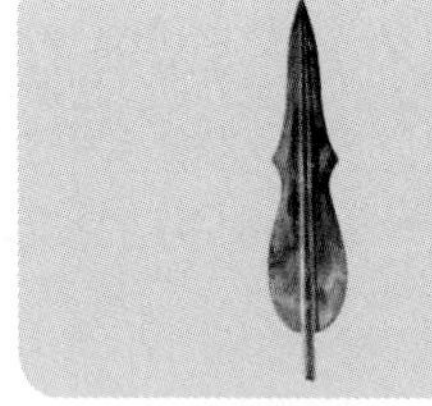
비파형 동검

8 백제의 근초고왕은 남쪽 지역으로 영토를 넓히고 고구려를 공격해 북쪽으로 진출했습니다.

9 고구려의 광개토대왕은 요동 지역을 차지하고, 남쪽으로는 백제의 영역이었던 한강 지역으로 세력을 확장했습니다.

왜 틀렸을까?
① 온조: 백제를 세웠습니다.
② 주몽: 고구려를 세웠습니다.
③ 근초고왕: 백제의 전성기를 이끌었습니다.
④ 박혁거세: 신라를 세웠습니다.

10 신라의 진흥왕은 화랑도를 통해 유능한 인재를 길렀고 한강 유역을 차지했으며, 대가야를 흡수하고 가야 연맹을 소멸시켰습니다.

11 작은 사람들이 시중을 들고 있는 것으로 보아 사람의 크기는 신분을 나타낸다는 것을 알 수 있습니다.

12 신라는 백제, 고구려를 멸망시키고, 한반도 전체를 차지하려던 당을 물리치고 삼국 통일을 이루었습니다.

13 발해는 군사, 문화적 힘이 강력한 나라로 발전해 고구려의 옛 땅을 대부분 되찾았습니다.

14 석굴암은 화강암을 쌓아 올려 동굴처럼 만든 통일신라의 절로, 건축 기술의 우수성뿐만 아니라 석굴암 내부의 예술적인 가치가 높이 평가되어 유네스코 세계 유산으로 지정되었습니다.

석굴암 본존불

15 고조선의 법 조항을 보고 당시 사람들의 생활 모습을 짐작할 수 있습니다.

16 한강 유역은 교통이 편리해 교류가 쉽고, 평야가 넓어 농사짓기에 유리했기 때문에 삼국은 한강 유역을 차지하기 위해 끊임없이 경쟁했습니다.

채점 기준

정답 키워드 중국 | 교류 | 평야 | 농사 '중국과 교류가 편했기 때문이다.', '평야가 넓고 물을 구하기 쉬워 농사짓기에 유리했기 때문이다.' 등의 내용을 정확히 씀.	상
삼국이 한강 유역을 두고 경쟁했던 까닭을 썼으나 구체적이지 않음.	하

17 발해는 대조영이 고구려 유민들을 이끌고 세운 나라로, 고구려를 계승한 나라임을 내세웠습니다.

채점 기준

정답 키워드 고구려 | 문화 | 계승 '고구려 문화를 계승했다.' 등의 내용을 정확히 씀.	상
발해와 고구려의 문화유산을 보고 알 수 있는 점을 썼으나 구체적이지 않음.	하

18 금동 연가 7년명 여래 입상은 고구려의 불상으로, 불상 뒷면에 불상을 만든 까닭과 시기가 쓰여 있습니다. 익산 미륵사지 석탑은 백제의 불교 문화유산이고, 황룡사 9층 목탑, 경주 분황사 모전 석탑은 신라의 불교 문화유산입니다.

19 미륵사지 석탑은 우리나라 석탑의 초기 모습을 보여 주는 탑으로, 돌을 쌓아 만들었지만 목탑의 모습과 매우 비슷합니다.

20 삼국에서 불교는 왕실에서 적극적으로 받아들였고 점차 나라 전체로 퍼져 나갔습니다.

❷ 독창적 문화를 발전시킨 고려

개념 다지기 27쪽

1 ② 2 ② 3 서희 4 벽란도 5 ⑤
6 ③, ⑤

1 궁예가 강압적인 정치를 펼치자 신하들은 궁예를 몰아내고 왕건을 새로운 왕으로 추대했습니다. 왕건은 나라 이름을 고려라고 정하고 송악으로 천도했습니다.

2 태조 왕건은 백성의 생활과 나라의 정치를 안정시키기 위해 다양한 노력을 했습니다. 불교를 널리 장려하고 백성들의 세금을 줄여 주었으며, 호족과 공신을 견제하되 존중하면서 정치의 안정을 꾀했습니다. 고구려의 옛 도읍이었던 서경(평양)을 중요시하고, 발해가 멸망하자 발해의 유민을 받아들여 고구려 계승의 정신을 분명히 드러냈습니다.

더 알아보기

왕건의 호족 정책
- 호족의 자녀를 도읍에 머물게 했습니다.
- 지방의 힘 있는 호족에게 왕씨 성을 주어 친척 관계가 되었습니다.
- 여러 호족의 딸과 결혼해 부인 스물아홉 명과 자녀 서른네 명을 두었습니다.

3 서희는 거란이 고려를 침입한 의도가 고려와 송의 관계를 끊기 위한 것임을 알고 거란의 장수와 담판을 벌였습니다.

4 개경으로 가는 입구인 예성강 하구에 위치한 벽란도는 고려 시대 국제 무역의 중심 항구였습니다.

5 김윤후는 처인성에서 주민들과 힘을 합쳐 몽골군 사령관을 사살했고, 충주성에서 노비들과 힘을 합쳐 몽골군을 무찔렀습니다.

왜 틀렸을까?

① 임진왜란: 1592년에 일본을 통일한 도요토미 히데요시가 조선을 침략하여 일어난 전쟁
② 귀주 대첩: 강감찬이 거란군을 귀주에서 크게 물리친 전투
③ 병자호란: 청이 조선에 임금과 신하의 관계를 요구하며 침략해 일어난 전쟁
④ 살수 대첩: 고구려의 을지문덕이 수의 군대를 살수에서 크게 무찌른 전투

6 몽골과 강화를 맺은 고려는 몽골(원)의 정치적인 간섭을 받았지만 나라를 유지하고 고유의 문화를 지킬 수는 있었습니다.

개념 다지기 31쪽

1 ④ 2 (3) ○ 3 ㉡ 4 ⑤ 5 ⑤
6 ㉠

1 팔만대장경판은 목판 8만여 장에 불경을 새긴 것이지만, 글자가 고르고 틀린 글자도 거의 없습니다.

2 조선 시대에 건축된 장경판전은 바닥을 파서 숯, 소금, 모래 등을 섞어 바닥을 다졌고, 바람이 잘 통하도록 창을 내어 습도를 조절할 수 있게 과학적으로 설계되었습니다.

3 금속 활자는 판을 새로 짜면 새로운 책을 만들 수 있어 시간과 비용이 절약되었습니다.

4 『직지심체요절』은 오늘날 전해지는 금속 활자 인쇄본 중 가장 오래된 것으로 유네스코 세계 기록 유산으로 등재되었습니다.

5 청자는 만들기가 어렵고 가치가 높은 제품이라 왕실과 귀족들이 주로 사용했습니다.

6 평창 월정사 8각 9층 석탑은 고려 시대를 대표하는 석탑으로, 각이 많고 층이 여러 개로 화려합니다.

단원 실력 쌓기 32~35쪽

Step 1

1 궁예 2 강감찬 3 삼별초 4 몽골 5 청자
6 ㉠ 신라 ㉡ 후백제 7 ④ 8 ㉢, ㉡, ㉠
9 ②, ⑤ 10 ⑤ 11 (1) ㉠ (2) ㉡ 12 공민왕
13 ④ 14 ④

Step 2

15 ❶ 호족 ❷ 강화
16 ㉑ 압록강 동쪽에 강동 6주를 확보했다.
17 (1) 상감
(2) ㉑ 주전자, 의자, 찻잔, 베개, 변기, 침 뱉는 그릇 등 지배층의 생활용품으로 쓰였다.

15 유교
16 서희
17 (1) 색깔
(2) 생활용품

Step 3

18 몽골 19 ❶ 바닷물 ❷ 구리판
20 ㉑ 글자의 모양이 고르고 틀린 글자도 거의 없어 고려의 목판 제조술과 인쇄술의 우수성을 알 수 있다.

1 궁예는 고구려의 계승을 내세우며 후고구려를 세웠습니다.

2 강감찬이 이끈 고려군이 귀주에서 거란군에 큰 승리를 거두었습니다.

3 삼별초는 무신 정권 시기에 만들어진 군대로, 좌별초와 우별초, 신의군(몽골의 포로였다가 탈출한 사람들)으로 구성되었습니다.

4 거란의 침입 때 만들어진 초조대장경이 몽골의 침입으로 불에 타 없어지자 몽골의 침입을 부처의 힘으로 이겨내고자 팔만대장경을 만들었습니다.

5 상감 청자는 한 폭의 그림을 그린 것처럼 예술성이 뛰어납니다.

6 왕건은 견훤의 자식들 사이의 왕위 다툼으로 인해 힘이 약해진 후백제를 물리치고 후삼국을 통일했습니다.

7 호족들과 결혼을 하면 힘으로 싸우지 않고 자신의 편을 많이 만들 수 있었습니다.

8 거란의 1차 침입 때에는 서희, 2차 침입은 양규, 3차 침입은 강감찬, 여진의 위협 때는 윤관이 활약했습니다.

9 고려의 주요 수출품은 인삼, 나전 칠기, 삼베 등입니다.

더 알아보기

고려의 대외 교류
- 고려는 송과 거란, 여진, 일본 등과 교류했습니다.
- 벽란도: 고려의 국제 무역항으로 송, 일본, 동남아시아, 아라비아 상인들도 드나들었습니다.
- 아라비아 상인들에 의해 고려는 '코리아'라는 이름으로 알려졌습니다.

10 강화도는 육지 사이의 물살이 빠르고 암초가 많기 때문에 방어에 유리했을 뿐만 아니라 섬의 면적이 넓어 많은 사람이 지낼 수 있었으며 뱃길로 세금과 각종 물건을 옮길 수 있었습니다.

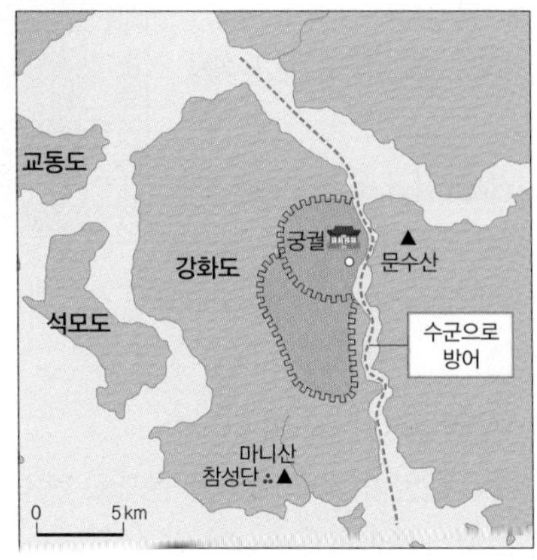

고려 시대의 강화도

11 고려는 몽골의 침입을 귀주성과 처인성, 충주성 등지에서 물리쳤습니다.

12 원의 힘이 약해지자 고려의 공민왕은 원을 따르는 세력을 제거했고, 빼앗긴 영토도 되찾았습니다.

13 조선 시대에 건축된 장경판전은 바닥을 파서 숯, 소금, 모래를 넣었고, 바람이 통하도록 창을 내어 습도를 조절할 수 있게 과학적으로 설계되었습니다.

14 첨성대는 신라의 문화유산입니다.

15 고려는 호족이나 공신들이 마음대로 권력을 휘두르지 못하게 하고 정치를 안정시키기 위해 유교적 지식을 평가해 관리를 선발하는 과거 제도를 실시했습니다.

16 서희의 외교 담판 결과 고려는 송과의 관계를 끊고 그 대신에 거란과 외교 관계를 맺기로 약속했으며, 압록강 동쪽에 강동 6주를 확보했습니다.

채점 기준

정답 키워드 강동 6주 | 확보 '압록강 동쪽에 강동 6주를 확보했다.' 등의 내용을 정확히 씀.	상
서희의 담판으로 고려가 얻어낸 성과를 썼으나 구체적이지 않음.	하

17 고려의 지배층은 화려하고 아름다운 고려청자를 주로 생활용품으로 사용했습니다.

채점 기준

(1)	'상감'이라고 정확히 씀.	
(2)	정답 키워드 주전자 | 의자 | 지배층 | 생활용품 '주전자, 의자, 찻잔, 베개, 변기, 침 뱉는 그릇 등 지배층의 생활용품으로 쓰였다.' 등의 내용을 정확히 씀.	상
	고려청자의 용도를 썼으나 구체적이지 않음.	하

18 고려 사람들은 몽골의 침략을 물리치려는 마음을 담아 팔만대장경을 만들었습니다.

19 팔만대장경에 사용된 나무는 갈라지고 비틀어지는 것을 줄이기 위해 오랫동안 바닷물에 담가 두고 소금물에 삶아 그늘에 말렸습니다. 이후 나무를 다듬고 글자를 새겼습니다. 구리판으로 네 귀퉁이를 감싸고 옻칠을 해 판이 뒤틀리지 않게 했습니다.

20 팔만대장경은 글자 모양과 문장이 정확하고 보존 상태가 뛰어나 고려 시대 목판 인쇄술의 우수함을 잘 보여 주고 있습니다. 또한 송, 거란에서 만든 대장경의 내용을 집대성해 만들어 내용적으로도 가치가 높습니다.

❸ 민족 문화를 지켜 나간 조선

개념 다지기 39쪽

1 ④ 2 ①, ③ 3 ㉢, ㉣ 4 ③ 5 진영, 세영
6 (1) ○

1 이성계를 중심으로 한 세력이 고려를 멸망시키고 새로운 왕조를 열었습니다.

더 알아보기

위화도 회군
중국에 새로이 들어선 명은 고려에 북쪽 영토 일부를 내어놓으라고 요구했습니다. 고려는 명의 요구를 거부하고 이성계에게 요동 지역을 공격하게 했습니다. 하지만 요동 정벌에 반대했던 이성계는 위화도에서 군대를 돌려 개경으로 돌아와 권력을 잡았습니다.

2 한양은 한강을 거쳐 물자를 옮기거나 농사짓고 생활하기에 좋은 조건을 갖추고 있었습니다.

3 세종은 백성들이 우리말과 글이 달라서 겪는 어려움을 덜어 주기 위해서 훈민정음을 창제했습니다.

더 알아보기

『훈민정음(해례본)』, 세종의 서문

우리나라 말이 중국과 달라 한자와는 서로 통하지 않으므로 백성이 말하고자 하는 바가 있어도 끝내 제 뜻을 펴지 못하는 사람이 많으니라. 내가 이것을 가엽게 여겨 새로 스물여덟 글자를 만드니 모든 사람들로 하여금 쉽게 익혀서 날마다 쓰는 데 편하게 하고자 할 따름이니라.

4 측우기는 비가 내린 양을 재는 기구로, 홍수와 가뭄에 대비하기 위해 만들어졌고, 전국 각지에 설치됐습니다.

왜 틀렸을까?

① 간의, ② 혼천의는 해와 달, 별의 움직임을 관찰하기 위해 만들었습니다. ④ 자격루는 자동으로 종을 쳐서 시각을 알려 주는 물시계이고, ⑤ 앙부일구는 해의 그림자를 관측해 시각을 측정하는 기구입니다.

5 조선 시대 사람들은 태어날 때부터 신분이 정해져 있었고, 사람들은 유교 질서에 따라 주어진 신분대로 살아가야 했습니다.

6 조선 전기에는 유교의 가르침에 따라 검소함이 강조되어 분청사기와 백자가 인기를 끌었습니다. 분청사기는 청자의 그릇 표면에 흰 흙을 발라 다시 구워 낸 자기입니다.

개념 다지기 43쪽

1 ② 2 (2) ○ (3) ○ 3 ② 4 ⑤
5 형제 6 ③

1 이순신과 조선 수군은 거제 옥포에서 일본 수군과 싸워 첫 승리를 거두었고 한산도 대첩에서 학익진 전법으로 일본 수군을 크게 무찔렀습니다.

2 의병의 신분은 양반에서 천민에 이르기까지 다양했습니다. 경상도 의령에서는 곽재우가 의병을 모아 일본군과 싸웠고 이밖에도 전라도의 고경명, 함경도의 정문부, 금강산의 사명 대사 등이 의병을 이끌었습니다.

3 권율은 행주산성에서 관군, 의병, 승병과 힘을 합해 일본군을 물리쳤습니다.

4 광해군은 명이 쇠퇴하고 후금이 성장하는 상황에서 중립 외교를 펼치며 전쟁에 휘말리려 하지 않았습니다.

5 후금은 조선과 형제 관계를 맺고 돌아갔습니다.

6 병자호란 후 조선과 청은 임금과 신하의 관계를 맺었습니다.

단원 실력 쌓기 44~47쪽

Step 1

1 조선 2 혼천의 3 유교 4 신사임당
5 청 6 ⑤ 7 ⑤ 8 『경국대전』
9 ② 10 ③, ⑤ 11 ⑤ 12 (1) ㉠ (2) ㉡
13 ③ 14 (1) ○

Step 2

15 (1) 쓰시마섬 (2) 두만강
16 (1) 『농사직설』
(2) 예 효자, 충신 등 유교의 가르침을 담은 책이다.
17 예 조선은 청과 임금과 신하의 관계를 맺었다. 세자를 비롯해 많은 백성이 청에 끌려가 고통을 겪었다.

15 (1) 왜
(2) 6
16 (1) 농사직설
(2) 유교
17 신하

Step 3

18 ❶ 신분 ❷ 유교 19 중인
20 예 대부분 농사를 지었고, 세금을 냈으며 성인 남자 대부분은 군인으로서 나라를 지킬 의무가 있었다.

교과서 진도북 39~47쪽

1 이성계와 정도전 등이 정몽주 등 반대 세력을 제거하고 조선을 세웠습니다.

2 혼천의는 해, 달, 별의 움직임을 관찰해 계절의 변화를 알 수 있도록 한 천문 관측기구입니다.

3 조선은 유교 예절에 따라 결혼, 장례, 제사 등의 행사가 치러졌습니다.

4 신사임당은 유명한 학자인 율곡 이이의 어머니이기도 하지만 시와 그림, 글씨에 뛰어난 인물로 이름을 알렸습니다.

5 병자호란은 청이 조선에 임금과 신하의 관계를 요구하며 침략한 사건입니다.

6 위화도 회군으로 권력을 잡은 이성계는 권문세족이 불법적으로 차지한 토지를 몰수하는 등 개혁에 힘썼습니다.

7 한양 도성의 건축물에 유교에서 강조하는 덕목을 담았습니다.

8 『경국대전』은 정치 제도, 사회, 경제활동 등에 관한 기본적인 내용을 여섯 개의 영역으로 나눠 담았으며 나라를 다스리는 데 기본이 되었습니다.

9 세종은 글자를 몰라 어려움을 겪는 백성을 위해 훈민정음을 창제했습니다.

10 자격루는 물시계, 혼천의는 천문 관측기구입니다.

11 학익진 전법은 학이 날개를 편 모양으로 상대방을 포위해 공격하는 전술입니다.

12 의병의 활약과 행주 대첩에서의 승리로 임진왜란을 극복할 수 있었습니다.

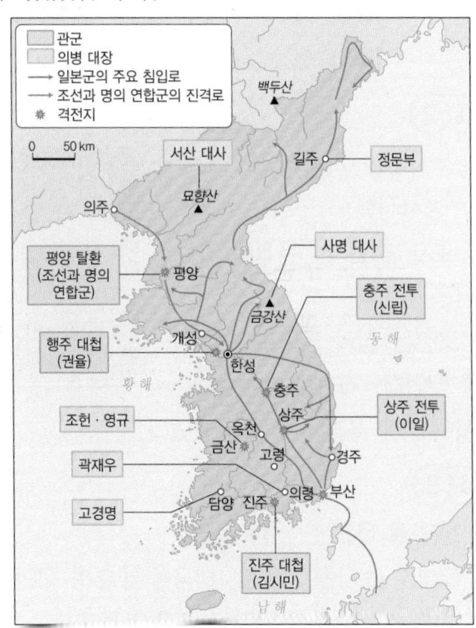

관군과 의병의 주요 전투

13 조선에서는 관군과 의병이 맞서 싸웠으나 조선과 후금이 형제 관계를 맺는다는 조건으로 전쟁을 끝냈습니다.

14 청이 침략하자 인조는 남한산성으로 들어가 맞섰습니다.

> 더 알아보기
>
> **남한산성**
> 남한산성은 성 밖이 가파르고 험하지만 성안은 비교적 넓은 평지가 있어 오랫동안 적의 침입에 버틸 수 있는 조건을 갖추었습니다. 남한산성에는 동서남북 4개의 문과 비밀 문인 암문, 포를 쏠 수 있는 시설, 식량과 무기 창고 등이 있습니다.

15 세종은 여진족이 끊임없이 국경을 넘어오자 4군 6진을 개척하고 백성들을 옮겨 살게 해 차지한 땅을 지키도록 했습니다.

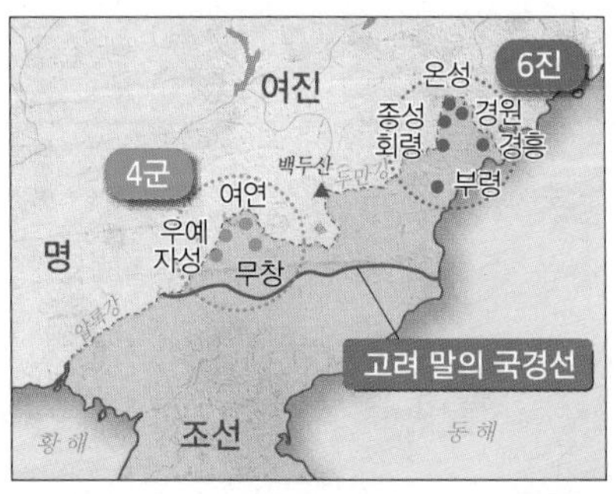

4군 6진

16 『삼강행실도』는 유교의 가르침을 담은 책으로, 충신과 효자, 열녀의 이야기를 그림과 함께 실어 글자를 모르는 백성들도 내용을 알 수 있게 했습니다.

채점 기준

(1)	『농사직설』이라고 정확히 씀.	
(2)	정답 키워드 효자 | 충신 | 유교 가르침 '효자, 충신 등 유교의 가르침을 담은 책이다.' 등의 내용을 정확히 씀.	상
	『삼강행실도』에 대해 썼으나 구체적이지 않음.	하

17 인조는 남한산성에 들어가 싸웠으나 결국 삼전도에서 청 태종에게 항복했습니다.

채점 기준

정답 키워드 임금 | 신하 | 관계 | 백성 | 청 | 고통 '조선은 청과 임금과 신하의 관계를 맺었다.', '세자를 비롯해 많은 백성이 청에 끌려가 고통을 겪었다.' 등의 내용을 정확히 씀.	상
병자호란의 결과를 썼으나 구체적이지 않음.	하

18 조선 시대 사람들은 유교 질서에 따라 주어진 신분대로 살았습니다.

19 중인은 의학, 법률에 관한 일, 통역 등을 했습니다.

20 상민은 대부분 농사를 지었고, 세금을 냈습니다.

대단원 평가 48~51 쪽

1 ④ 2 ⑤ 3 ②, ③ 4 ② 5 (1) 김유신 (2) 예 한반도 전체를 차지하려는 당과 전쟁을 벌여 승리한 후 삼국 통일을 이루었다. 6 ④ 7 ②, ⑤ 8 ①, ⑤ 9 ㉠ 거란 ㉡ 서경 10 세진 11 ④ 12 (1) 몽골 (2) 예 오늘날 전해지는 금속 활자 인쇄본 중 세계에서 가장 오래되었다. 유네스코 세계 기록 유산이다. 13 ⑤ 14 ①, ③ 15 ② 16 (1) 세종 (2) 예 시각을 알려 주는 시계이다. 17 ② 18 ④, ⑤ 19 ㉠ 20 ⑤

1 고조선에는 나라를 다스리는 법 조항 여덟 개가 있었는데 그 중에 세 가지가 전해집니다.

2 백제는 삼국 중 가장 먼저 전성기를 맞았습니다.

3 근초고왕은 백제, 장수왕은 고구려, 진흥왕은 신라의 전성기를 이끌었습니다.

더 알아보기

삼국을 전성기로 이끈 왕의 업적

왕	업적
근초고왕 (백제)	남쪽으로 전라도 지역을 차지하고 고구려의 평양성을 공격해 북쪽으로도 영토를 넓혔음.
장수왕 (고구려)	도읍을 평양성으로 옮긴 후 백제의 도읍인 한성을 함락해 한강 유역을 모두 차지했음.
진흥왕 (신라)	화랑도를 통해 유능한 인재를 길렀고, 한강 유역을 차지하고 가야의 영토를 흡수했음.

4 ① 금관총 금관, ③ 첨성대는 신라의 문화유산이고, ④ 수렵도는 고구려의 문화유산입니다.

5 백제와 고구려가 멸망하자 당은 동맹을 깨고 한반도 전체를 차지하려고 했습니다.

채점 기준

(1)	'김유신'이라고 정확히 씀.	3점
(2)	정답 키워드 한반도 | 차지 | 당 | 승리 '한반도 전체를 차지하려는 당과 전쟁을 벌여 승리한 후 삼국 통일을 이루었다.' 등의 내용을 정확히 씀.	7점
	신라와 당의 싸움에 대해 썼으나 구체적이지 않음.	3점

6 불국사는 신라의 불교문화를 알 수 있는 중요한 문화유산입니다.

7 고구려 유민이었던 대조영이 고구려 유민들과 말갈족을 이끌고 동모산 지역에 발해를 세웠습니다.

8 신라 말 나라는 귀족들의 왕위 다툼과 농민 봉기 등으로 혼란스러웠습니다.

9 태조 왕건은 불교를 중요시했고, 서경을 중요시해 세 달마다 방문하여 백 일 이상 머물도록 했습니다.

10 서희는 거란의 장수와 담판을 벌였고, 고려는 몽골의 침입에 대응해 도읍을 강화도로 옮겼습니다.

11 고려는 몽골의 1차 침입 이후 도읍을 개경에서 강화도로 옮기고 몽골과 싸웠습니다.

12 고려청자, 팔만대장경, 『직지심체요절』 등은 고려를 대표하는 문화유산입니다.

채점 기준

(1)	'몽골'에 ○표를 함.	3점
(2)	정답 키워드 금속 활자 | 인쇄본 | 가장 | 오래 '오늘날 전해지는 금속 활자 인쇄본 중 세계에서 가장 오래되었다.', '유네스코 세계 기록 유산이다.' 등의 내용을 정확히 씀.	7점
	『직지심체요절』에 대해 썼으나 구체적이지 않음.	3점

13 고려 말 왜구가 자주 침입하자 최무선은 화약을 만드는 데 성공했고, 이후 고려는 화약을 이용한 화포를 만들어 왜구를 무찔렀습니다.

14 요동 정벌을 떠난 이성계가 위화도에서 군사를 돌려 권력을 잡고 조선을 건국했습니다.

15 한양 도성의 4대문은 유교의 가르침에서 중요하게 생각하는 덕목을 반영해 이름 붙였습니다.

16 자격루는 물시계, 앙부일구는 해시계입니다.

채점 기준

(1)	'세종'이라고 정확히 씀.	3점
(2)	정답 키워드 시각 | 시계 '시각을 알려 주는 시계이다.' 등의 내용을 정확히 씀.	7점
	자격루와 앙부일구의 공통점을 썼으나 구체적이지 않음.	3점

17 조선 시대에 신분은 태어날 때부터 법적으로 양인과 천인으로 신분이 정해졌지만, 실제적으로는 양반, 중인, 상민, 천민으로 구분되었습니다.

18 이순신과 관군, 곽재우를 비롯한 전국 각지의 의병과 승병 그리고 백성들이 힘을 합해 전쟁을 극복할 수 있었습니다.

19 인조가 명을 가까이하고 후금을 멀리하자 후금은 조선을 침략했습니다.

20 인조는 남한산성에 들어간 지 45일 만에 삼전도에서 청 태종에게 항복했습니다.

2. 사회의 새로운 변화와 오늘날의 우리

❶ 새로운 사회를 향한 움직임

개념 다지기 59쪽

1 ㉡ **2** ④ **3** ③ **4** 건희 **5** ④
6 (2) ○

1 영조는 어느 한 붕당에 치우치지 않고 인물을 고루 뽑아 써서 왕권을 강화하고 정치를 안정시키고자 탕평책을 펼쳤습니다.

2 정조는 수원 화성을 건설하고 정치·군사·상업의 새로운 중심지로 만들고자 했습니다.

3 조선 사회의 현실 문제에 관심을 갖고 해결책을 구하려고 노력하는 학문을 실학이라고 합니다.

4 실학자들은 청의 발달된 문물과 기술을 적극적으로 받아들여야 한다고 주장했습니다.

5 조선 후기에는 문화를 즐길 만한 여유가 있는 사람이 많아지면서 전기수와 같은 새로운 직업이 생겨났습니다.

6 민화는 이름이 알려지지 않은 화가들이 자유롭게 그린 그림입니다.

개념 다지기 63쪽

1 ③ **2** ㉠ **3** 척화비 **4** 혜진, 규원
5 김옥균 **6** ②

1 정조가 죽은 이후 왕들이 어린 나이에 왕위에 오르자 몇몇 가문이 권력을 독차지하고 정치를 좌우하는 세도 정치가 나타났습니다.

2 흥선 대원군은 백성을 수탈하고 세금을 면제받던 서원을 47개만 남기고 모두 정리했습니다.

더 알아보기

흥선 대원군의 개혁 정책

세금 제도	세금 제도를 개혁해 양반도 세금을 내게 했음.
서원 정리	백성을 수탈하고 세금을 면제받던 서원을 일부만 남기고 정리했음.
경복궁 중건	왕실의 권위를 세우기 위해 임진왜란때 불탔던 경복궁을 고쳤음.

3 흥선 대원군은 서양의 침략을 물리친 후 전국 각지에 척화비를 세웠습니다.

4 강화도 조약은 조선이 일본과 맺은 최초의 근대적 조약입니다.

5 김옥균을 비롯한 급진 개화파들은 일본의 지원 약속을 받고 갑신정변을 일으켰습니다.

6 동학 농민 운동은 조선의 정치와 사회를 개혁하고, 외세의 침략을 물리치려는 움직임이었습니다.

단원 실력 쌓기 64~67쪽

Step 1

1 탕평책 **2** 규장각 **3** 실학 **4** 거부 **5** 동학
6 ⑤ **7** ③ **8** ② **9** 희수
10 (1) ㉡ (2) ㉠ **11** ① **12** ㉡ **13** (2) ○
14 ④

Step 2

15 (1) 전기수
(2) ❶ 예 여유 ❷ 예 문화, 예술
16 (1) ㉠ (2) 예 경복궁을 다시 짓기 위해 무리하게 돈과 사람을 모아 백성들의 원망을 들었다.
17 예 조선의 정치와 사회를 개혁하려는 시도였다. 외세의 침략을 물리치려는 움직임이었다.

15 (1) 직업
(2) 서민
16 (1) 서원
(2) 경복궁
17 전봉준

Step 3

18 김홍집
19 예 서양의 기술뿐만 아니라 제도와 사상 등을 적극적으로 받아들여 나라 전체를 개혁해야 한다.
20 ㉡

1 영조는 왕권을 강화하고 정치를 안정시키기 위해 탕평책을 펼쳤습니다.

2 규장각은 정조가 설치한 왕실의 도서관입니다.

3 기존의 학문이 사회 문제를 해결할 방법을 제시하지 못해 나온 학문이 실학입니다.

4 흥선 대원군은 전국 각지에 척화비를 세워 통상 수교 거부 정책을 더욱 확고히 했습니다.

5 동학은 서학에 대응하여 최제우가 민간 신앙, 유교, 불교 등을 종합해 만든 종교입니다.

6 수원 화성은 정조가 건설한 계획도시입니다.

7 정약용은 『목민심서』, 『경세유표』, 『흠흠신서』 등 다양한 분야의 책을 남겼습니다.

왜 틀렸을까?

① 왜군에 침입에 맞서 장렬하게 싸웠던 사람에는 이순신, 곽재우 등이 있습니다.
② 훈민정음을 창제하고 4군 6진을 설치했던 인물은 세종대왕입니다.
④ 『동사강목』을 지은 사람은 안정복입니다.
⑤ 『대동여지도』를 만든 사람은 김정호입니다.

8 조선 후기에는 경제적으로 여유가 생긴 백성들이 문화와 예술 활동에 관심을 가지게 되었습니다.

9 정조가 죽은 이후 나타난 세도 정치로 인해 정치 기강이 무너지고 부정부패가 심해졌습니다.

더 알아보기

세도 정치

- 왕실과 혼인 관계를 맺은 몇몇 가문이 권력을 독차지하는 정치 형태를 세도 정치라고 합니다.
- 정조가 죽은 이후 왕들이 어린 나이에 왕위에 오르면서 세도 정치가 이어졌고, 부정부패가 심해져 정치 기강이 무너지고 백성의 생활이 어려워졌습니다.

10 강화도에서 물길을 따라 한양으로 쉽게 들어올 수 있기 때문에 조선 후기 강화도에는 침략이 잦았습니다.

더 알아보기

병인양요와 신미양요

병인양요	• 프랑스가 통상을 요구하며 강화도를 침략했음. • 조선군은 강화도에서 프랑스군을 물리쳤으나, 프랑스군은 물러나며 귀한 문화재 등을 약탈해 갔음.
신미양요	• 미국 배를 조선인이 공격해 불태운 사건을 구실로 삼아 강화도를 침략했음. • 조선군은 미군에 맞서 싸웠지만, 광성보가 함락되었고 많은 사람이 희생되었음.

11 조선과 일본은 1876년 강화도 조약을 맺었습니다.

12 김옥균을 비롯한 급진 개화파는 일본의 군사 지원을 약속받고 갑신정변을 일으켰습니다.

13 갑신정변의 실패로 조선에 대한 청의 간섭은 더욱 심해졌습니다.

14 1894년 전봉준과 농민들은 관리들의 수탈에 맞서 동학 농민 운동을 일으켰습니다. 농민군은 외국의 군대가 개입하려고 하자 정부와 협상을 맺고 전주성에서 물러났습니다.

15 조선 후기에는 경제적으로 여유가 생긴 서민이 늘어나면서 일반 백성이 문화 활동의 주체가 된 서민 문화가 발달했습니다. 또한 문화를 즐길 만한 여유가 있는 사람이 많아지면서 전기수와 같은 새로운 직업이 생겨날 수 있었습니다.

16 흥선 대원군은 서원을 정리하고 양반들에게도 세금을 물리는 등 여러 가지 개혁 정책을 펼쳤지만, 경복궁을 다시 지으면서 백성들의 원망을 듣기도 했습니다.

채점 기준

(1)	'㉠'을 정확히 씀.	
(2)	정답 키워드 경복궁 | 백성 | 원망 '경복궁을 다시 짓기 위해 무리하게 돈과 사람을 모아 백성들의 원망을 들었다.' 등의 내용을 정확히 씀.	상
	경복궁 재건이 백성들에게 미친 영향을 썼으나 구체적이지 않음.	하

17 동학 농민 운동에서 나온 개혁 요구 중 일부는 이후 갑오개혁에 반영되었습니다. 갑오개혁에는 신분제 폐지 등의 내용이 담겼습니다.

채점 기준

정답 키워드 정치와 사회 | 개혁 | 외세의 침략 | 물리치다 '조선의 정치와 사회를 개혁하려는 시도였다.', '외세의 침략을 물리치려는 움직임이었다.' 등의 내용을 정확히 씀.	상
동학 농민 운동의 의의를 썼으나 구체적이지 않음.	하

더 알아보기

동학 농민군의 개혁안(일부)

- 탐관오리, 못된 양반은 그 죄를 조사하여 벌한다.
- 정해진 세금 외에 잡다한 세금을 없앤다.
- 일본에 협력한 사람을 엄히 벌한다.

18 김홍집과 온건 개화파는 조금씩 천천히 개화를 추진해야 한다고 주장했습니다.

19 김옥균을 중심으로 한 급진 개화파들은 조선이 발전하기 위해서는 청의 간섭에서 벗어나야 한다고 주장했습니다.

20 김옥균은 1884년 우정총국 개국 축하 잔치를 틈타 갑신정변을 일으켰지만 3일 만에 실패로 끝났습니다. 갑신정변은 새로운 나라를 만들기 위한 정치 개혁 운동이었으나, 일본의 힘에 의존하여 많은 사람의 지지를 얻지 못한 한계가 있습니다.

왜 틀렸을까?

㉠ 전봉준과 농민들이 일으켰습니다.
㉢ 흥선 대원군이 세웠습니다.

❷ 일제의 침략과 광복을 위한 노력

개념 다지기 71쪽

1 ④ **2** ③ **3** (1) ○ (2) ○
4 을사늑약 **5** ① **6** ㉠

1 청일 전쟁에서 승리한 일본은 조선의 정치에 깊이 간섭했습니다.

2 서재필은 사람들이 정치에 참여하는 길을 열기 위해 독립 협회를 만들었습니다.

3 고종은 나라 이름을 대한 제국으로 바꾸고 근대적 개혁을 시행했습니다.

4 1905년 일본은 을사늑약을 맺고 대한 제국의 외교권을 빼앗았습니다.

5 신돌석은 태백산 일대에서 일본군에 맞서 용감하게 싸워 태백산 호랑이라고 불렸습니다.

6 대한민국의 제1대 대통령은 이승만입니다.

개념 다지기 75쪽

1 유란 **2** ② **3** 이봉창, 윤봉길 **4** ㉠
5 ④ **6** ②

1 일제는 대한 제국의 국권을 강제로 빼앗고 헌병 경찰을 통해 한국인의 일상생활을 감시하고 통제했습니다.

2 3·1 운동의 영향으로 대한민국 임시 정부가 수립되었습니다.

왜 틀렸을까?
① 부산뿐만 아니라 전국적으로 만세 운동이 일어났습니다.
③ 일제는 한국인의 만세 운동을 잔인하게 탄압했습니다.
④ 전봉준을 비롯한 동학을 믿는 농민들이 일으킨 운동은 동학 농민 운동입니다.
⑤ 3·1 운동의 영향으로 대한민국 임시 정부가 수립되었습니다.

3 이봉창은 도쿄에서, 윤봉길은 중국 상하이 훙커우 공원에서 폭탄을 던져 일제의 주요 인물을 죽거나 다치게 했습니다.

4 1920년대 독립군은 주로 만주, 연해주 등의 지역에서 활동했습니다.

5 홍범도는 독립군을 이끌고 일본군을 봉오동 전투에서 물리쳤습니다.

6 일제는 학교에서 우리말 교육을 금지하고 일본어를 가르쳤습니다.

단원 실력 쌓기 76~79쪽

Step 1
1 을미사변 **2** 대한 제국 **3** 을사늑약
4 3·1 운동 **5** 신사 **6** ② **7** ④
8 (3) ○ **9** ③ **10** ⑤ **11** ③
12 병훈 **13** (2) ○ **14** ⑤

Step 2
15 (1) 을사늑약
(2) ❶ 평화 ❷ 예 무효
16 (1) 3·1 운동 (2) 예 일제는 군인과 경찰을 동원해 만세 시위를 벌이는 사람들을 잔인하게 진압했다.
17 예 전쟁의 아픔과 일본군 '위안부' 문제를 기억하자는 뜻을 담아 세웠다.

15 (1) 러일 (2) 헤이그
16 (1) 전국 (2) 잔인하게
17 소녀상

Step 3
18 유진
19 예 독립운동 자금을 모으고 정보를 수집했다. 외교 활동을 통해 한국의 독립 의지를 세계 여러 나라 사람들에게 알렸다.
20 한인 애국단

1 을미사변 이후 위험을 느낀 고종이 러시아 공사관으로 거처를 옮긴 사건이 아관 파천입니다. 아관 파천의 결과 조선에서 러시아의 영향력이 커졌습니다.

2 고종은 환구단에서 황제 즉위식을 가지고 대한 제국의 수립을 선포했습니다.

3 일본은 고종과 신하들을 위협해 을사늑약을 맺게 했습니다.

4 3·1 운동은 한국인의 독립 의지를 전 세계에 널리 알린 사건이었습니다.

5 일제는 1936년에 일본 왕족의 조상신을 모신 신사를 세워 참배하도록 강요했습니다.

더 알아보기

1930년대 일제가 시행한 민족 말살 정책
- 학교에서 우리말 교육을 금지했습니다.
- 한국인의 성과 이름을 일본식으로 바꾸도록 강요했습니다.
- 한국인들은 매일 아침 학교나 직장 등에서 일왕이 사는 곳을 향해 허리 숙여 절을 하고 황국 신민 서사를 외워야 했습니다.

6 고종이 러시아 공사관으로 거처를 옮기면서 조선에서 일본의 영향력은 약해지고 러시아를 비롯한 여러 나라의 간섭이 심해졌습니다.

7 서재필이 창간한 『독립신문』은 순 한글로 쓰였으며 자주독립을 강조한 민간 신문입니다.

왜 틀렸을까?

① 『독립신문』은 순 한글과 영어로 쓰였습니다.
②, ③ 서재필은 정부의 지원을 받아 『독립신문』을 창간했습니다.
⑤ 『독립신문』은 자주독립을 강조하고 정부의 정책과 세계에서 일어나는 여러 가지 일을 알렸습니다.

8 일본은 을사늑약을 강제로 맺고 대한 제국의 외교권을 빼앗았습니다.

9 안중근은 한국의 독립과 동양의 평화를 위해 이토 히로부미를 처단했습니다.

10 이회영은 나라를 빼앗기자 재산을 모두 처분하고 가족과 함께 만주로 건너가 신흥 강습소를 세웠습니다.

왜 틀렸을까?

① 안창호가 한 일입니다.
②, ③ 서재필이 한 일입니다.
④ 일제가 조선을 수탈하기 위해 세운 기관입니다.

11 3·1 운동을 계기로 우리 민족을 대표하고 독립운동을 체계적으로 이끌어 갈 정부가 필요해지면서 대한민국 임시 정부가 수립되었습니다.

12 조선어 학회는 우리말과 글을 지키기 위해 조직된 단체입니다. 조선어 학회에서는 우리말과 우리글을 연구하고 한글을 널리 보급하는데 힘썼으며, 사전을 편찬하려 노력했습니다.

13 오늘날에는 전쟁의 아픔과 일본군 '위안부' 문제를 기억하자는 뜻을 담은 '평화의 소녀상'이 국내외 여러 곳에 세워졌습니다.

14 신채호는 우리나라의 영웅들에 관한 이야기를 써서 우리 민족의 애국심을 드높였습니다.

15 일제는 을사늑약을 맺어 대한 제국의 외교권을 빼앗았습니다. 그리고 뒤이어 고종을 퇴위시킨 일제는 1910년 한일병합조약을 맺고 대한 제국을 완전한 식민지로 만들었습니다.

16 일제는 만세 시위를 벌이는 사람들을 잔인하게 진압했으며, 이 과정에서 많은 사람들이 죽거나 감옥에 갇혔습니다. 경기도 제암리에서는 만세 시위를 벌였던 사람들을 잡아 교회에 모아 놓고 불을 질러 학살한 제암리 사건을 벌이기도 했습니다.

채점 기준

(1)	'3·1 운동'을 정확히 씀.	
(2)	정답 키워드 군인 | 경찰 | 잔인하다 | 진압 '일제는 군인과 경찰을 동원해 만세 시위를 벌이는 사람들을 잔인하게 진압했다.' 등의 내용을 정확히 씀.	상
	3·1 운동에 대한 일제의 대응을 썼으나 구체적이지 않음.	하

17 일본 정부는 오늘날까지 일본군 '위안부' 강제 동원 사실을 인정하지 않고 있습니다. 이에 많은 시민들은 매주 수요일마다 주한 일본 대사관 앞에서 시위를 계속하고 있습니다.

채점 기준

정답 키워드 전쟁의 아픔 | 일본군 '위안부' | 기억 '전쟁의 아픔과 일본군 '위안부' 문제를 기억하자는 뜻을 담아 세웠다.' 등의 내용을 정확히 씀.	상
오늘날 국내외 여러 곳에서 '평화의 소녀상'이 세워진 까닭을 썼으나 구체적이지 않음.	하

18 3·1 운동 이후 여러 임시 정부가 세워졌고, 여러 임시 정부는 독립을 위해 힘을 모으고자 노력했습니다. 그 결과 중국 상하이에서 대한민국 임시 정부가 수립되었습니다.

19 대한민국 임시 정부는 독립운동의 구심점 역할을 하며 국내외의 독립운동을 지휘하는 등 다양한 활동을 펼쳤습니다.

20 대한민국 임시 정부는 일제의 감시와 탄압 등으로 활동에 많은 어려움을 겪었습니다. 이에 김구는 독립운동의 새로운 힘을 불어넣기 위해 한인 애국단을 조직했습니다.

더 알아보기

한인 애국단의 활동

이봉창	일본 도쿄에서 일본 왕을 암살하려 했으나 실패했음.
윤봉길	중국 상하이 훙커우 공원에서 일본군 사령관과 고위 관리들을 처단했음.

❸ 대한민국 정부의 수립과 6·25 전쟁

개념 다지기 83쪽

1 ㉠, ㉢ 2 ② 3 ❶ 3 ❷ 1 ❸ 2
4 (1) ㉡ (2) ㉠ 5 ④ 6 (2) ○

1 1945년 8월 15일, 일왕의 항복과 함께 우리나라는 광복을 맞이했습니다.

2 광복을 맞이하면서 일제가 금지했던 어린이날이 부활하고, 관련된 행사도 다시 열렸습니다.

3 일본이 항복하자 미국과 소련은 일본군의 무장 해제를 위해 38도선을 경계로 각각 군대를 주둔시켰습니다.

4 국제 연합은 남북한 총선거를 시행해 정부를 수립하기로 결정했지만, 소련이 이를 거부해 남한에서만 총선거가 이루어졌습니다.

5 5·10 총선거는 헌법을 만든 국회의원을 국민이 뽑는 우리나라 최초의 민주 선거였습니다.

왜 틀렸을까?
① 5·10 총선거는 국회의원을 뽑는 선거였습니다.
②, ⑤ 21세 이상의 모든 국민이 참여했습니다.
③ 남한만의 총선거였습니다.

6 대한민국 정부는 임시 정부의 법통을 이어 독립된 정부와 민주 공화국을 세웠다는 점에서 역사적 의미가 있습니다.

개념 다지기 87쪽

1 ⑤ 2 ④ 3 정우 4 ③, ⑤
5 ㉡, ㉢

1 북한군의 기습적인 남침으로 3일 만에 서울이 점령당했으며, 국군은 낙동강까지 후퇴했습니다.

2 인천 상륙 작전을 계기로 전쟁의 상황이 유리하게 되면서 국군과 국제 연합군이 압록강까지 진격했습니다.

3 전투를 지원한 16개국, 의료를 지원한 6개국, 물자를 지원한 39개국 등 총 60여 나라가 대한민국을 도왔습니다.

4 6·25 전쟁은 남한과 북한 사람들의 마음속에 큰 상처를 남겼습니다.

5 '특별 생방송 이산가족을 찾습니다'는 138일간 진행되어 1만여 건의 만남이 이루어졌습니다.

단원 실력 쌓기 88~91쪽

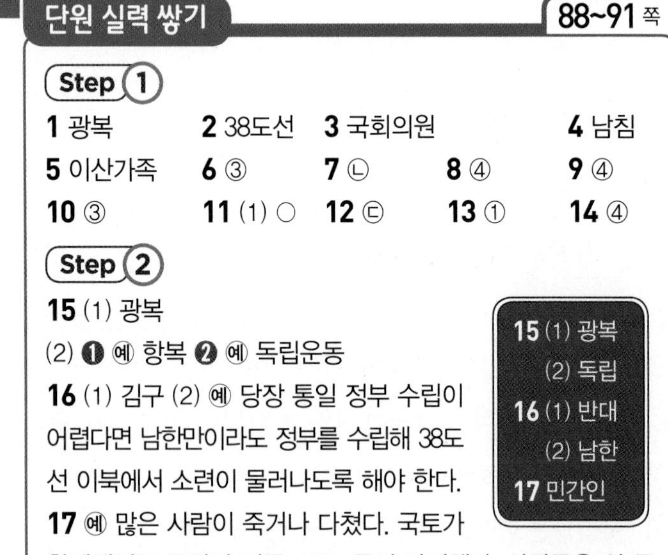
Step 1

1 광복 2 38도선 3 국회의원 4 남침
5 이산가족 6 ③ 7 ㉡ 8 ④ 9 ④
10 ③ 11 (1) ○ 12 ㉢ 13 ① 14 ④

Step 2

15 (1) 광복
(2) ❶ 예 항복 ❷ 예 독립운동
16 (1) 김구 (2) 예 당장 통일 정부 수립이 어렵다면 남한만이라도 정부를 수립해 38도선 이북에서 소련이 물러나도록 해야 한다.
17 예 많은 사람이 죽거나 다쳤다. 국토가 황폐해지고 공장과 건물, 도로 등이 파괴됐다. 사람들은 살 곳과 일할 곳을 잃고, 식량과 생활 필수품이 부족해 어려움을 겪었다.

15 (1) 광복
(2) 독립
16 (1) 반대
(2) 남한
17 민간인

Step 3

18 ㉣, ㉡, ㉠, ㉢
19 인천 상륙 작전
20 예 서울과 가까운 인천을 공격해 북한군의 보급로를 끊고, 국군과 함께 낙동강에서 공격할 수 있기 때문에 실시했다.

1 광복은 우리 민족이 끈질기게 전개한 독립운동의 결실입니다.

2 광복 이후 38도선을 기준으로 북쪽에 소련이, 남쪽에 미국이 군대를 머물며 한반도를 관리했습니다.

3 5·10 총선거로 제헌 국회가 구성되어 나라 이름을 정하고 헌법을 제정했습니다.

4 북쪽에서 남쪽을 침범하는 것을 남침이라고 합니다. 6·25 전쟁은 북한군의 기습적인 남침으로 시작되었습니다.

5 6·25 전쟁으로 인해 수많은 전쟁고아와 이산가족이 생겨났습니다.

6 광복 소식이 전해지자 다른 나라에서 활동하던 동포와 독립운동가들이 고국으로 돌아왔습니다.

7 모스크바 3국 외상 회의에서는 조선 임시 정부와 협의해 최고 5년간의 신탁 통치 방안을 제시했습니다.

8 남한만의 단독 선거가 시행되어 정부가 수립되었고, 북한에도 정권이 세워지면서 한반도는 남과 북으로 나누어지게 되었습니다.

더 알아보기

김구의 남북 협상

- 김구를 비롯해 통일 정부가 세워지기를 바라던 사람들은 남한만의 총선거 실시를 반대했습니다.
- 김구는 김규식 등과 북한 측의 지도자를 만나 통일 문제 등을 논의하기 위해 38도선을 넘었으나, 성과를 거두지 못하고 돌아왔습니다.

9 5·10 총선거로 뽑힌 국회의원들로 제헌 국회가 구성되어 제헌 헌법을 만들었습니다.

10 제헌 헌법은 대한민국이 민주 공화국이며, 나라의 주권이 국민에게 있음을 규정했습니다.

11 1950년 6월 25일 새벽, 북한은 한반도를 무력으로 통일하고자 38도선 이남을 기습적으로 쳐들어오면서 전쟁이 시작되었습니다.

왜 틀렸을까?

(2) 북한이 한반도를 상대로 전쟁을 일으킨 것이 6·25 전쟁입니다.
(3) 6·25 전쟁은 북한이 소련의 도움을 받아 남한을 침략한 전쟁입니다.

12 중국군이 북한을 도와 전쟁에 개입하면서 전쟁의 흐름이 국군과 국제 연합군에 불리해졌습니다.

왜 틀렸을까?

㉠ 남한에 지원군을 파견한 것은 국제 연합입니다.
㉡ 국군과 국제 연합군은 인천 상륙 작전을 성공시키며 압록강까지 진격했으나, 중국군의 개입으로 다시 후퇴했습니다.

13 정전 협상은 휴전선 설정, 포로 교환 방식 등을 둘러싸고 2년이나 이어졌습니다. 결국 1953년에 판문점에서 정전 협정이 체결되면서 전쟁을 멈추고 군사 분계선(휴전선)이 설정되었습니다.

14 6·25 전쟁으로 인해 많은 문화재가 파괴되거나 훼손되었습니다.

15 1945년 8월 15일, 일본이 연합국에 항복하면서 우리 민족은 광복을 맞이했습니다.

16 국제 연합은 남북한 총선거를 시행해 정부를 수립하기로 결정했으나 소련은 이를 거부했고, 통일 정부 수립에 대한 사람들의 의견이 갈려 갈등이 발생하기도 했습니다.

채점 기준

(1)	'김구'라고 정확히 씀.	
(2)	정답 키워드 남한만의 정부 '당장 통일 정부 수립이 어렵다면 남한만이라도 정부를 수립해 38도선 이북에서 소련이 물러나도록 해야 한다.' 등의 내용을 정확히 씀.	상
	우리나라의 통일 정부 수립에 관한 이승만의 주장을 썼으나 구체적이지 않음.	하

17 6·25 전쟁으로 많은 사람이 목숨을 잃거나 다쳤고, 이산가족과 전쟁고아가 생겨났습니다.

채점 기준

정답 키워드 사람 | 죽다 | 다치다 | 국토 | 황폐 | 파괴 '많은 사람이 죽거나 다쳤다.', '국토가 황폐해지고 공장과 건물, 도로 등이 파괴됐다.', '사람들은 살 곳과 일할 곳을 잃고, 식량과 생활필수품이 부족해 어려움을 겪었다.' 등의 내용을 정확히 씀.	상
6·25 전쟁으로 인한 피해를 썼으나 구체적이지 않음.	하

▲ 폐허가 된 서울의 모습

▲ 전쟁으로 파괴된 수원 화성

18 6·25 전쟁은 1950년 6월 25일에 북한군의 남침으로 시작되었고, 1953년 7월 27일에 정전 협정이 체결되며 마무리되었습니다.

19 국군과 국제 연합군은 낙동강에서 북한군을 막아 냈고, 인천 상륙 작전의 성공으로 반격했습니다.

더 알아보기

흥남 철수 작전

- 흥남 철수 작전은 국군과 국제 연합군이 후퇴하던 도중, 흥남으로 몰려든 약 10만 명의 피난민들을 철수시킨 작전입니다.
- 엄청난 규모의 해상 철수 작전이었음에도, 별다른 피해 없이 철수해 10만 명의 사람들이 목숨을 구할 수 있었습니다.

20 인천 상륙 작전의 성공으로 전쟁의 흐름은 국군과 국제 연합군에게 유리해졌습니다.

대단원 평가 92~95쪽

1 ④, ⑤ **2** ④ **3** (1) 탈놀이 (2) 예 경제적인 여유가 생긴 백성들이 문화와 예술 활동에 관심을 가지게 되었기 때문이다. **4** ①, ② **5** ㉠, ㉢, ㉡ **6** ④
7 준영 **8** ② **9** ③ **10** ④ **11** ①
12 ㉠ **13** (1) 예 민족 말살 정책 (2) 예 한국인의 성과 이름을 일본식으로 바꾸도록 강요했다. 신사 참배를 강요했다.
14 (1) ○ (2) ○ **15** 나영, 병건 **16** ⑤
17 (1) ○ **18** ①, ③ **19** ⑤
20 예 중국군이 북한을 도와 전쟁에 개입했다. 국군과 국제 연합군은 다시 서울을 내주고 후퇴했다.

1 정약용을 시켜 수원에 화성을 건설한 왕은 정조입니다. 정조는 영조의 정책을 이어받아 탕평책을 시행했으며, 규장각을 설치해 자신의 개혁 정치를 뒷받침할 인재를 길러 냈습니다.

2 김정호는 우리나라의 산, 강, 길 등이 자세하게 표시된 『대동여지도』를 만들었습니다.

3 조선 후기에는 농업 생산량이 늘어나고 상업과 공업이 발달하면서 경제적으로 여유가 생긴 백성들이 생겨났습니다.

채점 기준

(1)	'탈놀이'라고 정확히 씀.	3점
(2)	정답 키워드 경제적 여유 | 문화와 예술 | 관심 '경제적인 여유가 생긴 백성들이 문화와 예술 활동에 관심을 가지게 되었기 때문이다.' 등의 내용을 정확히 씀.	7점
	조선 후기에 서민 문화가 발달할 수 있었던 까닭을 썼으나 구체적이지 않음.	3점

4 흥선 대원군은 세도 정치를 바로잡고 백성의 생활을 안정시키고자 노력했습니다.

5 일본은 운요호 사건을 빌미로 강화도 조약을 체결해 조선을 개항시켰습니다.

6 전라도 고부 군수의 횡포에 맞서 전봉준을 중심으로 한 농민들이 동학 농민 운동을 일으켰습니다.

7 동학 농민 운동은 일본과 같은 외국에 의지하지 않는 세상을 원했습니다.

8 서재필과 독립 협회는 영은문을 허물고 그 자리에 독립문을 세워 자주독립 의식을 드러냈습니다.

9 만민 공동회는 독립 협회가 주도한 민중 집회입니다.

10 고종은 대한 제국으로 나라 이름을 바꾸고 황제로 즉위해 개혁 정책을 펼쳤지만, 한계가 있었습니다.

11 애국 계몽 운동을 주장한 사람들은 여러 단체와 학회를 조직하고, 학교를 설립해 인재를 길렀습니다.

12 유관순은 고향으로 내려가 만세 시위를 계획했으며, 만세 시위의 주동자로 붙잡혀 감옥에 갇혔습니다.

13 일제는 1930년대 후반 중일 전쟁을 일으키면서 한국인의 민족의식을 없애고 침략 전쟁에 한국인을 동원하기 위해 노력했습니다.

채점 기준

(1)	'민족 말살 정책' 등의 내용을 정확히 씀.	3점
(2)	정답 키워드 성과 이름 | 일본식 | 신사 참배 '한국인의 성과 이름을 일본식으로 바꾸도록 강요했다.', '신사 참배를 강요했다.', '학교에서 우리말 교육을 금지했다.' 등의 내용을 정확히 씀.	7점
	일제가 민족 말살 정책을 펼치기 위해 시행했던 제도를 썼으나 구체적이지 않음.	3점

14 조선어 학회는 한글 맞춤법을 정리하고, 사전을 편찬하기 위해 노력했던 단체입니다. (3)은 신문 기자들이 손기정의 옷에 그려진 일장기를 지운 사건입니다.

15 광복 이후 정치적·경제적 혼란이 있었지만, 사람들은 독립된 국가를 세우고자 모두 노력했습니다. 호민이는 독립 협회의 활동에 관해 말하고 있습니다.

16 모스크바 3국 외상 회의에서 한반도에 임시 정부를 세우고 일정 기간 신탁 통치할 것을 결정했습니다.

17 국제 연합은 선거가 가능한 남한 지역에서만 선거를 실시하기로 다시 결정했습니다.

18 헌법을 만드는 임무를 가지고 구성되어 제헌 국회라고 불렸습니다.

19 국군과 국제 연합군은 인천 상륙 작전을 성공시키며 서울을 되찾고 압록강까지 진출했습니다.

20 중국군의 개입으로 전쟁이 쉽게 끝나지 않자, 전쟁을 멈추기 위해 정전 협정이 시작되었습니다.

채점 기준

정답 키워드 중국군 | 북한 | 도움 | 국군과 국제 연합군 | 후퇴 '중국군이 북한을 도와 전쟁에 개입했다.', '국군과 국제 연합군은 다시 서울을 내주고 후퇴했다.' 등의 내용을 정확히 씀.	8점
제시된 ㉡ 지도의 시기에 있었던 6·25 전쟁의 사건에 관해 썼으나 구체적이지 않음.	4점

1. 옛사람들의 삶과 문화

❶ 나라의 등장과 발전

개념 확인하기 4쪽

1 ㉢ 2 ㉠ 3 ㉡ 4 ㉢ 5 ㉡

1 고조선은 단군왕검이 세웠다고 전해집니다.

2 청동기 문화를 바탕으로 세워진 고조선의 문화유산으로는 탁자식 고인돌, 비파형 동검 등이 있습니다.

3 백제는 고구려에서 내려온 온조가 한강 유역에 세웠다고 전해집니다.

4 무용총 접객도는 손님을 맞이하는 모습을 그린 벽화로, 고구려가 신분제 사회였다는 것을 엿볼 수 있습니다.

5 진흥왕은 화랑도를 통해 유능한 인재를 길렀고, 백제와 연합해 고구려가 차지하고 있던 한강 유역을 빼앗았습니다. 이후 백제와의 경쟁에서 승리한 신라는 한강 유역을 완전히 차지했으며, 이전보다 중국과 편리하게 교류할 수 있었습니다.

개념 확인하기 5쪽

1 ㉢ 2 ㉠ 3 ㉡ 4 ㉡ 5 ㉡

1 백제의 계속된 공격으로 위기에 처한 신라는 김춘추를 당에 파견해 당과 동맹을 맺었습니다.

2 김유신이 지휘하는 신라군이 황산벌에서 계백이 이끄는 백제군을 물리쳤고, 당군과 연합해 백제를 멸망시켰습니다. 이후 신라군은 당군과 함께 평양성을 함락하고 고구려를 멸망시켰습니다. 백제와 고구려가 멸망하자 당이 한반도 전체를 차지하려 했고 이에 신라는 당을 몰아내고 삼국 통일을 이루었습니다.

3 ㉠ 무용총은 고구려의 문화유산입니다.

4 발해는 대조영이 세운 나라로 해동성국이라 불릴만큼 발전했습니다.

5 ㉠ 석굴암은 통일신라, ㉢ 비파형 동검은 고조선의 문화유산입니다.

실력 평가 6~7쪽

1 ⑤ 2 형진 3 ③ 4 광개토대왕, 장수왕
5 ② 6 ④ 7 ⑤ 8 ⑤ 9 ④
10 석굴암

1 곰과 호랑이가 환웅을 찾아와 사람이 되게 해 달라고 빌었다는 내용에서 곰을 숭배하는 부족과 호랑이를 숭배하는 부족이 환웅 부족과 연합하고 싶어 했다는 것을 알 수 있습니다.

2 고조선의 법 조항을 통해 고조선은 노비가 존재하는 신분제 사회였고, 화폐의 개념이 있었다는 것을 알 수 있습니다.

3 고구려의 왕자로 알려진 온조는 고구려를 떠나 남쪽으로 내려와 한강 유역에 백제를 세웠습니다.

4 고구려는 광개토대왕과 장수왕 때 전성기를 맞았습니다.

더 알아보기

광개토대왕과 장수왕의 업적

광개토대왕	서쪽으로는 요동 지역, 남쪽으로는 백제의 영역이었던 한강 유역까지 세력을 확장했음.
장수왕	• 광개토대왕릉비를 세워 광개토대왕의 업적을 기념했음. • 도읍을 평양으로 옮긴 후 백제의 도읍인 한성을 함락해 한강 유역을 모두 차지했음.

5 진흥왕은 백제와 연합해 고구려가 차지하고 있던 한강 유역을 빼앗았고, 이후 백제와의 경쟁에서 승리한 신라는 한강 유역을 완전히 차지했습니다.

6 ④ 무용총 수렵도는 고구려의 문화유산입니다.

더 알아보기

백제의 문화유산

무령왕릉	• 무덤방 내부가 벽돌로 만들어진 것이 특징임. • 중국, 일본 등과의 교류를 알 수 있는 유물이 발견되었음.
백제 금동 대향로	백제 사람들의 뛰어난 공예 기술과 예술성을 보여 줌.
익산 미륵사지	• 미륵사: 백제에서 가장 컸던 절 • 익산 미륵사지 석탑: 우리나라 석탑의 초기 모습을 보여 주는 탑으로, 돌을 쌓아 만들었지만 목탑의 모습과 매우 비슷함.

7 첨성대는 하늘의 별, 해와 달의 모습과 움직임을 관측하기 위한 건축물로 알려져 있습니다.

8 신라는 김춘추를 보내 당과 동맹을 맺었고, 김유신이 이끄는 신라군은 당의 군대와 연합해 백제를 멸망시켰습니다.

9 발해는 고구려를 계승한 나라임을 내세웠습니다.

10 본존불을 비롯한 불교의 여러 신과 인물들의 조각은 뛰어난 예술성을 보여 줍니다.

서술형·논술형 평가 8~9쪽

1 (1) 금성(경주)
(2) 진흥왕
(3) 예 백제 연합군과 함께 고구려가 차지했던 한강 유역을 빼앗았다.

2 (1) 고분
(2) 무용총
(3) 예 신분의 차이를 사람의 크기로 표현했다.

3 (1) ㉡, ㉠, ㉣, ㉢
(2) 당
(3) 예 한반도에 있던 여러 나라를 처음으로 통일했다. 삼국의 문화를 하나로 모아 새로운 민족 문화 발전의 기틀을 마련했다.

4 (1) 대조영
(2) 동모산
(3) 예 바다 동쪽에서 기운차게 일어나 번성하는 나라라는 뜻이다.

1 (1) 신라의 도읍은 금성(경주)입니다. 경주에는 신라의 문화유산이 많이 남아 있습니다.
(2) 신라는 6세기 진흥왕 때 전성기를 맞았습니다.
(3) 진흥왕은 화랑도를 통해 유능한 인재를 길렀고, 한강 유역을 완전히 차지했습니다.

채점 기준

(1)	'금성(경주)'이라고 정확히 씀.	2점
(2)	'진흥왕'이라고 정확히 씀.	2점
(3)	정답 키워드 백제 | 고구려 | 한강 '백제 연합군과 함께 고구려가 차지했던 한강 유역을 빼앗았다.' 등의 내용을 정확히 씀.	6점
	진흥왕의 업적을 썼으나 구체적이지 않음.	3점

2 (1) 고분은 옛사람들이 남긴 무덤입니다. 고분에서 발견된 유물과 벽화를 통해 당시 사람들의 생활 모습과 생각을 알 수 있습니다.
(2) 춤추는 모습의 벽화가 그려져 있어 무용총이라는 이름이 붙었습니다.
(3) 접객도는 신분이 높은 사람은 크게, 낮은 사람은 작게 그렸습니다.

채점 기준

(1)	'고분'이라고 정확히 씀.	2점
(2)	'무용총'이라고 정확히 씀.	2점
(3)	정답 키워드 신분 | 차이 | 사람 | 크기 '신분의 차이를 사람의 크기로 표현했다.' 등의 내용을 정확히 씀.	6점
	사람의 크기를 다르게 그린 까닭을 썼으나 구체적이지 않음.	3점

3 (1) 신라는 백제, 고구려를 차례로 멸망시키고, 한반도 전체를 차지하려는 당을 물리치고 삼국 통일을 이루었습니다.
(2) 신라는 당과 동맹을 맺었습니다.
(3) 신라의 삼국 통일은 삼국의 문화를 하나로 모아 새로운 민족 문화 발전의 기틀을 마련했다는 데 의의가 있습니다.

채점 기준

(1)	'㉡, ㉠, ㉣, ㉢'이라고 정확히 씀.	2점
(2)	'당'이라고 정확히 씀.	2점
(3)	정답 키워드 민족 문화 | 기틀 '삼국의 문화를 하나로 모아 새로운 민족 문화 발전의 기틀을 마련했다.' 등의 내용을 정확히 씀.	6점
	신라 삼국 통일의 의의를 썼으나 구체적이지 않음.	3점

4 (1) 당의 혼란을 틈타 대조영이 발해를 세웠습니다.
(2) 대조영은 동모산 부근에 발해를 세웠습니다.
(3) 발해는 나라를 정비하고 세력을 키워 옛 고구려 땅을 대부분을 되찾았습니다.

채점 기준

(1)	'대조영'이라고 정확히 씀.	2점
(2)	'동모산'이라고 정확히 씀.	2점
(3)	정답 키워드 바다 | 동쪽 | 번성 '바다 동쪽에서 기운차게 일어나 번성하는 나라라는 뜻이다.' 등의 내용을 정확히 씀.	6점
	해동성국의 뜻을 썼으나 구체적이지 않음.	3점

② 독창적 문화를 발전시킨 고려

개념 확인하기 10쪽

1 ㉡ 2 ㉠ 3 ㉡ 4 ㉠ 5 ㉠

1 호족은 신라 말부터 고려 초까지 군사력과 경제력을 바탕으로 지역을 스스로 다스리던 세력입니다.

2 후백제를 세운 사람은 견훤입니다. 궁예는 후고구려를 세웠습니다.

3 궁예가 신하들을 탄압하고 백성의 마음을 잃자 왕건은 호족들의 지지를 얻어 궁예를 몰아내고 고려를 세웠습니다.

4 거란의 1차 침입 때 서희는 거란 장수와의 담판으로 거란을 물러나게 했고, 3차 침입 때 강감찬은 귀주에서 후퇴하는 거란군에게 큰 승리를 거두었습니다.

5 몽골의 침입에 맞서 고려는 도읍을 개경에서 강화도로 옮겼습니다. 강화도는 물살이 거세어 바다에서 하는 전투에 약한 몽골군을 방어하기 좋은 지형이었습니다.

개념 확인하기 11쪽

1 ㉠ 2 ㉡ 3 ㉡ 4 ㉠ 5 ㉡

1 초조대장경이 몽골의 침입으로 불에 타 없어지자 부처의 힘으로 몽골의 침입을 이겨 내기 위해 팔만대장경을 만들었습니다.

2 팔만대장경판은 조선 시대에 만든 합천 해인사 장경판전에 보관되어 목판이 상하거나 뒤틀리지 않고 잘 보존될 수 있었습니다.

3 고려는 세계 최초로 금속 활자를 발명했습니다. 금속으로 된 활자를 판에 짜 맞춰 종이에 찍어 내기 때문에 판을 새로 짤 수 있어 여러 종류의 책을 인쇄하는 데 효율적이었습니다.

4 『직지심체요절』은 오늘날 전해지는 금속 활자 인쇄본 중 세계에서 가장 오래되었습니다.

5 고려청자는 고려 시대를 대표하는 공예품으로 푸른 빛깔의 도자기입니다. 초기에는 중국의 기술을 받아들여 청자를 만들었으나 이후에는 상감 기법으로 독창적인 청자를 만들어 냈습니다.

실력 평가 12~13쪽

1 ⑤ 2 진영 3 ① 4 별무반 5 ③
6 ③ 7 ④ 8 ㉠, ㉢ 9 ③ 10 ③

1 신라 말에는 견훤이 후백제를, 궁예가 후고구려를 세워 후삼국 시대가 성립되었습니다.

2 태조 왕건은 발해가 멸망하자 발해의 유민들을 받아들여 고구려 계승의 정신을 분명히 드러냈습니다.

3 서희는 거란의 1차 침입, 양규는 2차 침입, 강감찬은 3차 침입 때 활약한 인물입니다.

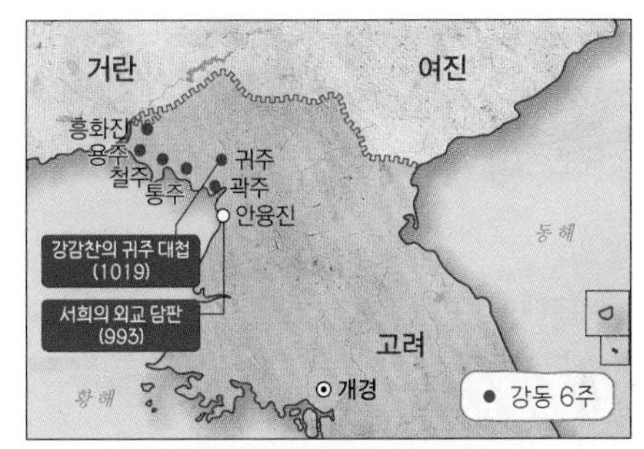

거란의 침입에 대한 고려의 대응

4 고려를 섬기던 여진이 세력을 키워 고려를 위협하자, 고려는 별무반이라는 군대를 만들었습니다. 윤관이 이끄는 별무반은 여진을 공격하고 그들이 살던 곳에 9개의 성을 쌓았습니다. 그러나 방어에 어려움을 겪던 고려는 여진의 간청으로 9성 지역에서 물러나고 그 땅을 돌려주었습니다. 이후 여진은 세력을 더 키워 금이라는 나라를 세웠습니다.

5 고려는 도읍을 강화도로 옮기고 지방의 주민들에게는 산성이나 섬으로 들어가게 하여 몽골의 침략에 저항하도록 했습니다. 귀주성과 처인성, 충주성 등지에서는 성안의 모든 사람이 힘을 합쳐 몽골군을 물리쳐 삶의 터전을 지키기도 했습니다. 몽골군의 침략이 오랫동안 이어지면서 고려의 국토는 황폐해지고 많은 사람이 죽거나 몽골에 포로로 끌려갔습니다. 하지만 강화도로 옮겨 간 고려의 지배층은 백성들의 고통과 피해를 외면한 채 화려한 생활을 누리기도 했습니다.

왜 틀렸을까?
③ 처인성의 주민들과 힘을 합쳐 몽골군 대장 살리타를 죽인 사람은 승려 김윤후입니다.

6 삼별초는 무신 정권 시기에 만들어진 군대입니다. 삼별초는 근거지를 강화도에서 진도와 제주도로 옮겨 가며 고려와 몽골의 연합군에 맞서 싸웠습니다.

7 팔만대장경은 몽골의 침입을 부처의 힘으로 이겨 내고자 만들었습니다. 경판의 수가 팔만여 장에 이르는 까닭에 팔만대장경이라고 합니다.

8 ㉡, ㉣은 목판 인쇄술에 대한 설명입니다.

9 『직지심체요절』은 오늘날 전해지는 금속 활자 인쇄본 중 세계에서 가장 오래된 것입니다.

왜 틀렸을까?
㉠ 청주 흥덕사에서 인쇄되었습니다.
㉣ 독일의 구텐베르크가 만든 금속 활자보다 70여 년 앞서 제작되어, 그 가치를 인정받아 유네스코 세계 기록 유산으로 등재되었습니다.

10 고려의 청자 제작 기술은 중국의 영향을 받았지만, 고려에서 독창적인 방식으로 발전했습니다.

서술형·논술형 평가

14~15쪽

1 (1) 후백제 (2) 고려
(3) 예 궁예가 신하를 의심하고 죽이며 나라를 난폭하게 다스렸기 때문이다.

2 (1) 송 (2) ㉠
(3) 예 고려는 강동 6주를 얻었고, 거란은 고려가 송과 교류를 끊도록 했다.

3 (1) 희수
(2) 예 국토가 황폐해졌고, 많은 사람이 죽거나 몽골의 포로로 끌려갔다.

4 (1) 몽골 (2) ㉠
(3) 예 목판 8만여 장에 불경을 새긴 것임에도, 글자가 고르고 틀린 글자도 거의 없다.

1 (1) 견훤은 백제의 계승을 내세우며 후백제를 세웠습니다.
(2) 고려는 후삼국을 통일했습니다.
(3) 궁예가 강압적인 정치를 펼치자 신하들은 궁예를 내쫓고 왕건을 새로운 왕으로 추대했습니다.

채점 기준

(1)	'후백제'라고 정확히 씀.	2점
(2)	'고려'라고 정확히 씀.	2점
(3)	정답 키워드 신하 | 의심 | 나라 | 난폭 '궁예가 신하를 의심하고 죽이며 나라를 난폭하게 다스렸기 때문이다.' 등의 내용을 정확히 씀.	6점
	왕건이 궁예를 몰아내고 왕이 된 까닭을 썼으나 구체적이지 않음.	3점

2 (1) 고려가 송과 가까이 지내자, 거란은 두 나라의 관계를 끊기 위해 고려를 침입했습니다(1차 침입).
(2) 서희는 거란의 침입 의도를 알고 거란의 장수와 담판을 벌였습니다.
(3) 서희의 담판 결과 고려는 강동 6주를 얻고 거란의 군대를 물러가게 했으며, 거란은 고려와 송의 외교를 단절시켜 송과의 결전 시에 고려의 공격을 염려하지 않아도 되는 성과를 거두었습니다.

채점 기준

(1)	'송'이라고 정확히 씀.	2점
(2)	'㉠'이라고 정확히 씀.	2점
(3)	정답 키워드 강동 6주 | 송 | 끊다 '고려는 강동 6주를 얻었고, 거란은 고려가 송과 교류를 끊도록 했다.' 등의 내용을 정확히 씀.	6점
	서희의 담판으로 고려와 거란이 얻은 것을 썼으나 구체적이지 않음.	3점

3 (1) 고려는 도읍을 강화도로 옮기고 몽골의 침략에 저항했습니다.
(2) 많은 사람이 죽거나 몽골에 포로로 끌려갔고, 황룡사 9층 목탑과 초조대장경 등 많은 문화유산이 파괴되었습니다.

채점 기준

(1)	'희수'라고 정확히 씀.	2점
(2)	정답 키워드 국토 | 황폐화 | 백성 | 포로 '국토가 황폐해졌고, 많은 사람이 죽거나 몽골의 포로로 끌려갔다.' 등의 내용을 정확히 씀.	6점
	고려가 몽골의 침략으로 입은 피해를 썼으나 구체적이지 않음.	3점

4 (1) 고려는 부처의 힘으로 나라의 힘든 일을 이겨 내고자 했습니다.
(2) 초조대장경은 거란의 침입 때 만들었습니다.
(3) 팔만대장경판에는 오천만 자가 넘는 글자가 새겨져 있는데, 글자가 고르고 틀린 글자도 거의 없습니다.

채점 기준

(1)	'몽골'이라고 정확히 씀.	2점
(2)	'㉠'이라고 정확히 씀.	2점
(3)	정답 키워드 글자 | 고르다 '목판 8만여 장에 불경을 새긴 것임에도, 글자가 고르고 틀린 글자도 거의 없다.' 등의 내용을 정확히 씀.	6점
	팔만대장경의 우수한 점을 썼으나 구체적이지 않음.	3점

❸ 민족 문화를 지켜 나간 조선

개념 확인하기 16쪽

1 ㉢ 2 ㉡ 3 ㉠ 4 ㉡ 5 ㉠

1 이성계는 신진 사대부와 함께 고려 말의 사회를 개혁하고자 했습니다. 이성계는 정도전 세력과 힘을 합쳐 고려를 멸망시키고 조선을 세웠습니다.

2 이성계는 도읍을 한양으로 정했습니다. 한양은 한반도의 중앙에 자리하고 한강이 흐르고 있어 교통이 편리했고, 주변이 산으로 둘러싸여 있어 적의 공격을 방어하기에 유리했습니다.

3 천민은 대부분 노비였으며, 관청이나 양반의 집에 속하여 허드렛일을 맡았습니다.

4 세종은 영토 확장에도 힘써 북쪽으로 4군 6진을 개척했습니다.

5 『경국대전』은 성종 때 완성되었습니다.

더 알아보기

『경국대전』

『경국대전』은 조선의 기본 법전으로, 유교의 가르침을 중심으로 나라를 다스리고 사회 질서를 유지하기 위한 내용이 담겨 있습니다.

개념 확인하기 17쪽

1 ㉡ 2 ㉡ 3 ㉠ 4 ㉡ 5 ㉢

1 일본이 명을 치러 가는 길을 빌려 달라는 구실로 조선을 침략하면서 임진왜란이 시작되었습니다.

2 곽재우 등은 자기 고장과 나라를 지키고자 하는 사람들을 모아 의병을 일으켰습니다.

3 무리하게 조선에 군사를 보냈던 명은 점차 나라의 힘이 약해졌고, 이를 틈타 만주에서는 여진이 성장했습니다.

4 후금은 세력을 키워 나라 이름을 청으로 바꾸고, 조선에 임금과 신하의 관계를 요구했습니다. 조선이 이를 받아들이지 않자, 청 태종이 직접 군대를 이끌고 침입했습니다.

5 청의 군대가 한양으로 쳐들어오자, 인조는 남한산성으로 들어가 청군에 맞서 저항했으나 결국 항복했습니다.

실력 평가 18~19쪽

1 신진 사대부 2 ②, ③ 3 ㉠ 4군 ㉡ 6진
4 ② 5 ④ 6 ⑤ 7 ① 8 ②
9 ③ 10 ⓜ

1 고려 말에 등장한 신진 사대부는 이성계와 힘을 합쳐 고려의 여러 제도를 고쳐 나갔습니다. 그러나 개혁의 방향을 둘러싸고 신진 사대부 안에서 갈등이 일어났습니다.

더 알아보기

정몽주와 정도전의 주장

정몽주	고려 사회의 여러 가지 문제점을 개혁하는 것은 찬성하지만 고려를 무너뜨리고 새 왕조를 세우는 것은 도리가 아닙니다.
정도전	만약 임금이 백성을 위하지 않고 정치를 제대로 하지 않는다면 하늘의 뜻에 따라 물러나게 하고, 새로운 왕조를 세우는 것이 마땅합니다.

2 『경국대전』은 조선의 기본 법전으로 세조 때 만들기 시작해 성종 때 완성되었으며 경제 활동에 관한 내용이 있습니다.

3 세종은 북쪽으로 4군 6진을 개척해 압록강과 두만강을 경계로 하는 오늘날의 국경선이 만들어졌습니다.

4 세종은 훈민정음을 창제해 한자를 모르는 백성들이 쉽게 글자를 읽고 쓸 수 있게 했으며, 혼천의, 측우기, 자격루, 앙부일구 등 농사와 백성의 생활에 도움을 주는 여러 가지 과학 기구를 만들었습니다.

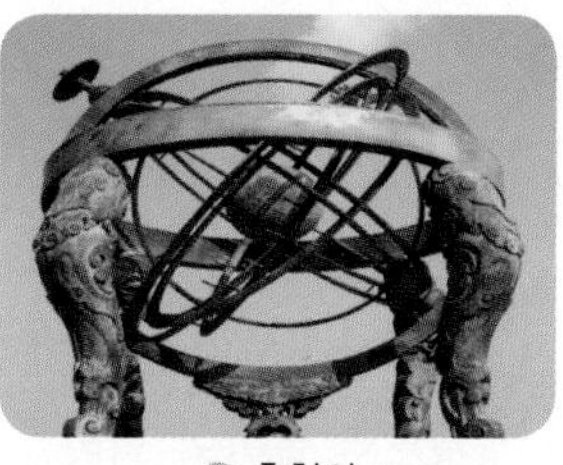
▲ 혼천의

▲ 앙부일구

5 훈민정음은 혀와 입술의 모양, 그리고 하늘과 땅, 사람의 모양 등을 본떠 만들었습니다.

6 조선 시대 사람들은 유교 질서에 따라 주어진 신분대로 살아가야 했습니다.

왜 틀렸을까?

①, ②는 양반, ③은 상민, ④는 중인에 대한 설명입니다.

7 임진왜란은 1592년에 일본을 통일한 도요토미 히데요시가 조선을 침략해 일어난 전쟁입니다.

8 홍의 장군은 임진왜란 때 붉은 옷을 입고 군사들을 지휘한 곽재우 의병장을 사람들이 부르는 말입니다.

9 광해군은 후금과 명 사이에서 중립 외교를 펼치면서 후금의 침략을 피하려고 했습니다.

10 병자호란은 청이 조선의 임금과 신하의 관계를 요구하며 침입해 일어난 전쟁입니다.

서술형·논술형 평가 20~21 쪽

1 (1) ㉡, ㉠, ㉢, ㉣ (2) 지후
(3) 예 고려가 이성계에게 요동 지방을 정벌하게 했으나, 이에 반대했던 이성계가 위화도에서 군사를 돌려 개경으로 돌아와 권력을 잡은 사건이다.

2 (1) 혼천의 (2)『칠정산』
(3) 예 앙부일구는 해시계이고, 자격루는 물시계이다.

3 (1) 중인 (2) 천민
(3) 예 유학을 공부했고, 관리가 되어 나라의 중요한 일을 결정했다.

4 (1) 이순신 (2) 한산도 대첩
(3) 예 바다로 물자를 운반하려던 일본군의 계획을 막았다. 전라도와 충청도의 곡창 지대를 지킬 수 있었다.

1 (1) 위화도 회군으로 권력을 잡은 이성계는 정몽주 등 반대 세력을 제거하고 조선을 세웠습니다.
(2) 고려 말 신진 사대부는 성리학을 바탕으로 개혁을 주장했으며, 정도전은 새로운 나라를 세워야 한다고 주장했습니다.
(3) 위화도 회군은 요동 정벌에 반대하던 이성계가 위화도에서 군대를 돌려 개경으로 돌아와 권력을 잡은 사건입니다.

채점 기준

(1)	'㉡, ㉠, ㉢, ㉣'이라고 정확히 씀.	2점
(2)	'지후'라고 정확히 씀.	2점
(3)	정답 키워드 이성계 | 요동 정벌 | 위화도 | 회군 '고려는 이성계에게 요동 지방을 정벌하게 했으나, 이에 반대했던 이성계가 위화도에서 군사를 돌려 개경으로 돌아와 권력을 잡은 사건이다.' 등의 내용을 정확히 씀.	6점
	위화도 회군에 대해 썼으나 구체적이지 않음.	3점

2 (1) 혼천의는 천문 관측기구입니다.
(2)『칠정산』은 현재 사용하고 있는 달력과 비교해도 큰 차이가 없을 정도로 정확합니다.
(3) 앙부일구는 '가마솥이 하늘을 우러르고 있는 모양의 해시계'라는 뜻이고, 자격루는 '스스로 종을 쳐서 시각을 알려 주는 물시계'라는 의미입니다.

채점 기준

(1)	'혼천의'라고 정확히 씀.	2점
(2)	'『칠정산』'이라고 정확히 씀.	2점
(3)	정답 키워드 해시계 | 물시계 '앙부일구는 해시계이고, 자격루는 물시계이다.' 등의 내용을 정확히 씀.	6점
	앙부일구와 자격루의 차이점을 썼으나 구체적이지 않음.	3점

3 (1) 중인은 의학, 법률에 관한 일 등을 했습니다.
(2) 천민은 대부분 노비로 양반이나 나라의 재산으로 여겨졌습니다.
(3) 양반은 관리가 되어 나라의 중요한 일을 결정했습니다.

채점 기준

(1)	'중인'이라고 정확히 씀.	2점
(2)	'천민'이라고 정확히 씀.	2점
(3)	정답 키워드 유학 | 공부 | 관리 '유학을 공부했고, 관리가 되어 나라의 중요한 일을 결정했다.' 등의 내용을 정확히 씀.	6점
	양반의 생활 모습을 썼으나 구체적이지 않음.	3점

4 (1) 이순신은 임진왜란이 일어나자 일본군에 맞서 싸워 승리했습니다.
(2) 한산도 대첩에서 학익진 전법으로 큰 승리를 거두었습니다.
(3) 수군의 활약으로 일본이 북쪽으로 쉽게 나아갈 수 없게 되었습니다.

채점 기준

(1)	'이순신'이라고 정확히 씀.	2점
(2)	'한산도 대첩'이라고 정확히 씀.	2점
(3)	정답 키워드 물자 운반 | 막다 | 곡창 지대 | 지키다 '바다로 물자를 운반하려던 일본군의 계획을 막았다.', '전라도와 충청도의 곡창 지대를 지킬 수 있었다.' 등의 내용을 정확히 씀.	6점
	수군의 승리가 전쟁에 미친 영향을 썼으나 구체적이지 않음.	3점

온라인 학습 단원평가의 정답과 함께 문항 분석도 확인하세요.

단원평가 1회 22~25쪽

문항 번호	정답	평가 내용	난이도
1	④	고조선 알아보기	보통
2	②	근초고왕 알아보기	보통
3	②	신라의 전성기 알아보기	쉬움
4	④	무령왕릉 알아보기	쉬움
5	④	신라의 문화유산 알아보기	쉬움
6	⑤	삼국 통일 과정 알아보기	보통
7	④	불국사 알아보기	보통
8	①	왕건의 정책 알아보기	보통
9	④	서희의 담판 알아보기	쉬움
10	⑤	귀주 대첩 알아보기	보통
11	⑤	고려가 여진의 침입에 대비하기 위해 한 일 알아보기	어려움
12	⑤	몽골의 침략으로 인한 고려의 피해 알아보기	보통
13	⑤	팔만대장경 알아보기	어려움
14	④	위화도 회군 알아보기	쉬움
15	②	한양을 도읍으로 삼은 까닭 알아보기	쉬움
16	⑤	훈민정음을 창제한 까닭 알아보기	보통
17	⑤	학익진 전법 알아보기	보통
18	⑤	임진왜란 때 의병 알아보기	어려움
19	⑤	정묘호란과 병자호란 알아보기	보통
20	②	병자호란 알아보기	어려움

1 고조선은 청동기 문화를 바탕으로 단군왕검이 세운 나라입니다.

2 백제는 근초고왕 때 전성기를 맞았습니다.

3 신라는 6세기 진흥왕 때 전성기를 맞았습니다.

4 충청남도 공주시의 무령왕릉은 백제를 대표하는 고분으로, 중국의 영향을 받아 벽돌로 만들어졌습니다.

5 ④ 금동 연가 7년명 여래 입상은 고구려의 문화유산입니다.

6 '⑤ 신라와 당의 동맹 → ② 백제 멸망 → ③ 고구려 멸망 → ④ 신라와 당의 전쟁 → ① 삼국 통일'의 순으로 삼국의 통일이 이루어졌습니다.

7 ④ 비파형 동검은 고조선의 문화 범위를 알 수 있는 문화유산입니다.

8 왕건은 불교를 장려했으며 백성의 세금을 줄였습니다.

9 서희는 거란 장수 소손녕과 담판을 벌여, 거란을 물러나게 했습니다.

10 강감찬은 귀주에서 거란군을 크게 무찔렀습니다.

11 고려는 여진이 점차 세력을 키워 고려를 위협하자 별무반이라는 군대를 만들었습니다.

12 고려는 오랜 전쟁으로 수많은 사람이 죽거나 포로로 끌려갔으며, 황룡사 9층 목탑 등의 문화재가 불타는 피해를 입었습니다.

13 팔만대장경은 목판 8만여 장에 불경을 새긴 것임에도, 글자가 고르고 틀린 글자도 거의 없습니다.

14 요동을 정벌하려고 떠났던 이성계는 위화도에서 군사를 돌려 권력을 잡았습니다.

15 한양은 나라의 중앙에 있습니다.

16 세종은 백성들이 글을 몰라 어려움을 겪자, 일부 신하들의 반대에도 우리글을 만들었습니다.

17 이순신은 학익진 전법으로 한산도에서 승리를 거뒀습니다.

18 의병의 신분은 양반에서 천민에 이르기까지 다양했지만 고장과 나라를 지키겠다는 마음으로 적극적으로 의병 활동에 참여해 활약했습니다.

19 후금이 조선을 침략한 사건은 정묘호란, 청 태종이 조선을 침입한 사건은 병자호란입니다.

20 병자호란 때 남한산성으로 피란을 떠나 저항했던 인조는 삼전도에서 청 태종에게 항복했습니다.

온라인 학습 단원평가의 정답과 함께 문항 분석도 확인하세요.

단원평가 2회

26~29쪽

문항 번호	정답	평가 내용	난이도
1	⑤	고조선 알아보기	쉬움
2	④	고조선의 문화유산 알아보기	보통
3	③	장수왕 알아보기	보통
4	④	백제의 문화유산 알아보기	쉬움
5	⑤	첨성대 알아보기	쉬움
6	①	김유신 알아보기	보통
7	⑤	해동성국의 뜻 알아보기	보통
8	③	고려 알아보기	쉬움
9	③	거란의 침입과 고려의 극복 알아보기	보통
10	④	몽골의 고려 침략 알아보기	어려움
11	③	팔만대장경 알아보기	어려움
12	⑤	『직지심체요절』 알아보기	어려움
13	⑤	고려청자 알아보기	쉬움
14	③	이성계 알아보기	보통
15	②	『경국대전』 알아보기	쉬움
16	⑤	세종 대 과학 기구의 발명 알아보기	보통
17	③	조선 시대 신분에 따른 생활 모습 알아보기	보통
18	④	임진왜란 알아보기	어려움
19	③	광해군 알아보기	보통
20	④	병자호란 알아보기	보통

1 우리 역사 속 최초의 국가는 고조선입니다.

2 미송리식 토기, 비파형 동검, 탁자식 고인돌은 고조선을 대표하는 문화유산입니다.

3 장수왕은 광개토대왕릉비를 세웠습니다.

4 무령왕릉은 백제를 대표하는 고분입니다.

5 첨성대는 하늘의 별, 해와 달의 모습 등을 관찰하는 시설로 알려져 있습니다.

6 김유신은 가야의 왕족 출신으로 무열왕과 문무왕을 도와 삼국 통일에 앞장섰습니다.

7 당은 바다 동쪽에서 기운차게 일어나 번성하는 나라라는 뜻에서 발해를 '해동성국'이라고 불렀습니다.

8 고려는 왕건이 고구려를 계승해 세운 나라입니다.

9 고려의 서희, 양규, 강감찬은 거란의 침입을 물리쳤습니다.

10 몽골은 고려에 많은 물자를 바칠 것을 요구하며 고려와 갈등을 빚다가 고려에 왔던 몽골 사신이 몽골에 돌아가는 길에 죽자, 이를 이유로 고려에 침입했습니다.

11 팔만대장경판은 글자가 고르고 틀린 글자도 거의 없어 고려 목판 인쇄술의 우수성을 보여 줍니다.

12 『직지심체요절』은 1377년에 청주 흥덕사에서 인쇄된 책으로, 유네스코 세계 기록 유산으로 등재되었습니다.

13 고려청자를 만들기 위해서는 가마를 만드는 기술, 불을 다루는 기술, 유약을 만드는 기술 등이 필요했습니다.

14 이성계는 위화도 회군으로 권력을 잡았습니다.

15 『경국대전』은 나라를 다스리는 가장 기본적인 법전으로 세조에서 성종 대에 걸쳐 완성되었습니다.

16 세종 대에는 농사와 백성의 생활에 도움을 주기 위해 측우기, 앙부일구, 혼천의, 자격루, 간의 등과 같은 여러 가지 과학 기구를 만들었습니다.

17 ①은 중인, ②는 양반, ④는 천민에 대한 설명입니다.

18 전쟁 초반에 육지에서 조선군이 계속 지고 있었지만, 수군과 의병의 활약으로 전쟁의 흐름이 바뀌었습니다.

19 광해군은 명이 쇠퇴하고 후금이 성장하는 상황에서 중립 외교를 펼쳐 전쟁에 휘말리지 않으려고 했습니다.

20 병자호란의 결과 조선은 청과 임금과 신하의 관계를 맺었고, 세자와 많은 백성이 청에 끌려가 고통을 겪었습니다.

2. 사회의 새로운 변화와 오늘날의 우리

❶ 새로운 사회를 향한 움직임

개념 확인하기 30쪽

1 ㉠ 2 ㉠ 3 ㉠ 4 ㉡ 5 ㉢

1 영조는 탕평책을 통해 왕권을 강화하고 정치를 안정시켰습니다.

2 정약용은 거중기, 녹로 등의 기구를 이용해 수원 화성 공사에 들어가는 시간과 비용을 크게 절약했습니다.

3 백성의 생활이 어려워지면서 백성의 생활을 돕고 현실 문제에 관심을 가지는 실학이 등장했습니다.

4 정약용은 과학 기술 분야에도 관심을 가져 거중기 등을 개발하기도 했습니다.

5 조선 후기에 경제적으로 여유가 생긴 백성들이 문화와 예술 활동에 관심을 가지게 되면서, 서민 문화가 발달했습니다.

개념 확인하기 31쪽

1 ㉡ 2 ㉠ 3 ㉡ 4 ㉠ 5 ㉢

1 흥선 대원군은 백성을 수탈하고 세금을 면제받던 서원을 정리하고, 세금 제도를 개혁해 양반도 세금을 내게 했습니다.

2 병인양요와 신미양요를 통해 외세의 침략을 물리친 조선은 서양과의 통상을 거부한다는 뜻을 굳건히 하기 위해 전국 각지에 척화비를 세웠습니다.

3 강화도 조약은 조선이 외국과 맺은 최초의 근대적 조약이자, 불리한 불평등 조약입니다.

4 김옥균을 중심으로 한 세력은 자신들의 힘만으로는 당장 나라를 바꾸기 어렵다고 생각해 일본에 도움을 요청한 후 갑신정변을 일으켰지만, 청의 군대가 개입하고 일본이 약속을 지키지 않아 3일 만에 끝나고 말았습니다.

5 지방 관리들의 수탈과 횡포에 시달린 농민들은 전봉준을 중심으로 1894년 동학 농민 운동을 일으켰습니다.

실력 평가 32~33쪽

1 ⑤ 2 ㉢ 3 ⑤ 4 ❶ 발달 ❷ 서민
5 아영 6 ㉡ 7 ②, ④ 8 (1) ㉡ (2) ㉠
9 동학 10 ②

1 영조는 탕평책을 시행하고, 법전을 새로 정비했으며, 세금을 줄이고, 상인이 자유롭게 장사를 할 수 있도록 도왔습니다.

2 수원 화성은 정조의 개혁 정치를 뒷받침하는 계획도시였습니다.

3 조선 후기 백성의 생활이 어려워지고 신분제가 흔들리면서 조선의 현실 문제에 관심을 갖는 실학자들이 등장했습니다.

4 서민들의 문화의 주인공으로 참여한 것을 서민 문화라고 합니다.

5 판소리는 노래하는 소리꾼과 북장단을 치는 고수로 구성되어 있습니다.

왜 틀렸을까?
예린: 전기수는 돈을 받고 여러 책을 사람들 앞에서 대신 읽어 주는 사람입니다.
태현: 관중도 추임새를 넣으며 이야기에 참여할 수 있었습니다.

6 흥선 대원군은 세도 가문의 힘을 약화하고 능력 있는 사람들을 관리로 뽑아 정치 기강이 무너지고 부정부패가 심해진 조선을 개혁하기 위해 힘썼습니다.

7 강화도 조약을 맺은 이후 조선은 서양의 여러 나라와도 통상 조약을 맺고 교류를 시작했습니다.

8 김홍집은 온건 개화파, 김옥균은 급진 개화파의 대표적인 인물입니다.

9 백성의 생활이 어려워지면서 평등사상과 사회 개혁 등을 내세운 동학이 널리 퍼졌습니다.

10 농민군은 외국의 군대가 개입하는 것을 막고자 정부와 협상하고 전주성에서 물러났지만, 일본은 경복궁을 점령하고 청을 공격해 청일 전쟁을 일으켰습니다. 이에 농민군은 다시 봉기해 일본군과 맞섰습니다.

더 알아보기
농민 자치 기구 '집강소'
- 집강소는 동학 농민 운동 때 동학 농민군이 각 고을에 설치했던 농민 자치 기구입니다.
- 농민군은 전주성에서 스스로 물러나면서 고을의 질서 유지 및 개혁 추진을 위해 집강소를 설치했습니다.

서술형·논술형 평가 34~35쪽

1 (1) 탕평책
(2) ㉡
(3) 예 붕당과 상관없이 나랏일을 할 인재를 골고루 뽑아 정치를 하겠다.

2 (1) ㉢
(2) 거중기
(3) 예 『목민심서』, 『경세유표』 등 많은 책을 썼다. 정치, 경제, 사회 분야에서 개혁을 주장했다.

3 (1) 프랑스
(2) 강화도
(3) 예 전국 각지에 척화비를 세웠다. 조선이 발전하려면 다른 나라와 교류를 해야 한다고 생각하는 사람도 점차 늘어났다.

4 (1) 청(나라)
(2) 김옥균
(3) 예 일본의 힘에 의지하고 준비가 부족한 상태에서 개혁을 시도한 점이 많은 사람의 지지를 받지 못했다.

1 (1) '탕평'은 어느 쪽에도 치우침이 없이 공평하다는 뜻입니다.
(2) 붕당 간에 의견 대립이 자주 일어나면서 정치가 혼란해지자 영조는 탕평책을 실시했습니다. 영조는 탕평책을 통해 왕권을 강화하고 정치를 안정시킬 수 있었습니다.
(3) 탕평비에는 골고루 인재를 뽑겠다는 마음이 담겨 있습니다.

채점 기준

(1)	'탕평책'이라고 정확히 씀.	2점
(2)	'㉡'이라고 정확히 씀.	2점
(3)	정답 키워드 붕당 | 인재 '붕당과 상관없이 나랏일을 할 인재를 골고루 뽑아 정치를 하겠다.' 등의 내용을 정확히 씀.	6점
	탕평책의 의미를 썼으나 구체적이지 않음.	3점

2 (1) 정약용은 조선 후기의 대표적인 실학자입니다.
(2) 수원 화성을 만들 때는 무거운 물건을 들어 올리는 데에 쓰던 기계인 거중기, 도르래를 이용해 물건을 옮기는 장치인 녹로 등이 사용되었습니다.
(3) 정약용은 마을 단위로 공동 농장을 만들어 함께 농사짓고 수확물은 일할 만큼 나눌 것을 주장하기도 했습니다.

채점 기준

(1)	'㉢'이라고 정확히 씀.	2점
(2)	'거중기'에 ○표를 함.	2점
(3)	정답 키워드 『목민심서』 | 『경세유표』 | 개혁 '『목민심서』, 『경세유표』 등 많은 책을 썼다.', '정치, 경제, 사회 분야에서 개혁을 주장했다.' 등의 내용을 정확히 씀.	6점
	(2)번 답의 내용을 제외하고 정약용이 한 일을 썼으나 구체적이지 않음.	3점

3 (1) 프랑스는 1866년 병인양요를 일으켰습니다.
(2) 병인양요와 신미양요는 모두 강화도에서 일어난 서양 세력의 침입이었습니다. 강화도에서 물길을 따라 올라오면 한양까지 쉽게 들어올 수 있었기 때문에 조선 후기 강화도에는 외세의 침략이 잦았습니다.
(3) 조선은 일시적으로 서양 세력을 막아냈지만, 나라를 부강하게 만들기 위해서는 서양의 새로운 문물을 받아들여야 한다고 생각하는 사람들도 점차 많아졌습니다.

채점 기준

(1)	'프랑스'라고 정확히 씀.	2점
(2)	'강화도'라고 정확히 씀.	2점
(3)	정답 키워드 척화비 | 다른 나라 | 교류 '전국 각지에 척화비를 세웠다.', '조선이 발전하려면 다른 나라와 교류를 해야 한다고 생각하는 사람도 점차 늘어났다.' 등의 내용을 정확히 씀.	6점
	병인양요와 신미양요를 겪은 이후 조선의 대응을 썼으나 구체적이지 않음.	3점

4 (1) 김옥균과 급진 개화파들은 조선이 청의 간섭에서 벗어나 진정한 의미의 자주독립을 이루어야 한다고 주장했습니다.
(2) 김옥균을 중심으로 한 세력은 갑신정변을 일으켰습니다.
(3) 청의 군대가 개입하고 일본이 약속을 지키지 않아 갑신정변은 3일 만에 실패로 끝났습니다.

채점 기준

(1)	'청', '청나라' 등의 내용을 정확히 씀.	2점
(2)	'김옥균'이라고 정확히 씀.	2점
(3)	정답 키워드 일본 | 의지 | 준비 | 부족 '일본의 힘에 의지하고 준비가 부족한 상태에서 개혁을 시도한 점이 많은 사람의 지지를 받지 못했다.' 등의 내용을 정확히 씀.	6점
	갑신정변이 실패한 까닭을 썼으나 구체적이지 않음.	3점

② 일제의 침략과 광복을 위한 노력

개념 확인하기 36쪽

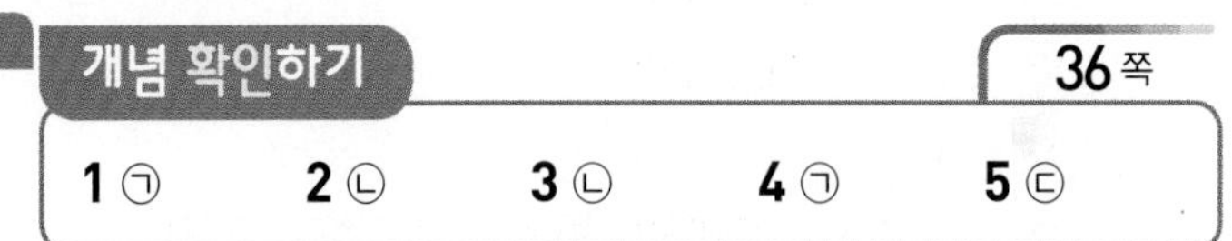

1 일제는 신하들과 고종을 협박해 강제로 을사늑약을 체결하고, 대한 제국의 외교권을 빼앗았습니다.

2 신돌석은 평민 출신 의병장으로, '태백산 호랑이'라고 불렸습니다.

3 지식인과 일부 관료들은 애국심을 높이고 민족의 실력을 키워 일제로부터 국권을 지키고자 하며 애국 계몽 운동을 펼쳤습니다.

4 이승훈은 오산 학교를 설립해 인재를 길렀습니다.

5 안중근은 하얼빈역에서 이토 히로부미를 처단하고 재판 과정에서 동양 평화를 지키기 위해 독립운동을 펼쳤음을 이야기했습니다.

개념 확인하기 37쪽

1 ㉡ 2 ㉠ 3 ㉡ 4 ㉠ 5 ㉠

1 안창호는 교육의 중요성을 깨닫고 대성 학교를 세워 인재를 길렀으며, 미국으로 건너가 흥사단을 조직하고 독립을 위한 활동을 계속했습니다.

2 제1차 세계 대전이 끝나고 전쟁에서 진 나라들의 식민지들이 독립하자, 우리나라도 독립에 대한 희망을 가지게 되었습니다. 이러한 희망은 1919년 3·1 운동으로 표출되었습니다.

3 3·1 운동은 한국인의 독립 의지를 전 세계에 알렸으며, 아시아 다른 나라의 독립 운동에도 영향을 미쳤습니다.

4 대한민국 임시 정부는 국내외의 독립운동을 지휘하고, 외교 활동을 펼쳤으며, 한국광복군을 창설하여 일본과 전쟁을 치를 준비를 하기도 했습니다.

5 한인 애국단은 대한민국 임시 정부의 김구가 조직한 단체로, 이봉창과 윤봉길의 의거를 지휘했습니다.

실력 평가 38~39쪽

1 ③ 2 ㉡ 3 (2) ○ 4 ③ 5 ③
6 정석 7 ❶ 만세 ❷ 폭력적으로 8 ③, ④
9 ⑤ 10 ②

1 일본은 조선에서의 영향력을 되찾기 위해 을미사변을 일으켰습니다.

2 고종은 을미사변 이후 신변의 위협을 느끼고 일본의 영향력에서 벗어나고자 러시아 공사관으로 거처를 옮겼습니다.

3 만민 공동회에서는 신분, 나이와 관계없이 누구나 참여해 자신의 생각을 말할 수 있었습니다.

4 고종은 네덜란드 헤이그에 특사를 파견해 강제로 체결된 을사늑약이 무효임을 전 세계에 알리고자 노력했습니다.

5 밑줄 친 '이번 일'은 안중근 의사가 하얼빈역에서 이토 히로부미를 처단한 사건을 말합니다.

왜 틀렸을까?
① 신돌석과 관련된 내용입니다.
② 이봉창과 관련된 내용입니다.
④ 윤봉길과 관련된 내용입니다.
⑤ 민영환과 관련된 내용입니다.

6 일제는 토지 조사 사업을 실시해 한국인들로부터 더 많은 세금을 거두었고, 조선 총독부 소유의 토지 또한 크게 늘어났습니다.

7 일제는 만세 시위를 폭력적으로 진압했지만, 만세 시위는 수 개월 동안 계속되었습니다.

8 1920년 일제에 맞서 무장 독립 전쟁을 벌인 독립군 부대들은 주로 만주, 연해주 지역에서 활동했습니다.

9 광주 학생 항일 운동은 3·1 운동 이후 우리나라에서 일어난 가장 큰 항일 운동으로 확산했습니다.

10 이육사는 일제에 저항하는 문학 작품을 발표한 시인이자 독립운동가로, 여러 차례 감옥에 갇혔습니다.

더 알아보기

일제에 저항한 시인 이육사
- 이육사는 본명이 이원록이지만, 처음 감옥에 갇혔을 때 자신을 부르는 번호가 264번이어서 '육사'라는 이름을 짓고 이육사로 활동을 계속했습니다.
- 일제에 저항하는 문학 작품을 발표하여 독립 의지를 드러냈습니다.

서술형·논술형 평가 40~41쪽

1 (1) 환구단
(2) 대한 제국
(3) 예 황제의 권리를 지나치게 강화하고 국민의 권리를 제대로 보장하지 못했다.

2 (1) 신돌석
(2) 주아
(3) 예 대한 제국의 해산된 군인들이 합류하면서 근대식 무기가 많아지고, 새로운 전술을 사용했기 때문이다.

3 (1) 흥사단
(2) 이회영
(3) 예 일제의 탄압으로 국내 활동이 어려워졌기 때문이다.

4 (1) 대한민국 임시 정부
(2) 한나
(3) 예 일제의 탄압을 피하고, 외교 활동을 펴기에 유리했기 때문이다. 지역의 독립운동 세력과 연락이 편했기 때문이다.

1 (1) 고종은 환구단에서 황제 즉위식을 거행했습니다. 고종이 황제로 즉위하고 대한 제국을 선포한 것은 조선이 중국, 일본과 대등한 나라이며, 자주독립 의식을 국내외에 알리는 의미를 가지고 있었습니다.
(2) 고종은 나라 이름을 대한 제국으로 정하고 황제로 즉위했습니다.
(3) 대한 제국이 추진한 근대적 개혁은 황제의 권리를 지나치게 강조하고 국민의 권리를 제대로 보장하지 못한 한계가 있습니다.

채점 기준

(1)	'환구단'이라고 정확히 씀.	2점
(2)	'대한 제국'이라고 정확히 씀.	2점
(3)	정답 키워드 황제 | 권리 | 국민 '황제의 권리를 지나치게 강화하고 국민의 권리를 제대로 보장하지 못했다.' 등의 내용을 정확히 씀.	6점
	대한 제국이 추진한 근대적인 개혁의 한계를 썼으나 구체적이지 않음.	3점

2 (1) 신돌석은 태백산 주변에서 주로 활동한 의병장입니다.
(2) 신돌석은 평민 출신 의병장으로 활동했고, 윤희순은 여성 의병장으로 활동했습니다.
(3) 고종이 강제로 물러나고 군대가 해산되자 전국 각지에서 의병이 거세게 일어났습니다. 일제는 대대적으로 의병 운동을 탄압했고, 이에 많은 의병이 다치거나 숙었습니다.

채점 기준

(1)	'신돌석'이라고 정확히 씀.	2점
(2)	'주아'라고 정확히 씀.	2점
(3)	정답 키워드 대한 제국 | 해산 | 군인 | 무기 '대한 제국의 해산된 군인들이 합류하면서 근대식 무기가 많아지고, 새로운 전술을 사용했기 때문이다.' 등의 내용을 정확히 씀.	6점
	대한 제국의 군대 해산 후 항일 의병 운동이 강하게 전개될 수 있었던 까닭을 썼으나 구체적이지 않음.	3점

3 (1) 안창호와 이회영은 국내에서의 독립운동이 어려워지자 나라를 떠나 독립운동을 계속했습니다.
(2) 이회영이 세운 신흥 강습소는 주로 군사 교육이 중심이 되었으며, 일본군과 중국군의 병서를 바탕으로 우리식으로 맞게 고쳐 사용했습니다. 또한 역사, 국어, 지리 교육을 강조하여 민족정신을 키우는 데도 많은 노력을 기울였습니다.
(3) 일제의 탄압과 수탈이 계속되자 만주와 연해주 등 국외로 떠나는 사람들이 계속 늘어났습니다.

채점 기준

(1)	'흥사단'이라고 정확히 씀.	2점
(2)	'이회영'이라고 정확히 씀.	2점
(3)	정답 키워드 일제 | 탄압 | 국내 | 어려움 '일제의 탄압으로 국내 활동이 어려워졌기 때문이다.' 등의 내용을 정확히 씀.	6점
	독립운동가들이 다른 나라로 건너가 활동한 까닭을 썼으나 구체적이지 않음.	3점

4 (1) 1919년 9월, 중국 상하이에서 대한민국 임시 정부가 수립되었습니다.
(2) 대한민국 임시 정부는 헌법을 제정하고 주권이 국민에게 있는 민주 공화국을 수립했습니다.
(3) 3·1 운동 이후 체계적인 독립운동을 하기 위해 상하이에 대한민국 임시 정부를 수립했습니다. 이후 대한민국 임시 정부는 일제의 중국 침략이 시작되자, 일제의 탄압을 피해 임시 정부를 이동하여 중국 충칭에 자리를 잡았습니다.

채점 기준

(1)	'대한민국 임시 정부'라고 정확히 씀.	2점
(2)	'한나'라고 정확히 씀.	2점
(3)	정답 키워드 일제 | 탄압 | 외교 활동 | 연락 '일제의 탄압을 피하고, 외교 활동을 펴기에 유리했기 때문이다.', '지역의 독립운동 세력과 연락이 편했기 때문이다.' 등의 내용을 정확히 씀.	6점
	대한민국 임시 정부가 중국 상하이에 자리를 잡은 까닭을 썼으나 구체적이지 않음.	3점

❸ 대한민국 정부의 수립과 6·25 전쟁

개념 확인하기 42쪽

1 ㉡	2 ㉡	3 ㉡	4 ㉠	5 ㉡

1 일본군 해산을 이유로 미국과 소련이 한반도에 들어와 38도선을 기준으로 북쪽에 소련군이, 남쪽에 미군이 군대를 머물며 관리했습니다.

2 모스크바 3국 외상 회의의 결과, 한반도에 임시 민주 정부를 세우고 이를 준비하기 위해 최대 5년간 신탁 통치를 시행할 것을 결정했습니다.

3 국제 연합은 남북한 총선거를 시행해 정부를 수립하기로 결정했으나, 소련은 이를 거부하고 유엔 임시 위원단이 북한 지역에 오는 것을 막았습니다.

4 김구를 비롯해 통일 정부가 세워지기를 바라던 사람들은 남한만의 총선거 실시를 반대하며, 북한 측의 지도자를 만나 통일 문제 등을 논의하기 위해 38도선을 넘었습니다.

5 국제 연합은 선거가 가능한 남한 지역에서만 선거를 실시하기로 다시 결정했으며, 결국 1948년 5월 10일 남한만의 총선거가 시행되었습니다.

개념 확인하기 43쪽

1 ㉠	2 ㉢	3 ㉡	4 ㉡	5 ㉢

1 1950년 6월 25일, 북한의 기습적인 남침으로 6·25 전쟁이 시작되었습니다. 전쟁 초기 남한은 전쟁을 대비하지 못해 낙동강 방어선까지 후퇴했습니다.

2 국군과 국제 연합군은 서울과 가까워 북한군의 보급로를 끊을 수 있으며, 국군과 함께 낙동강에서 함께 북한군을 공격할 수 있는 인천 상륙 작전을 시행했습니다.

3 국군과 국제 연합군의 진격을 불안하게 바라보던 중국은, 북한 편에 서서 전쟁에 개입했습니다.

4 1953년 7월 정전 협정이 체결되면서 군사 분계선이 설정되었습니다.

5 6·25 전쟁으로 남한과 북한 사람들은 서로를 미워하는 마음을 품게 되었습니다.

실력 평가 44~45쪽

1 광복	2 ①, ⑤	3 ㉠ 소련 ㉡ 미국	4 ④
5 ㉢	6 북한	7 ①	8 (1) ○
9 ⑤	10 백호		

1 우리나라는 1945년 8월 15일 광복을 맞이했습니다.

2 독립에 대한 우리 민족의 의지와 노력을 인정받았기 때문에 우리나라는 일왕의 항복 선언과 함께 독립할 수 있었습니다.

3 일본군의 무장 해제를 위해 38도선을 경계로 한반도의 남쪽에는 미군이, 북쪽에는 소련군이 들어왔습니다.

4 ④는 모스크바 3국 외상 회의에서 결정된 내용입니다.

5 대한민국은 국가의 주인이 국민인 민주 공화국임을 제헌 헌법에서 밝혔습니다.

6 1950년 6월 25일 새벽 북한의 남침으로 전쟁이 시작되었습니다.

7 국제 연합은 북한의 남침을 침략 행위로 규정하여 16개국이 참여한 국제 연합군을 남한에 파견했습니다.

> **더 알아보기**
>
> **6·25 전쟁에 참전한 국제 연합군**
> - 6·25 전쟁이 일어나자 국제 연합은 북한의 남침을 침략 행위로 규정하고 국제 연합군 파병을 결정했습니다.
> - 전투에 참여한 16개국과 의료를 지원한 6개국, 물자를 지원한 39개국 등 60여 개국이 참전하여 대한민국을 도왔습니다.

8 국제 연합군 중 16개국은 국군과 함께 전투에 참여했습니다.

9 정전 협상은 휴전선 설정, 포로 교환 방식 등을 둘러싸고 2년이나 이어졌습니다.

10 6·25 전쟁으로 군인뿐만 아니라 많은 민간인도 죽거나 다쳤으며, 북한과 남한이 아닌 국제 연합군과 중국군의 피해도 컸습니다.

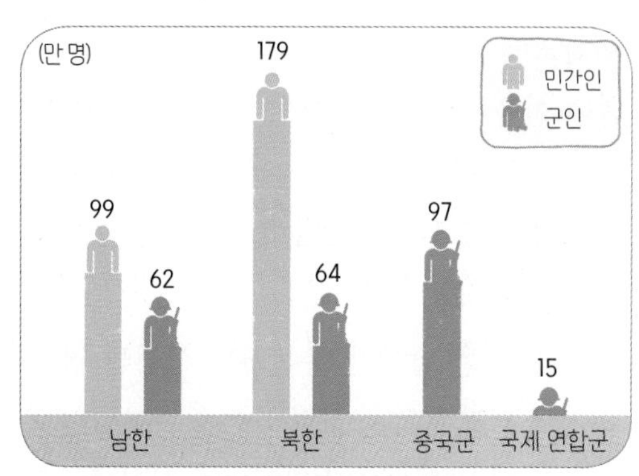

6·25 전쟁의 인명 피해

서술형·논술형 평가

46~47쪽

1 (1) 1945년 8월 15일
(2) 국어
(3) 예 우리나라 선생님께 우리말로 배울 수 있게 되었다.
2 (1) 미국
(2) 신탁 통치
(3) 예 한반도 문제를 국제 연합(UN)에 넘겼다.
3 (1) 3·1 운동
(2) 국회의원
(3) 예 대한민국 정부는 국가의 주인이 국민인 정부임을 알 수 있다.
4 (1) 주원
(2) 이산가족
(3) 예 살던 곳을 떠나왔기 때문에 힘든 생활을 했다. 천막 학교에서 수업을 들었다.

1 (1) 1945년 8월 15일 일왕의 항복과 함께 우리나라는 광복을 맞이했습니다.
(2) 광복으로 인해 일본이 패망하고 한국이 독립하면서 학교에서 더이상 일본어 수업을 듣지 않아도 되었습니다.
(3) 광복으로 학교에서 한글로 된 교과서로 우리말과 우리의 역사를 가르치고 배울 수 있었습니다. 또한 일제가 금지했던 어린이날이 부활하고 관련 행사가 다시 열리기도 했습니다.

채점 기준

(1)	'1945년 8월 15일'이라고 정확히 씀.	2점
(2)	'국어'라고 정확히 씀.	2점
(3)	정답 키워드 우리나라 선생님 | 우리말 '우리나라 선생님께 우리말로 배울 수 있게 되었다.' 등의 내용을 정확히 씀.	6점
	광복 이후 달라진 어린이들의 학교생활을 썼으나 구체적이지 않음.	3점

2 (1) 한반도에 남아 있는 일본군의 무장 해제를 명분으로 38도선을 경계로 남쪽에는 미군, 북쪽에는 소련군이 들어 왔습니다.
(2) 신탁 통치를 두고 사람들의 의견이 갈렸으며, 갈등이 발생했습니다.
(3) 국제 연합은 남북한 총선거를 시행해 정부를 수립하기로 결정했으나, 소련은 이를 거부해 결국 선거가 가능한 남한 지역에서만 선거가 실시되었습니다.

채점 기준

(1)	'미국'이라고 정확히 씀.	2점
(2)	'신탁 통치'라고 정확히 씀.	2점
(3)	정답 키워드 한반도 문제 | 국제 연합 '한반도 문제를 국제 연합(UN)에 넘겼다.' 등의 내용을 정확히 씀.	6점
	미소 공동 위원회 이후 미국의 결정을 썼으나 구체적이지 않음.	3점

3 (1) 3·1 운동을 계기로 우리 민족을 대표하고 독립운동을 체계적으로 이끌어 갈 정부가 필요해졌습니다. 이러한 통일된 정부의 필요성이 제시되면서 대한민국 임시 정부가 수립되었습니다.
(2) 1948년 5월 10일 남한에서는 국회의원을 뽑는 우리나라 최초의 민주 선거가 시행되었습니다. 이를 5·10 총선거라고 합니다.
(3) 제헌 헌법을 통해 대한민국 정부가 대한민국 임시 정부를 계승했으며, 민주 공화국으로 주권이 국민에게 있음을 알 수 있습니다.

채점 기준

(1)	'3·1 운동'이라고 정확히 씀.	2점
(2)	'국회의원'에 ○표를 함.	2점
(3)	정답 키워드 국가 | 주인 | 국민 '대한민국 정부는 국가의 주인이 국민인 정부임을 알 수 있다.' 등의 내용을 정확히 씀.	6점
	제헌 헌법 제1조 내용을 보고 알 수 있는 대한민국 정부의 특징을 썼으나 구체적이지 않음.	3점

4 (1) 6·25 전쟁으로 남한과 북한 모두 큰 피해를 입었습니다.
(2) 남북 분단으로 인해 많은 이산가족이 생겼습니다.
(3) 6·25 전쟁은 남한과 북한 사람들의 마음속에 큰 상처를 남겼습니다. 남한과 북한 사람들은 서로를 미워하는 마음을 품게 되었으며, 이산가족과 같은 전쟁의 아픔은 지금까지도 남아 있습니다.

채점 기준

(1)	'주원'이라고 정확히 씀.	2점
(2)	'이산가족'이라고 정확히 씀.	2점
(3)	정답 키워드 힘든 생활 | 천막 학교 '살던 곳을 떠나왔기 때문에 힘든 생활을 했다.', '천막 학교에서 수업을 들었다.' 등의 내용을 정확히 씀.	6점
	6·25 전쟁으로 인해 생긴 피란민들의 생활을 썼으나 구체적이지 않음.	3점

온라인 학습 단원평가의 정답과 함께 문항 분석도 확인하세요.

단원평가 1회 48~51쪽

문항 번호	정답	평가 내용	난이도
1	②	영조가 탕평책을 실시한 목적 알아보기	보통
2	⑤	정조가 수원 화성을 세운 목적 알아보기	보통
3	②	실학의 등장 배경 알아보기	쉬움
4	①	조선 후기 발달한 서민 문화 알아보기	쉬움
5	⑤	신미양요 알아보기	어려움
6	①	갑신정변 알아보기	보통
7	②	갑오개혁 알아보기	어려움
8	④	을미사변 알아보기	보통
9	②	독립 협회가 한 일 알아보기	쉬움
10	③	을사늑약에 저항한 사람들의 노력 알아보기	보통
11	④	일제의 식민 통치 알아보기	쉬움
12	④	3·1 운동의 전개 과정 알아보기	어려움
13	③	3·1 운동 이후 변화한 일제의 식민 통치 방법 알아보기	어려움
14	⑤	조선어 학회 알아보기	쉬움
15	④	광복을 위해 우리 민족이 한 노력 알아보기	보통
16	①	광복 이후 우리나라의 상황 알아보기	보통
17	③	대한민국 정부 수립의 의의 알아보기	보통
18	⑤	6·25 전쟁이 발생한 까닭 알아보기	보통
19	④	6·25 전쟁의 전개 과정 알아보기	보통
20	⑤	6·25 전쟁의 피해 알아보기	쉬움

1 당파 갈등이 심해지면서 정치적 혼란이 생겼습니다.

2 정조는 수원 화성을 건설하고 그곳을 군사와 상업의 중심지로 만들고자 했습니다.

3 실학자들은 실생활의 문제 해결에 관심을 두고 새로운 학문을 연구했습니다.

4 조선 후기에는 행복과 장수를 바라는 사람들의 소망을 담아 그린 민화가 유행했습니다.

5 빈칸은 미국 배가 강화도를 침략한 신미양요입니다.

6 갑신정변은 김옥균, 박영효, 서광범, 서재필 등 급진 개화파 인물들의 주도로 일어난 정변입니다.

7 갑오개혁의 주요 내용에는 신분제 및 과거 제도 폐지, 공식 문서에 한글 사용, 재판소 설립 등이 있습니다.

8 일제는 러시아의 힘을 빌려 일본을 견제하고자 한 명성황후를 무참히 시해했습니다.

9 서재필은 독립 협회를 만들어 독립문을 건설하고 만민 공동회를 개최했습니다.

10 고종은 헤이그에 특사를 파견해 을사늑약이 무효임을 국제 사회에 알리고자 노력했지만, 실패했습니다.

11 일제는 우리나라를 식민 통치하려고 조선 총독부라는 통치 기구를 만들었습니다.

12 일제는 군인과 경찰을 동원하여 만세 시위를 벌이는 사람들을 잔인하게 진압했습니다.

13 3·1 운동 이후 일제는 한국인의 불만을 달래기 위해 태형 제도를 폐지하고 헌병 경찰제를 없앴습니다.

14 조선어 학회는 우리글의 가치를 알리고자 한글을 보급하고 사전을 편찬하는 데 힘썼습니다.

15 대한민국 임시 정부는 한국광복군을 창설해 일본과의 전쟁을 준비했습니다.

16 신탁 통치에 대한 소식이 알려지자 반대하는 사람들과 찬성하는 사람들 간에 갈등이 일어났습니다.

17 대한민국 정부의 탄생으로 일제의 지배에서 벗어나 독립된 정부와 민주 공화국의 꿈을 이루게 되었습니다.

18 1950년 6월 25일, 북한은 한반도를 무력으로 통일하기 위해 38도선을 넘어 남한을 침략했습니다.

19 인천 상륙 작전의 성공으로 국군과 국제 연합군은 반격에 성공해 서울을 되찾았습니다.

20 6·25 전쟁 이전에 이미 남북은 분단되어 있었습니다.

온라인 학습 단원평가의 정답과 함께 문항 분석도 확인하세요.

단원평가 2회

52~55쪽

문항 번호	정답	평가 내용	난이도
1	③	정조가 설치한 규장각 알아보기	보통
2	②	조선 후기 실학자들의 주장 알아보기	쉬움
3	④	조선 후기에 유행한 한글 소설 알아보기	쉬움
4	⑤	세도 정치 알아보기	어려움
5	⑤	흥선 대원군의 개혁 정책 알아보기	보통
6	③	강화도 조약 알아보기	보통
7	④	동학 농민 운동 알아보기	쉬움
8	⑤	아관 파천 알아보기	보통
9	①	대한 제국이 실시한 근대적 개혁 알아보기	어려움
10	④	을사늑약 체결에 저항한 사람들의 노력 알아보기	쉬움
11	①	애국 계몽 운동 알아보기	보통
12	③	독립운동가 이회영 알아보기	보통
13	⑤	3·1 운동 알아보기	보통
14	③	대한민국 임시 정부의 활동 알아보기	쉬움
15	④	광복 이후 우리나라 사람들의 생활 변화 모습 알아보기	보통
16	⑤	모스크바 3국 외상 회의 결정 내용 알아보기	보통
17	⑤	5·10 총선거 알아보기	어려움
18	②	통일 정부 수립에 관한 서로 다른 주장 알아보기	보통
19	③	6·25 전쟁의 전개 과정 알아보기	쉬움
20	⑤	특별 생방송 '이산가족을 찾습니다'에 관한 내용 알아보기	어려움

1 규장각은 여러 분야의 책을 수집하여 이를 바탕으로 나랏일과 관련된 정책과 학문을 연구하게 한 곳입니다.

2 실학자들은 새로운 기술을 개발하고, 공업과 상업을 장려해야 한다고 주장했습니다.

3 한글을 익힌 사람들이 늘어나면서 한글 소설이 널리 보급되었습니다.

4 세도 정치로 인해 정치 기강이 무너지고 부정부패가 심해졌습니다.

5 흥선 대원군은 척화비를 세우고 통상 수교 거부 정책을 더욱 강화했습니다.

6 조선은 강화도에서 일본과 조약을 맺고 개항했습니다.

7 1894년에 전봉준 등 동학 지도자와 농민들은 관리들의 수탈에 맞서 동학 농민 운동을 일으켰습니다.

8 아관 파천 이후 조선에서 일본의 입지는 축소되었고, 러시아의 영향력이 커지게 되었습니다.

9 만민 공동회 개최는 독립 협회가 한 일입니다.

10 조선 총독부는 한국인들을 지배하기 위해 일제가 세운 통치 기관입니다.

11 일부 지식인들은 민족의 실력을 기르는 것이 중요하다고 생각해 국민을 계몽하는 데 힘썼습니다.

12 이회영은 전 재산을 처분하고 형제 및 가족과 함께 만주로 가서 신흥 무관 학교를 세우는 등 독립운동을 위해 힘썼습니다.

13 1919년 3월 1일에 시작된 만세 운동은 전국으로 퍼져나가 전 민족적인 운동으로 발전했습니다.

14 대한민국 임시 정부의 수립으로 우리나라는 국민이 주인인 나라로 첫걸음을 내딛게 되었습니다.

15 대한민국 임시 정부는 건국의 원칙을 발표했고, 국내에서도 건국을 준비하는 단체가 만들어졌습니다.

16 모스크바 3국 외상 회의에서는 한반도에 임시 정부를 세우고, 일정 기간 신탁 통치를 실시할 것을 결정했습니다.

17 남한에서는 1948년 5월 10일, 국회의원을 뽑는 첫 번째 민주 선거를 실시했습니다.

18 ㉠에 해당하는 사람은 이승만, ㉡은 김구입니다.

19 인천 상륙 작전이 성공하면서 전쟁 상황이 우리나라에 유리하게 전개되었습니다.

20 특별 생방송 '이산가족을 찾습니다' 관련 기록물은 유네스코 세계 기록 유산에 등재되었습니다.

정답은
이안에
있어!

G

꼭 알아야 할
사자성어

先 見 之 明

먼저	볼	갈	밝을
선	견	지	명

어떤 일이 일어나기 전, 미리 아는 지혜를
'선견지명'이라고 해요.
일기예보를 보고 미리 우산을 챙겨놓는다거나,
늦잠 잘 때를 대비해서 전날 밤 가방을 미리 챙겨놓는 것도
넓은 의미로 '선견지명'이라 할 수 있어요.